海国图志

西南大学海国图志书院主办

洛克DOMINIUM
自然权利论的源起与构建

Property and Sovereignty:

John Locke and
His Adversary Sir Robert Filmer

刘敏 著

上海三联书店

献给我的母亲和妻子

目 录

第一章 导论

“泰初,世界皆美洲”,此语出自洛克《政府论(下篇)》最著名的章节“论财产权”。[①] 细心的读者会发现,洛克用的是《旧约圣经·创世记》的语言“In the beginnning”(泰初)。[②] 意在正人心、息邪说的詹姆斯一世钦定本正是以这样的语言英译《旧约圣经·创世记》首句:“泰初,上帝创造天地”(In the beginning, God created the heaven and the earth)(King James Version)。[③] 细心的读者还会发现,洛克《政府论》的副标题是“政府的真正起源、限度和目的”。开端(beginning)与起源(origin)意义是相近的。这些词汇,表面看去,风平浪静,实则暗流涌动。洛克在《政府论(下篇)》第五章追问的是私有财产权的“开端”问题,在《政府论(下篇)》第八章追问的是政治社会的“开端”问题。在洛克眼中,“开端”关涉的并非是政府的历史起源问题,而是政府的

---

① John Locke, *Two Treatises of Government*, ed. Peter Laslett, Cambridge: Cambridge University Press, 1988, p. 301. 洛克的原句中将“泰初”(In the beginning)置于句首,有着万钧的气势,如同《旧约圣经》一样,有着“开端”、万象一新的意蕴。. 遗憾的是,《政府论(下篇)》的中译本所翻译的是“全世界初期都像美洲”,“初期”一语因为被置于句中,而非句首,其万钧气势被消融殆尽。参见洛克:《政府论(下篇)》,瞿菊农、叶启芳译,北京:商务印书馆 2010 年版,第 31 页。本研究主要参照英文本若有参照中译本之处会特别说明。

② 林国基:《洛克的“创世记”》,《政法论坛》2011 年第 5 期。

③ 冯象:“前言”,《摩西五经》,冯象译,北京:生活·读书·新知三联书店 2013 年版,iii。

正当性问题。正如格劳秀斯所言，所谓“开端”(beginning)，指的是“正当理由”(justifying reasons)。① 政治社会的“开端”为何需要正当理由？因为自然状态下，人的平等与自由是“自然”的，因此以法律限制人的自然平等与自由必须给出正当理由，这个正当理由就是人的理性同意，政治社会的正当性来自同意。② 私有财产权的开端为何需要正当理由？因为《政府论(上篇)》给出人类最初财产权的图景是共有财产权。洛克给出的正当理由是，私有财产权的正当性来自劳动。③

私有财产权的正当性需要证成，这个问题将我们引向了《政府论(上篇)》第四章。《政府论(上篇)》似乎隐含着洛克财产权理论的出发点，然而它却是著名洛克的最不著名的文本之一。伴随《政府论(上篇)》的是一段长久的忽视史。《政府论(上篇)》即使在西方也一直缺乏研究，在法国，1691 年《政府论(下篇)》就已经被翻译为法文，而 1963 年之前，《政府论(上篇)》都一直没有法文本，即使在美国，1947 年之前，美国出版的《政府论》都不包括上篇。④ 我国的情况也大致如此，二十世纪六十年代就已经翻译了《政府论(下篇)》，到八十年代才翻译了《政府论(上篇)》。⑤ 伴随该文本一起被忽视的是洛克

---

① Hugo Grotius, *The Rights of War and Peace*, translated by John Morrice, edited and with an Introduction by Richard Tuck, Indianapolis: Liberty Fund, 2008, p. 390. 阿伦特讨论革命问题，也围绕着“开端”这一问题，汉娜·阿伦特：《论革命》，陈周旺译，南京：译林出版社 2011 年版，尤其参见第一章“革命的意义”，第 16—79 页。

② John Locke, *Two Treatises of Government*, pp. 144, 330 - 331, 347 - 349.

③ John Locke, *Two Treatises of Government*, Chapter 5, pp. 285 - 302.

④ 迈克尔·扎克特：《洛克政治哲学研究》，石碧球等译，北京：人民出版社 2013 年版，第 139 页。

⑤ 洛克：《政府论(上篇)》，叶启芳、瞿菊农译，北京：商务印书馆 2010 年版，“编者的话”。

的论敌罗伯特·菲尔默(Sir Robert Filmer),还有洛克与菲尔默之间的论战。

沃尔德伦指出,《政府论(上篇)》中蕴含着政治学的元理论问题。[①] 本研究认为,这个元理论问题就是 *dominium*(支配权)问题。[②] 洛克与菲尔默的论战就是围绕着 *dominium*(支配权)这一核心概念展开的。这个概念包括两层含义:第一层是私有财产权(property)(财产支配权),第二层是管辖权(jurisdiction)(政治支配权)。[③] 在十七世纪的英格兰,私有财产权在获得其经济学含义之前,是一个司法概念,指的是正当地归属于某人的东西,某人对其能够提出正当主张的东西,该词不但被用于指对于物品的权利,而且也指对于维生和生产所必须的手段的权利。[④] 洛克把对生命、自由和财物的权利都纳入到这种私有财产权之下,这是他广义私有财产权的概念。

---

① Waldron 认为《政府论(上篇)》中提出的政治元理论问题是王位继承问题,而 Leiter 认为《政府论(上篇)》包含着自然自由、创造的意义、自由意志、理性与启示的关系等洛克政治哲学的核心问题。但是,Waldron 与 Leiter 的洞察尽管重要,但是仍显概括性不够。参见 Jeremy Waldron, *God*, *Locke*, *and Equality*, Cambridge: Cambridge University Press, 2002, pp. 18–19;又见 Yechiel M. Leiter, *John Locke's Political Philosophy and the Hebrew Bible*, Cambridge: Cambridge University Press, 2018, p. 62。

② 李猛:《自然社会:自然法与现代道德世界的形成》,北京:生活·读书·新知三联书店 2015 年版,第 465 页注释 2。

③ Brian Tierney, *The Idea of Natural Rights*: *Studies on Natural Rights*, *Natural Law and Church Law 1150–1625*, Atlanta, Georgia: Scholars Press, 1997, p. 171. Janet Coleman, "Dominium in Thirteenth and Fourteenth Century Political Thought and its Seventeenth-Century Heirs: John of Paris and Locke," *Political Studies* (1985), XXXIII, p. 97.

④ 波考克:《德行、商业和历史——18 世纪政治思想与历史论辑》,冯克利译,北京:生活·读书·新知三联书店 2012 年版,第 85 页。

而管辖权(jurisdiction)的核心是政治支配权与主权。[①] 管辖权最初是指,当广义私有财产权(生命、自由、财物)发生纠纷时,谁有权裁判。[②] 管辖权有着主权的含义。首先,管辖权意味着司法主权,本级裁判为终审裁判,不再有更高的上诉机构。如英王亨利八世自认宗教领袖,不允许离婚案件再上诉至教皇,教皇对其案件不再有管辖权。其次,管辖权意味着国家在其领土内最高的立法权与法律执行权。[③] 之所以从裁判权论及立法权与执行权,是因为管辖权甚至意味着死刑的裁判与执行。对于菲尔默而言,生杀予夺的死刑执行权是主权的重要特征。而对于洛克而言,所谓政治权力也包括了死刑的执行权,但执行死刑预设着死刑的裁判,死刑的裁判预设着死刑规则的存在,死刑规则的存在预设着立法权的存在。[④]

对于菲尔默而言,私有财产权是上帝恩典的结果,君主可以凭借其财产支配权上的优势地位,建立政治支配权。政治支配权也就是

---

① 施米特指出,洛克的"管辖权"的核心含义包括主权与支配权,参见 Carl Schmitt, *The Nomos of the Earth*, trans. G. L. Ulmen, Telos Press, 2003, p. 47。中译本参见[德]卡尔·施米特:《大地的法:欧洲公法的国际法中的大地法》,刘毅、张陈果译,上海:上海人民出版社 2017 年版。本研究参照英译本。

② 菲尔默在《父权制》文首提出了"谁有权裁判"这一天问,而洛克在《政府论》文末回答了这一"天问"。Sir Robert Filmer, *Patriarcha and Other Writings*, ed. J. P. Sommerville, Cambridge: Cambridge University Press, 1991, p. 6. John Locke, *Two Treatises of Government*, p. 427. 另外,菲尔默的《父权制》分别有 Sommerville 和 Laslett 编辑的版本,Sommerville 的版本综合了剑桥大学版、芝加哥大学版等四个版本,本研究采用 Sommerville 的版本。参见 Sommerville, *Patriarcha and Other Writings*, p. 1, n. 1。

③ A. John Simmons, "On the Territorial Rights of States," *Philosophical Issues*, Vol. 11(2001), pp. 300 - 326. A. John Simmons, *Boundaries of Authority*, Oxford: Oxford University Press 2016, p. 5.

④ Janet Coleman, "Dominium in Thirteenth and Fourteenth Century Political Thought and its Seventeenth-Century Heirs: John of Paris and Locke," *Political Studies*(1985), XXXIII, p. 92.

管辖权。首先,菲尔默的管辖权(jurisdiction)是从司法主权上去理解的。菲尔默的绝对君主理论里"绝对"的字面含义是指除自然法(神法)外,国王不受任何法律的束缚。受到法律的束缚意味着国王可能受到实证法的惩罚。国王之所以免于法律的惩罚,是因为除了上帝能够裁判他之外,此时没有比他更高的法庭能够裁判他。其次,类神君主握有主权的重要特征是立法,君主颁布约束自己的法律,这在菲尔默看来,和上帝自我束缚一样,是自相矛盾的。菲尔默的意图是将 *dominium* 中的财产权和主权(管辖权)等同,将所有权人对财物的支配权能和主权者对臣民生命的支配权能等同,将所有权人毁损财物的处分权能和主权者对臣民生杀予夺的权能进行等同。

洛克的任务是将 *dominium* 中的私有财产权和主权分开。私有财产权是正当地属于某人的东西,其正当性来自劳动,私有财产权是自然权利。管辖权的正当性则来自同意,政治权力是人造的。管辖权的司法意义在于,自然状态下管辖权(jurisdiction)是相互的,谁侵犯我的私有财产权,我就可以自行行使自然法的执行权,甚至可以将对方合法杀死,因此,这是一种政治权力或主权。[①] 这种权利行使是有规范维度的,政治社会产生后,我则要将这种管辖权信托给统治者,谁背负这种信托,谁就还在自然状态,谁就变成绝对君主。[②] 如统治者违背人民信托,堕落为绝对君主,人民可以动用自然法执行权对其惩罚,也就是动用管辖权(jurisdiction)对其进行裁判,使其受到实证法世俗意义上的限制。更为重要的是,对于洛克而言,自然状态下的个人自由意味着,个人在自己的道德世界是小小的主权者。私有

① John Locke, *Two Treatises of Government*, pp. 268,279,381-382.
② John Locke, *Two Treatises of Government*, pp. 271-276,326,348.

财产权拥有者与主权者的这种类比，既解释了为何私有财产权是先于政治社会而存在的自然权利，也解释了自然状态下私有财产权拥有者与主权者的关系纠扯不清，这促使个人有必要逃离自然状态，进入政治社会。[①] 如果从财产权与主权的角度来看，洛克与菲尔默的论战的理论意义自然大大提升。

1.1 分析的理论框架

1.1.1 作为利益的权利

国内学界对洛克权利理论的分析实际上是从两个进路进行的，要么是西蒙斯式的分析进路，[②]要么是剑桥学派与施特劳斯学派对垒的分析路径。[③] 而西蒙斯的分析进路主要得益于霍菲尔德的权利-义务分析框架。只有极少数的学者敏锐地注意到，霍菲尔德式的权利-义务分析框架只有在剑桥学派挖掘出的 *ius* 概念具备"能力-权力"(potestas/power)意涵之后，才具有真正的意义。[④] 实际上，这意味着霍菲尔德式的权利-义务分析框架完全是可以与剑桥学派的权利分析框架相结合的，其背后的意义是，如何从自然权利理论过渡到实证

---

① 自然状态下的个人可以类比于小型的主权国家，这一深刻的洞见来自塔克，并且，这一问题意识贯穿了塔克的诸多著作，详见下文的讨论。参见 Tuck, *The Rights of War and Peace*, Oxford: Oxford Univeresity Press, 1999, p. 84。又见李猛：《自然社会》，第 89 页注释 3。

② 例如，霍伟岸：《洛克权利理论研究》，北京：法律出版社 2011 年版；朱佳峰：《领土权：当代政治哲学论域中的理论图景》，《学术月刊》2018 年第 2 期；朱佳峰：《洛克论领土权：纷争、辨析与新解》，《哲学评论》第 21 辑，北京：中国社会科学出版社 2018 年版。

③ 例如，王楠：《劳动与财产——约翰·洛克思想研究》，上海：上海三联书店 2014 年版。

④ 李猛：《自然社会》，第 236 页注释 3。

权利理论。①

霍菲尔德在他的《司法推理中应用的几个基本法律概念》中提出了他著名的四对权利-义务基本范畴，分别是请求权（claim）-义务（duty）、特权（privilege）-无权利（non-right）、权力（power）-责任（liability）、豁免权（immunity）-无权力（disability）。② 这四对权利-义务基本概念在法学界得到了广泛的应用，但是，人们往往忽视了霍菲尔德最初的问题意识，这四对权利-义务基本概念之所以被提出，所需要解决的难题是信托权利到底是对世权（*ius in re*）还是对人权（*ius ad rem**ius in personam*）？③ 霍菲尔德的这一问题意识为分析洛克的权利理论搭建了良好的框架，因为随后将分析的塔克的权利理论实际上就是讨论，自然权利确立的真正前提是，权利要从对人权-请求权过渡到对世权-支配权，当权利的主要意涵演变为支配权，尤其是以能力-权力（power）作为支配权的中心意涵时，自然权利理论才获得了主观权利的地位，才能得以确立。

霍菲尔德四年后发表的论文《司法推理中应用的基本法律概念》（*Fundamental Legal Conceptions as Applied in Judicial Reasoning*）中又以 paucital rights 来翻译对人权（*ius in personam*），以 multital

---

① 霍伟岸并没有注意到两者的内在勾连，因此在用二十世纪的霍菲尔德权利分析框架去分析洛克的权利理论时，其辩护显得有些苍白无力。霍伟岸：《洛克权利理论研究》，第 90 页。

② Wesley Newcomb Hohfeld, "Some Fundamental Legal Conceptions as Applied in Judicial Reasoning," *The Yale Law Journal*, Vol. 23, No. 1 (Nov. 1913), pp. 16 - 59 中译本分别有陈端洪译，《司法推理中应用的基本法律概念》，载氏著《宪治与主权》，北京：法律出版社 2007 年版，第 340—380 页；张书友译，《基本法律概念》，北京：中国法制出版社 2009 年版。本研究主要使用英文版，同时参考陈端洪教授的翻译。

③ 请参看 Hohfeld 冗长而渊博的前五个注释。Wesley Newcomb Hohfeld, "Some Fundamental Legal Conceptions as Applied in Judicial Reasoning", pp. 16 - 17, notes 1 - 5。

rights 来翻译对世权(*ius in re*),并将四对权利-义务基本概念拓展为八对权利-义务基本概念:(1)对人请求权-对人义务;(2)对世请求权-对世义务;(3)对人特权-对人无权利;(4)对世特权-对世无权利;(5)对人权力-对人责任;(6)对世权力-对世责任;(7)对人豁免权-对世无权力;(8)对世豁免权-对世无权力。[①] 细心的读者会发现,霍菲尔德没有再用"几个"法律基本概念,而是用了"基本法律概念",这说明霍菲尔德认为其所分析的法律基本概念在逻辑上已经周延。霍菲尔德在《司法推理中应用的几个基本法律概念》中所作的一些概念区分对我们理解洛克的权利理论也非常有用。第一个概念区分是法律概念与非法律概念的区分。霍菲尔德所举的例子正是 property,在英文里面,property 既指财产,也指财产权。当我们在日常生活中移转 property 时,我们常常分不清到底移转的是什么。例如,当我出卖了我的手表,我似乎也移转了手表,但是我没有注意到,我不仅仅移转的是手表这个财产,而且还移转了我对手表的财产权,而财产权的实质在霍菲尔德看来,是法律所保护的利益,也就是说,霍菲尔德是把权利理解为某种利益。[②] 霍菲尔德就财产与财产权所作的区分,意味着事实与规范的区分,而菲尔默正是没有区分财产与财产权,没有区分事实与规范,洛克恰恰坚持了这样一种区分。根据莱昂斯(David Lyons),我们可以将霍菲尔德的四对权利-义务基本概念划分为两

---

① Wesley Newcomb Hohfeld, Fundamental Legal Conceptions as Applied in Judicial Reasoning, *The Yale Law Journal*, Vol. 26, No. 8 (Jun. 1917), pp. 716 - 717.

② Wesley Newcomb Hohfeld, "Some Fundamental Legal Conceptions as Applied in Judicial Reasoning," *The Yale Law Journal*, Vol. 23, No. 1(Nov. 1913).

组。[1] 请求权-义务和特权-无权利作为一组，具体关系可以参看下图：

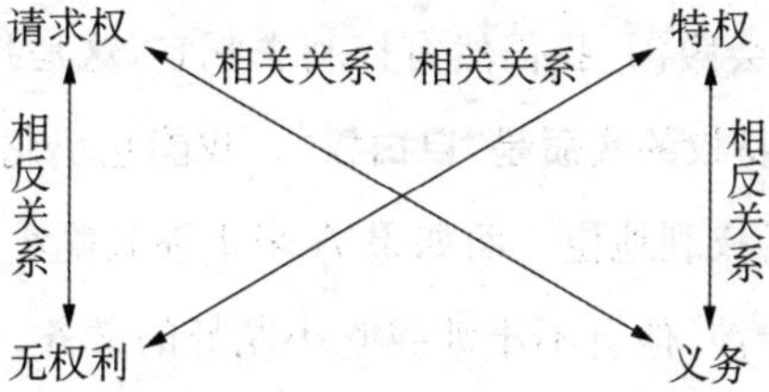

从图中我们可以看到，请求权与义务是逻辑上的相关关系，请求权与无权利是逻辑上的相反关系。所谓两个概念的逻辑相关关系，指的是两个概念是有我必有你，没有我就没有你的关系，例如，有“老公”这个概念，必然意味着有“老婆”这个概念，没有“老婆”这个概念，“老公”这个概念也毫无意义，也就是说，没有无义务的权利，也没有无权利的义务。[2] 而两个概念的逻辑相反关系意味着，两个概念不能同时存在，例如我不能既有请求权，又同时处于无权利的地位，这就意味着我既有权利(right)，又没有权利(non-right)，这在逻辑上是自相矛盾的。A有请求权，就意味着B或者什么人在承担相应的义务。那么如何来界定请求权呢？霍菲尔德认为，界定请求权，先从界定义务开始，义务意味着某种“应当”，意味着“你应当做什么或不做什么”。[3] 你应当做什么或不做什么，对应我的请求权就是，我可以要求你做什么或不做什么。那么，又如何来界定特权呢？特权意味着义

---

① David Lyons, “The Correlativity of Rights and Duties,” *Nous*, Vol. 4, No. 1 (Feb., 1970), pp. 45 – 55.

② David Lyons, “The Correlativity of Rights and Duties”, p. 47.

③ Wesley Newcomb Hohfeld, “Some Fundamental Legal Conceptions as Applied in Judicial Reasoning,” pp. 31 – 32.

务的缺乏,也就是说,如果我处于特权地位,你不能要求我做什么或不做什么。与特权处于对应关系的是无权利。例如,我买了一盘小龙虾吃,尽管我吃了会腹泻,但别人无权干涉。我吃小龙虾是我的特权,即便我吃了会腹泻,我仍然有权利去吃它,这是我的自由,因此,霍菲尔德认为,**特权的实质是"自由权"**。我能吃小龙虾,别人处于不能吃小龙虾的无权利地位。而如果 A 来干涉我吃小龙虾,那么我可以请求他不要干涉,他有不干涉我吃小龙虾的义务。[①] 而我们发现,霍菲尔德界定请求权时,是先从义务出发的,请求权与义务的相关关系意味着,请求权的实质不过是,我能从他人的履行义务中获得利益。而细心的读者会发现,霍菲尔德恰恰将请求权作为最典型的权利(right)。[②] 霍菲尔德又把权利界定为某种利益。那么,我的权利不过是他人义务的一种反射,**权利的本质是从他人的履行义务中获得利益**。[③]

1.1.2 作为自由选择的权利

那么,是不是一切权利都只意味着从他人的履行义务中获得利益?并非如此。哈特在《自然权利是否存在?》一文中批评了这种将权利还原为义务的进路。我有权利,就意味着你有义务,我有权利,就意味着我从你的履行义务中一定能获得利益。真实情况确实如此

---

① Wesley Newcomb Hohfeld, "Some Fundamental Legal Conceptions as Applied in Judicial Reasoning," pp. 34 – 36.

② 霍伟岸:《洛克权利理论研究》,第 84 页。

③ 实际上,为霍菲尔德理论辩护的另外一个路径是,先从请求权开始界定,即先界定出,请求权是要求他人应当做什么或不做什么的权利。换言之,在分析实证主义的框架里,先从权利开始界定,还是先从义务开始界定,都是无所谓的事,因为在坚持相对主义的分析实证主义这里,价值相对化,权利本位,还是义务本位是不需要追问的问题。

吗？例如，Y委托X照顾自己的妈妈，在这一法律关系当中，享有请求权的是Y，负有义务的是X，但是获得利益的是Y的妈妈这一第三人，Y有请求权，并不意味着Y可以直接从X的履行义务中获得利益。那么，问题出在哪里？如果认为Y和X在签订一个委托合同，那么X与Y将进入一种债的关系，而债在罗马法中又被称为法锁。在Y与X的关系当中，关键不在于Y和X被法锁联系在一起，而是X被束缚，Y可以牵着法锁的一头决定X的行动。Y需要证成，为什么他可以束缚X？所以，在哈特看来，Y的权利对于X的实质意义是，要为束缚X提供正当基础。也就是说，所谓Y的权利并不是直接与X的义务发生相关关系，而是Y的权利成为了束缚X的理由，或者说，Y的权利为限制X的自由提供了正当性。而Y的权利来自X的同意。在Y与X的关系中，Y暂时成为了这一关系中的主权者，可以排他性地贯彻自己的意志。[1] 因此，对于哈特来说，**权利的本质是自由选择，权利为施加给他人义务提供了正当性基础**。

哈特又将权利区分为特殊权利（special rights）与一般权利（general rights）。特殊权利是因特殊交易或特殊关系[2]而产生的权利，也就是说，这种权利的正当性基础来源于特定事件的发生与否，是有条件产生的，例如承诺、契约。[3] 而一般权利则意味着，该权利并不产生于特殊关系或特殊交易，这种权利人人都能拥有，因为每个个

---

① H. L. A. Hart, "Are There Any Natural Rights," in *Theories of Rights*, ed. Jeremy Waldron, Oxford: Oxford Univeresity Press, 1984, pp. 81 - 82,84.

② 特殊交易（special transaction）与特殊关系的不同在于，交易实际上是人与人之间的有意行动，是自愿产生的关系，如契约，而特殊关系是非自愿产生的相互关系，如侵权。需要注意的是，这里的交易和关系是道德关系。

③ H. L. A. Hart, "Are There Any Natural Rights," p. 85.

人都有自由选择的能力，这种权利受到限制除非是遇到特殊情况。[①] 因此，哈特提出“自然权利是否存在”这个问题，他最后给出的回答充满了分析实证主义未知论的色彩，他不敢肯定回答自然权利是否存在，只好以假设的方式提出，如果自然权利存在，那么这种自然权利就是，人人平等享有的自由权。[②] 这种自然权利是洛克自然权利的本质特征。

1.1.3 莱昂斯的主动权利-被动义务框架

那么，是不是霍菲尔德的权利-义务分析框架无法运用到洛克权利理论的分析当中？也并非如此。莱昂斯对霍菲尔德的权利-义务分析框架进行了批评，并提出了修正。莱昂斯的这一修正是在其论文《权利与义务的相关性》(The Correlatiity of Rights and Duties)中完成的。霍菲尔德只列举了八对权利-义务基本范畴，如下图所示：

图 a

图 b

莱昂斯认为，这八对权利-义务基本范畴完全可以再进行分组，

---

① H. L. A. Hart, “Are There Any Natural Rights,” pp. 87 – 88. 需要说明的是，人人能拥有这种权利，实际上是在说，人人都自然地拥有权利能力，人人有理性能力，这是一回事，人人能运用理性能力，这是另外一回事。人的一般权利不存在依赖于特殊情况的发生，例如，精神病人、孩子等无行为能力人、限制行为能力人。

② H. L. A. Hart, “Are There Any Natural Rights,” pp. 88 – 90.

即图 a 两对分为一组，图 b 两对分为一组，图 a 这组是“被动权利-主动义务”，图 b 这组是“主动权利-被动义务”。[1] 而莱昂斯分组的依据，仍然来自哈特对霍菲尔德的诘问，权利是不是一定意味着和义务存在着直接相关关系？莱昂斯承认，在“被动权利-主动义务”中，权利与义务存在着直接相关关系。例如，A 欠了 B 10 块钱，B 有请求 A 返还 10 块钱的权利，B 的权利直接对应着 A 返还 10 块钱的义务，B 的请求权意味着可以从 A 的返还义务中获得利益。B 请求权的实现，依赖于 A 主动履行义务。[2] 但是，我们想想，美国近年来热炒的禁枪令的例子。美国公民 A 根据美国宪法第二修正案有持枪的权利，那么，A 对应的义务人是谁？A 的权利与谁的义务发生直接的相关关系？我们也许可以回答，A 的持枪权对应的是其他美国公民不得干涉其持枪的义务。那么 A 的持枪权对应的是不特定的义务主体？他的持枪权是一种对世的请求权？这种回答看来非常模糊。莱昂斯认为，像美国宪法修正案所赋予美国公民的这些基本权利，属于霍菲尔德“主动权利-被动义务”中的豁免权。A 享有持枪权对应的义务主体是美国国会的义务，这种义务是美国国会“无权力”通过禁枪的的法律，即便通过，也是无效法律。[3] 那么，霍菲尔德“主动权利-被动义务”中的权力-责任、豁免权-无权力到底是什么样的权利？我们发现，霍菲尔德界定这组权利-义务关系是先从权力入手的。霍菲尔德说，与“权力”意义最为相近的是“能力”。权力属于他所谓的“构成性事实”范畴，构成性事实是指产生、改变、消灭法律关系的事实，构成性事实的核心是“处分”. 那么，所谓权力，就是指产生、改变、消

① David Lyons, “The Correlativity of Rights and Duties,” p. 48.
② David Lyons, “The Correlativity of Rights and Duties,” p. 49.
③ David Lyons, “The Correlativity of Rights and Duties,” pp. 50 – 54.

灭法律关系的能力，而且这种法律关系的改变意味着贯彻权力人的排他性意志。[①] 借用拉兹的话来说，权力人的命令是责任人行动的排他性理由。[②] 而权力人对应的义务人的义务就是"责任"，责任人要接受这种法律关系的改变，用哈特法锁的比喻来理解，就是责任人要接受这种法锁的束缚。豁免权则是责任的反面，意味着责任的缺乏，实际上也就是豁免权人处于了无法束缚的地位，所对应的是义务人的无权力，也就是义务人处于无法束缚豁免权人的地位。因此，在"主动权利-被动义务"的框架中，权力与责任并不存在直接的相关关系，权力是他人负担起责任的正当性基础。

我们发现，在界定"主动权利-被动义务"的过程当中，我们是以"权力"为中心，来完成了这四个概念的界定，"权力"处于这四个概念的核心地位，因此，莱昂斯将这组关系称为"主动权力-被动义务"。[③] 这组关系实际上是**以权力为中心的论证(power-centered arguments)**，

1.1.4 塔克论作为主动权利的自然权利

塔克在哈特与莱昂斯的基础上推进了对权利本质的讨论。塔克(Richard Tuck)在1979年出版的《自然权利诸理论：起源及其发展》(*Natural Rights theories: Their origin and development*)中开篇就明确了其尖锐的问题意识，如何去理解权利的本质？权利如果是像边沁、霍菲尔德理解的那样，不过意味着从他人履行义务中获得利

① Wesley Newcomb Hohfeld, "Some Fundamental Legal Conceptions as Applied in Judicial Reasoning," p. 44.

② Joseph Raz, *Practical Reason and Norms*, Oxford: Oxford University Press, 1975, pp. 35-49.

③ David Lyons, "The Correlativity of Rights and Duties," p. 50.

益，那么任何权利都可以还原为义务，这样的话，权利话语还有什么单独存在的价值？塔克同意麦克弗森(C. B. Macpherson)和哈特对于权利本质的洞见。麦克弗森看到，自然权利的核心特征是个人"占有"自己的自由。① 用塔克的话来说，自然权利意味着个人是自己道德世界的主人。用哈特的话来理解，个人是自己道德世界的小小主权者。② 简言之，**权利是以权力-能力(power/potestas)为核心的自由**。麦克弗森的错误在于把这种性质权利的起源错置到了霍布斯和洛克身上，塔克认为这种性质权利的起源实际上可追遡至十四世纪。③ 现代自然权利话语是罗马法的法律术语融入神学的结果。塔克在整本书中运用了莱昂斯被动权利与主动权利的分类，自然权利的起源过程，可以说就是如何从被动权利过渡到主动权利的过程。④

塔克看到，在罗马法的语境中，*ius* 和 *dominium* 两个词都有权利的含义。*ius* 的本意是正当，有点类似于现代的请求权(claim)，但并没有现代权利的意味，*ius* 仅仅意味着向他人提出请求是正当的。在古典罗马法时期，所有的 *dominium* 似乎都被当作 *ius* 来理解。⑤ 自然权利理论的最初动力来自罗马法复兴，在罗马法注释法学家那里发展出了被动权利的理论。阿佐(Azo)及其老师巴希阿努斯(Jonhannes Bassianus)对 *ius* 做了非常重要的分类，也就是后来令霍

---

① Richard Tuck, *Natural Rights Theorires: Their Origin and Development*, Cambridge: Cambridge University Press, 1979, pp. 1－3. 该书中译本为理查德・塔克《自然权利诸理论：起源与发展》，杨利敏、朱圣刚译，长春：吉林出版集团有限责任公司 2014 年版，本研究主要使用英文本。麦克弗森的理论将在下一节深入讨论。

② Richard Tuck, *Natural Rights Theorires*, p. 6, n. 4. 比较 H. L. A. Hcrt, "Are There Any Natural Rights", p. 84。

③ Richard Tuck, *Natural Rights Theorires*, p. 3.

④ Richard Tuck, *Natural Rights Theorires*, p. 5, n. 2.

⑤ Richard Tuck, *Natural Rights Theorires*, p. 11.

菲尔德再三思索的请求权(*ius ad rem*)与支配权(*ius in re*)的分类。*Dominium* 是财产支配权(*ius in re*),但此时的 *dominium* 之所以仍然是被动权利,是因为它不过意味着,是一种对世的请求权,即请求不特定多数人不要干预自己对财产的占有。① 阿库修斯又将这种被动权利向主动权利推动了一步,因为阿库修斯将私有财产权区分为下级所有权(*dominium utile*)和上级所有权(*dominium directum*),这种分类来自封建制,封臣享有的是下级所有权,主要是用益权,而封建主享有的是上级所有权。这种分类的意义在于,现在,*dominium* 作为一种支配权,其意义不仅仅在于消极地请求他人不要干预自己的占有,还具有了主动的意义,即所有权人可以主动地处分自己的财物。② 在随后发生的使徒贫困争论中,正是在这种主动权利的意义上,奥卡姆与吉尔松赋予了权利以能力(power)的含义。而使徒贫困关于 *dominium* 的争论,可以说是洛克与菲尔默论战的一个预演。这是本研究第二章要致力于梳理的问题。

1.1.5 以特殊权力为中心的论证

哈特培养了德沃金,德沃金培养了沃尔德伦。沃尔德伦牛津大学的博士论文在 1988 年以《私有财产权》(*The Right to Private Property*)为名出版。③ 沃尔德伦将哈特和塔克的权利理论归为“选择理论”。沃尔德伦提及了他对塔克敏锐洞察力的欣赏。在沃尔德伦看来,严格来说,洛克的权利理论克服了“选择理论”的不足之处。

---

① Richard Tuck, *Natural Rights Theorires*, pp. 14 - 15.

② Richard Tuck, *Natural Rights Theorires*, pp. 16 - 17.

③ Jeremy Waldron, *The Right to Private Property*, Oxford: Clarendon Press, 1988.

因为如果说，广义的私有财产权意味着正当地属于个人的生命、自由与财物，那么，强意义上的选择理论就意味着，个人既然是自己道德世界的主人，就可以随意处分自己的广义财产，甚至可以将自己的生命权、自由权移转给他人。[①] 格劳秀斯所理解的恰恰是这种意义上的广义财产权，他也认为，生命权、自由权是可以移转的。而沃尔德伦认为，洛克的贡献恰恰在于，确立了不可移转的自然权利，洛克之所以能做到这一点，是因为洛克把权利看作一种利益。借助哈特特殊权利与一般权利的分类，沃尔德伦把洛克的私有财产权理论视为"特殊权利本位论证"(special-rights-based argument)。借助德沃金权利本位、义务本位与功利本位的分类，沃尔德伦采取权利本位的私有财产权论证路径。所谓权利本位，指的是义务由权利派生而来，权利证成了义务的负担。[②] 所谓权利证成了义务的负担，意味着个人的权利与义务相比更具道德重要性，而且权利在沃尔德伦看来是一种利益，这就是说，个人的某些利益具有如此的重要性，为他人担负义务提供了充分的理由。而特殊权利本位指的是，个人某些利益之所以重要，并非是其本身就很重要，而是产生于特殊的事件或特殊的法律交易，例如，在洛克这里，个人之所以能够获得私有财产权，是因为个人劳动这一特殊事件使得个人从劳动对象中所获利益变得重要。[③] 沃尔德伦之所以从权利利益说去界定洛克的私有财产权，正是因为他洞穿了塔克的问题意识，某些权利之所以不可移转，是因为某些利益如此重要，不容处分(不得移转、也不得放弃)，这也符合洛克《政府论(下篇)》第四章"论奴隶制"的本意。但是，像麦克弗森与塔克一样，

① Jeremy Waldron, *The Right to Private Property*, p. 98.

② Jeremy Waldron, *The Right to Private Property*, p. 70.

③ Jeremy Waldron, *The Right to Private Property*, pp. 115 - 116.

沃尔德伦也意识到，洛克私有财产权理论的前提是“自主权”(self-ownership)理论，个人是自己道德世界的主人，这实际上就是“选择理论”的核心。[①] 那么，至少在自然状态下，洛克私有财产权的核心还是以权力为中心的(power-centered)。洛克的私有财产权理论可以表述为以特殊权力为中心的论证(special-power-centered argument)。

类似的问题也出现在西蒙斯的研究中。在1992年出版的《洛克式权利理论》(*The Lockean Theory of Rights*)中，西蒙斯运用霍菲尔德的三对权利-义务范畴去分析了洛克《政府论》中的权利理论。这三对范畴分别是请求权(claim)-义务(duty)、自由权(liberty right)-无权利(non-right)、权力(power)-责任(liability)。请求权意味着某人享有要求他人做某事或不做某事的权利，自由权则意味着义务的缺乏，权力则意味着改变他人法律地位(具体表现为施加给他人权利或义务)的道德能力。权力相对于请求权而言是高阶权利，因为它可以变更作为低阶权利的请求权，没有它，权利的转让是不可想象的。[②] 西蒙斯认为，请求权处于这三对范畴的核心。西蒙斯同样借助了哈特特殊权利与一般权利的分类。他同意哈特的观点，人人平等享有的自由权是一般权利，这种权利之所以是一般权利，是因为人人平等地享有。在西蒙斯看来，这种自由权的核心是自治权(rights of self-government)，因此他将其称为自治权。私有财产权、自然法的执行权都是不因同意而产生的特殊权利。也就是说，自然状态下，私有财产权因劳动产生，自然法的执行权因被侵犯而产生。政治权利、经

---

① Jeremy Waldron, *The Right to Private Property*, p. 181.

② A. John. Simmons, *The Lockean Theory of Rihgts*, Princeton, New Jersey: Pirncetion Unirversity Press 1992, pp. 70 - 73. 朱佳峰:《对同意理论几个批评的回应》,《西南大学学报(社会科学版)》2018年第2期。

济权利是因同意而产生的权利。具体结构如下：

(1) 一般权利：自治权；

(2) 不因同意产生的特殊权利：(原初的)财产权,(排他性的)财产权,自然法的执行权等；

(3) 因同意产生的特殊权利：一切承诺性质、信托性质的权利,如政治权利、经济权利等。①

西蒙斯认为,洛克自然权利以请求权为核心,有一定道理。诚然,私有财产权有请求他人不要干预的意味,自然法的执行权有请求他人予以赔偿的意味。但是,私产所有权与自然法执行权的核心仍然是权力(power)：对于私产所有权而言,正是通过劳动,劳动者将自己的法律地位改变为所有者的特权地位,而将他人的所有权诉求排除了,他人处于了无权利的地位；对于自然法执行权而言,别人侵犯自己的财产权,对其予以惩罚,不仅仅是私法意义上的赔偿,这个被侵犯者处于了裁判者的地位,裁断别人侵犯为非法,界定了侵犯者的法律地位。西蒙斯的洞见在于,自然状态下关键问题是,私有财产权被侵犯后,缺乏法庭救济的权利,而寻求法庭救济的权利正是请求权,诉权的核心正是请求权。因为缺乏这种请求权,所以人们需要脱离自然状态,进入政治社会,进入政治社会的动机正是作为请求权的诉权的缺乏。因此,结合西蒙斯的理论,我们可以认为,洛克广义财产权(生命权、自由权、财产权)是一般权利,为了更符合洛克的原意和分析的方便起见,我们将其界定为自主权(self-ownership)。狭义

① A. John. Simmons, *The Lockean Theory of Rihgts*, p. 87.

私有财产权(对财物的权利)是以权力为中心的权利,为了分析的方便起见,我们将其界定为私产所有权。正是因为私产所有权以权力为中心,又因为自然状态下,管辖权是相互的,个人相互所提出的请求权都各有理由,谁也没法说服谁,又没有法院作出权威的裁断,因此,进入政治社会就是必要的。因此,可以将西蒙斯的框架调整如下:

(1) 一般权利:自主权;
(2) 以权力为中心的特殊权利:私产所有权、自然法的执行权;
(3) 经同意产生的特殊权利:一切承诺性质的、信托性质的权利。

最后需要说明的是,之所以将洛克私产所有权论证成为以特殊权力为中心的论证,是因为:

(1) 这是一种权利本位的论证,义务派生于权利,权利为他人承担义务提供正当性理由。之所以需要提供正当性理由,是因为自主权是一般权利,人人平等地享有自由权。因此,要进入哈特所论及的那种道德世界的短暂主权关系,要使自己的意志和命令成为他人行动的排他性理由,简言之,要对他人的自由进行限制,就必须为此提供正当性理由。
(2) 这是一种特殊权利论证。私产所有权这种权利的产生是有条件的,其产生来自某些条件的成就,如个人进行了劳动。
(3) 这是一种以权力为中心的论证。个人的劳动是个人有目的地施展其能力(power),这种能力的施展改变了私产所有权人自己的法律地位,使自己处于了所有权人的地位,而其他人则处于了对其财物无权利的地位。

(4) 这是一种特殊权力为中心的论证：要对他人的自由形成限制，就必须证明，某些条件的成就在道德上如此重要，这些条件为限制他人自由提供了正当理由，这些条件必须是充分且必要的条件。对于私产所有权而言，劳动构成了获得私产所有权充分且必要的条件。

(5) 以权力为中心的论证固然是把权利的本质看作自由选择，质言之，就是个人有能力(power)并且可以自由选择。但是，需要补充说明的是，这是一种弱意义上的权利选择说。这种条件就是，个人固然可以自由选择，但是不得作出违背自己根本利益的选择，例如放弃自己的自主权。质言之，权利利益说对选择的底线作出了限制。

1.2 研究状况

1.2.1 英语学界研究状况

英语学界对洛克的研究可谓汗牛充栋，每年至少有五到十本专著问世，宾夕法尼亚州立大学图书馆甚至建有专门网站及时收录全球关于洛克研究的主要文献，其研究早年被著名思想史家波考克(J. A. Pocock)戏称为“洛克产业”(the Locke Industry)。[①]而菲尔

① Paul E. Sigmund, “Jeremy Waldron and the Religious Turn in Locke Scholarship”, *The Review of Politics*, 2005;67,3, p. 407. 中译文参见西格蒙德：“沃尔德论与洛克研究的宗教转向”，郭威译，载沃尔德伦：《上帝、洛克与平等——洛克政治思想的基督教基础》，郭威、赵雪纲等译，北京：华夏出版社 2015 年版。宾夕法尼亚州立大学图书馆的洛克研究网站参见 www. libraries. psu. edu/tas/Locke(最后访问时间 2021 年 2 月 22 日)。

默的研究尽管相对较少，但英语世界也有了非常成熟的研究。这里只对洛克与菲尔默财产权与主权学说的经典研究进行集中综述。

上个世纪五十年代之前，对洛克的看法较为统一，认为他是一个影响巨大却逻辑混乱的思想家，是辉格党和光荣革命的辩护者，而菲尔默所代表的托利党作为失败者，只是作为洛克思想的背景出现。《政府论（上篇）》主要反驳菲尔默，而《政府论（下篇）》主要反驳霍布斯。① 但是，二十世纪五十年代之后，洛克研究与菲尔默的研究却取得了相当大的突破，这种突破一方面源自学者提供了新的解释框架，一方面源自四十年代发现的洛克手稿——拉乌雷斯藏稿（Lovelace Collection）。② 十九世纪菲尔默研究最具分量的作品是菲吉斯（John Neville Figgis）的《国王的神圣权利》（*The Divine Right of Kings*）。菲吉斯是第一位严肃对待菲尔默的学者。他认为菲尔默的贡献在

---

① 将洛克作为辉格党典型代表的，例如，Harold Laski, *Political Thought in England from Locke to Bentham*, Holt Rinehart & Winston, 1920, pp. 48,54,60。指责其思想混乱的，例如，George Sabine, *A History of Political Theory*, 3rd edn, Holt, Rinehart & Winston, 1937, pp. 537 - 8。将菲尔默作为背景介绍的，参见 Sterling P. Lamprecht, *The Moral and Political Philosophy of John Locke*, New York: Columbia University Press, 1918, pp. 80 - 87。Lamprecht 对菲尔默的介绍虽则简短，但很富洞见，他认为菲尔默学说的批评性意义大于建设性意义。相关文献综述，参见 Richard Ashcraft, *Locke's Two Treatises of Government*, London: Allen & Unwin, 1987, pp. 298 - 305。

② 1704 年，72 岁的洛克去世，他将其超过 3000 本的藏书、未刊手稿以及信件留给了他的表弟大法官彼得・金勋爵（Lord Peter King）。这笔遗产一直由金勋爵的后人照管，直到 1942 年，这笔遗产的最后一位所有者将大部分手稿寄存给了牛津大学图书馆（Bodleian Library, Oxford）。牛津大学图书馆 1947 年购得这些文献，从而为研究者提供了极为丰富的洛克传记信息和之前少有人知的未刊手稿。这些文献因之被称为拉乌雷斯藏稿。参见 W. Von Leyden, "Introdution" to *Essays on the Law of Nature and Associated Writings*, trans. W. Von Leyden, Oxford: Oxford University Press, 2002, pp. 1 - 7。

于，之前对于君权的论证多依赖圣经，君主与父亲是类比关系，菲尔默则将这种类比修辞转变为了论证，这为君权的论证提供了自然论证。菲尔默的论证被他概括为“人依凭神圣权利的存在才是自然的存在，而君权对于人而言是自然的，因此，君权得依凭神圣权利而存在”。菲尔默为政治理论所提供的自然论证甚至启发了洛克和卢梭。①

1.2.1.1 施特劳斯与麦克弗森

1.2.1.1.1 洛克的政治享乐主义

施特劳斯学派的开创者列奥·施特劳斯在《哲学评论》1952 年 10 月期上发表“洛克的自然权利学说”一文。他运用其隐微阅读的(exoteric)方法论，认为洛克不是在反驳霍布斯，而是在追随霍布斯。他指出洛克自己在言说自然法时，一方面声称有法律必有立法者，自然法的立法者就是上帝，并以上帝的来世奖惩作为保证，但另一方面理性却又不能解证(demonstrate)来世生活。在洛克这里，理性与信仰绝然断裂。自然法算不得“自然”，更非真正意义上的“法”。洛克实际上是“隐微”(esoteric)写作的高手，表面上追随贤明的胡克，暗地里却紧随霍布斯，洛克《政府论》中所谓的“铭刻人心”的自然法实际上指的是“内在的”自然权利(innate natural right)，洛克“自然法”的基础是霍布斯的“自然权利”，洛克划分自然状态与战争状态实在是虚与委蛇，他的自然状态实际上就是霍布斯的战争状态，他是隐秘的霍布斯主义者，是无神论者。②

---

① John Neville Figgis, *The Divine Right of Kings*, New York: Harper & Row, Publishers, 1965, pp. 148 - 158.

② Leo Strauss, “On Locke's Doctrine of Natural Right”, *Philosophical Review*, vol. 61, no. 4, October 1952, pp. 475 - 502.

施特劳斯后来将他的这一观点在1953年出版的《自然权利与历史》一书中又进行了扩展。[①] 在肯认了洛克自然法的基础是自我保存的自然权利之后，施特劳斯进一步讨论洛克政治学说中最富特色的财产权理论。众所周知，洛克财产权理论的一大特色就是认为财产权先于公民社会，但问题是，洛克为何汲汲于证明此点？施特劳斯认为，作为自然权利的财产权是自我保存的根本权利的必然结果。如果人人有自我保存的自然权利，必然享有使自我保存得以实现的手段性权利——财产权。人类不但享有自我保存的权利，还享有舒适地自我保存的权利。自然法教导人们不可侵犯他人已经占有的财产，因此，人类占有财产的唯一合法方式是从自然获取。人是他自己的主人和自己人格的所有者，也是其劳动和行动的所有者，因此人自己有财产权最重要的根基。个人将自己的劳动与无主物混合时，他就对该物享有排他性的所有权。但是，自然法对人类的这种占有施加了一个限定性条件，即限定人类占有财物后，不得浪费，自然法并不限制贪欲，限制的只是浪费，自然法之所以施加这样的限制，是因为在世界的最早时期，自然的丰裕只是潜在的丰裕，自然提供的是无价值的质料，由于是潜在的丰裕，因此实际上是自然的贫困，因此，在这个时期，要求占有只能通过劳动，劳动是占有的唯一资格，占有后要防止浪费。由于自然的贫困，自然法允许人类对他人的需要置之不顾。在世界的初期，尽管自然法唯一的限制是人类不要浪费，但由于无价值的质料足够丰足，除浪费原则外无其他的限制。但是到了公民社会，由于所有东西都被占有了，尤其土地是稀缺的。由于不再

---

① Leo Strauss, *Natural Right and History*, Chicago: The University of Chicago Press, 1953. 中译本参见列奥·施特劳斯：《自然权利与历史》，彭刚译，北京：生活·读书·新知三联书店，2003年版。本研究主要采用英文本。

有足够丰足的质料提供给人类，本来公民社会的法律似乎应该因稀缺而限制占有，但洛克的教导却与之相反，占有权在公民社会应该比自然状态受到更少的限制。劳动不再是财产的充分资格。货币的发明革新了财产权的概念，自然状态下自然法唯一的限制——浪费原则在公民社会不再有效了。废除这条限制意味着解放出获取欲，洛克对这种解放的辩护是，它有益于公共利益。自然状态下浪费原则的限制是因为自然状态下的自然贫困，但与之相反，公民社会是丰裕的。获取欲的解放不但与这种丰裕相协调，而且是这种丰裕的原因。劳动不仅仅是获取财产的资格，也是所有价值的来源。人类之所以劳动，是因为他自私的欲望。如果人类仅仅满足于吃饱喝足，那么不会有公民社会的丰裕，公民社会的丰裕秘诀正是超过基本需求的获取欲。真正的劳动预设了理性而又勤奋的人的存在。获取欲扩大的前提是眼界的扩大，眼界扩大的那些人正是理性的人，而这些人能够为未来生活的安适忍受现下劳动的痛苦，这些人是勤奋的人。这种理性而又勤奋的人虽是少数，但他们的劳动是价值的来源，是人类财富增长的来源，同时他们的劳动加剧了稀缺，促使那些懒惰者为生存而劳动。因此，劳动是公民社会的丰裕的必要不充分条件，获取欲才能刺激劳动，创造出公民社会真正的丰裕。人类结成国家的最大目的和主要目的是保护财产，保护获取欲刺激下的动态财产。综上，洛克的财产权学说体现的正是资本主义精神，贪欲和获取欲不再是邪恶的，而是通过财产这一疏解渠道变得合理。因此，洛克将他的公民社会建立在人性利己的低下而坚实的基础上，关注人实际是如何生活的，而非应当如何生活，打破了传统自然法对自然义务的强调，而将关注的重心转移到自然权利上，以自我为中心的个人成为道德世界的核心和起源。洛克政治学说的关键点在于他享有一种特殊的政治享乐主义，不在于享受最大快乐，而在于占有那些能够产生最大快乐的东西，主要的手段就是劳动。劳动在圣经传统上被认为是痛苦的代表，但劳动在洛克的享乐主义中占有的核心位置，这说明，洛克的享乐主义不强调对快乐的追求，而是强调以劳动为代表的对痛苦和不安的摆脱。①

1.2.1.1.2　洛克的占有性个人主义

C·B·麦克弗森（C. B. Macpherson）1962年出版的《占有性个人主义》（*The Political Theory of Possessive Individualism*）对洛克财产权的解读，得出了与施特劳斯近似的结论。麦克弗森认为所谓占有性个人主义指的是个人是他自己人格和能力的占有者，毫不负担社会义务，这是现代自由民主制问题的根子所在，而这个根子深深地根植于霍布斯和洛克的思想中。② 麦克弗森指出，早就有人认为洛克的国家就像一个合股公司，公司的股东就是有产者。那么，洛克公民社会的成员是哪些人？如果只是有产者的话，洛克的公民社会如何对每一个人有约束力？社会契约能够成为政治义务的根基吗？要解决以上困难，欲揭示洛克的公民社会理论，必须先从考察洛克的财产权学说开始。洛克起先将财产权奠立在自然权利和自然法之上，随后移除了财产权上的所有限制。洛克在《政府论（下篇）》开篇说，

① Leo Strauss, *Natural Right and History*, pp. 201 - 215. 1960年，施特劳斯学派的考克斯（Richard Cox）出版了《洛克论战争与和平》（*Locke on Peace and War*），他在坚持乃师自我保存的自然权利优先于自然法的观点基础上，新颖地提出现代国家的扩张乃是个人自我保存的扩大版本。在方法论上，他找到《政府论（上篇）》洛克关于医生的隐喻支持洛克采用隐微写作的手法。Richard Cox, *Locke on War and Peace*, Oxford: Clarendon Press, 1960.

② C.B. Macpherson, *The Political Theory of Possessive Individualism: Hobbes to Locke*, Oxford: Oxford University Press, 2011, p. 3. 中译本参见C·B·麦克弗森：《占有性个人主义的政治理论》，张传玺译，杭州：浙江大学出版社2018年版，本研究主要采用英文本。

人类最初财产是共有的，但个人要生存的话，就需要获取财产的方式，即占有的方式——个人的占有权。这一个人占有权的根源是个人对自己的人格存在所有权，个人的劳动和行动都是他自己的。然而，这种占有权受到三种限制：(1)占有时给他人留下足够多足够好的资源，即充足限制；(2)占有之物不能腐坏，即腐坏限制。(3)麦克弗森认为洛克的上述限制在逻辑上还暗含着劳动归个人所有的原则。①

洛克从限制性的权利走向非限制性权利的关键是《政府论(下篇)》第五章第36节，自然法要求原来的占有只是够占有者生活必需所用，但是引入货币后，允许多于生活必需的占有了。麦克弗森随后对洛克如何突破自然法的三种限制进行了更细致的论证。洛克对第二项腐坏限制的突破似乎最为容易，由于作为金银的货币不会腐坏，积累金银并不违反腐坏限制。但是麦克弗森进一步追问，人类为何要占有超过生活必需的财物？洛克强调人类是理性的，这既是指作为计算的功利主义的意义，也有考虑他人的道德意义。超过生活必需的占有似乎违反了人类理性的上述两条原则。麦克弗森认为要解决这一矛盾就需要回到洛克的经济作品《论降低利息和提高货币价值的后果》(*Some Considerations of the Consequences of the Lowering of Interest and Raising the Value of Money*)，其中洛克将土地和货币都视为资本。货币是一种商品，它的目的是扩大超过满足生活必需的交易，因而是一种资本。洛克所谓超过生活必需的占有，指的是积累作为资本的货币。超过生活必需的占有可以通过交换，成

---

① C. B. Macpherson, *The Political Theory of Possessive Individualism*, pp. 201 - 203.

为资本。货币本身没有价值,其价值来自财产不平等分配的事实,来自人们订立契约中体现的同意。洛克认为自然状态下的人是理性的,理性既具有功利主义的意义,也具有道德意义,这意味着在自然状态下人类也可以达成合意,形成契约,其同意有道德约束力,因此自然状态下也可以有市场。这就可以突破剩下的两条限制了。洛克在《政府论(下篇)》第五章第 37 节继续说,土地不被占有,就浪费了,一亩被占有的土地产生的价值超过一百亩荒着的土地。麦克弗森认为土地被全部占有后,能够提供所有人的生活必需品,这就是洛克所说的一个英格兰劳工生活要比美洲国王的生活优渥,社会中处于最劣势地位者基本生活得到保障,这比过去的生活标准提高了,因此他们会默示同意这种占有带来的不平等,自然法的充足限制被突破了。剩下的就是劳动归个人所有的限制。尽管洛克自己说,劳动是个人的,但既然自然状态下存在市场,劳动可以作为商品进行交易,劳动既然可以作为商品出售,也就不一定归个人所有了,麦克弗森举出了《政府论(下篇)》第五章第 28 节中仆人的劳动归主人所有的例子作为佐证。这是典型的劳动-资本生产关系。在《论降低利息和提高货币价值的后果》中,洛克显然把赚取工资的劳工作为一个阶级对待,并处理了他们与地主及经纪人的关系,如前所述,土地和货币都是资本,因此赚取工资的劳工与他们的关系是资本主义生产关系。①

洛克学说中有两种同意,一种同意是自然状态下引入货币的同意,另一种同意是建立公民社会的同意。前一种同意尽管建立了财

---

① C. B. Macpherson, *The Political Theory of Possessive Individualism*, pp. 194 - 221.

产制度，但没法保证个人安全地享有财产，因此需要进入公民社会。洛克所建立的公民社会就是一个阶级社会。尽管所有人平等地享有自然权利，但更理性、更勤奋的人有自然权利占有所有土地，洛克个人主义的核心是个人是自己人格和能力的单独所有者，因此在有产者占据所有土地后，劳工阶级拥有的自然权利是自由地出卖劳动。洛克的公民社会成员由有产者和无产者组成。尽管每个人都有理性，但理性的程度不同，无产者的理性程度低，他们无法理解作为理性法的自然法，因此只能用宗教中来世奖惩的观念保证他们对自然法的遵从。理解自然法的是更理性和勤奋的有产者，他们应当作为政治社会的完全公民、统治阶级，无产者是具有不完全公民身份的成员、被统治阶级。洛克建立起来的政治社会是一个阶级国家，从这个意义上说，他的国家类似于合股公司。[①]

1.2.1.1.3 小结

施特劳斯与麦克弗森都抓住了洛克将权力(power)作为自然权利核心的特征。并且，他们都敏锐地注意到，洛克获取个人私产所有权的基础都在于其拥有自主权(self-ownership)，个人占有自己的人格和劳动。[②] 他们看到了，当个人施展自己的劳动能力(power)之后，使得自己处于所有权人的特权地位，而其他人处于对该财物无权利的地位，而能够获得这种特权地位的就是那些少数理性的人。这种理性又是 rationality，这些少数理性的人就是霍布斯意义上的精于算计的人。但是，首先，洛克所理解的理性并不都能还原为这种理性，还包括能够顾及他人的讲理者(reasonable man)。其次，洛克以特殊

① C. B. Macpherson, *The Political Theory of Possessive Individualism*, pp. 221 - 238.

② 这点为塔克、西蒙斯等人所认同。

权力为中心的论证并不意味着个人完全可以自由选择，个人选择时，不得放弃或移转自己的根本利益，例如自主权。因此，因为迫于生计而屈从于他人的支配，这是违背洛克本意的。[①] 再次，如同波考克和王楠所批评的，洛克所处的十七世纪是“资本主义生产方式”兴起的时代，但“资本主义生产方式”不能等同于资本主义，资本主义的经济基础是大工业生产，麦克弗森这样的处理方式，不但错怪了洛克，而且也违背了马克思的本意。[②]

最后，尤其值得一提的是，施特劳斯敏锐地注意到了，劳动在圣经传统中是痛苦的象征，在洛克这里居然成为了权利的正当性基础，这一看似矛盾的问题需要认真解释。劳动本来是上帝因亚当偷食禁果而施与亚当的惩罚，用请求权-义务、权力-责任的关系来看就是，上帝对亚当发布了不得偷食禁果的命令，亚当有不吃禁果的义务。当亚当违背了这一禁止性命令，上帝就动用他的权力，使得亚当处于了罪人的地位，亚当有承担惩罚的责任，而这种具体的惩罚方式就是自食其力的劳动。那么，问题来了，人类的始祖亚当进行劳动，是一种责任，而亚当后人的劳动却成为了权力，亚当的后人如何把责任转化为了权力，如何把义务转化为了权利？那么，施特劳斯给出的解释自然是，矛盾的不是洛克，而是洛克所反对的圣经政治学。洛克通过隐微写作的手法，表面让自己自相矛盾，实则把自己的自相矛盾归咎给圣经。只有脱离圣经这一前提，洛克学说的圆融性才能显露出来。施特劳斯尖锐地提出了问题，但是，答案却不能令人满意。

① 详细论证参考第四章关于洛克《政府论（上篇）》第四章相关文本的讨论。
② 王楠具体的批评请看后文。

1.2.1.2　拉斯莱特与邓恩

1.2.1.2.1　拉斯莱特见微知著的学术洞察力

成功运用史料对洛克及菲尔默研究带来第一轮巨大冲击的是剑桥学派的开创者彼得·拉斯莱特(Peter Laslett)。拉斯莱特开创的言说语境主义方法是从洛克研究开始的。而拉斯莱特的洛克研究又是先从菲尔默研究着手的。菲尔默这样一个备受忽视的作家,居然成为了开启洛克研究新局面的突破点,乃至奠定了洛克研究新范式,这来自拉斯莱特见微知著的学术洞察力。拉斯莱特似乎特别擅长于寻常处发现不寻常,他关于广义财产权与狭义财产权的划分为后来奥利弗科罗纳的研究提供了极大的启发,他关于"作品模型"的只言片语也启迪了塔利的研究范式。

拉斯莱特1939年在菲尔默的祖屋中发现了菲尔默的手稿,并且带回了剑桥大学图书馆。通过考证,他认为菲尔默的《父权制》大约写作于1635年到1642年之间。1949年,他以《父权制及其他政治作品》(*Patriarcha and Other Political Works*)的名字出版了该手稿。这是菲尔默的作品自1696年最后一次出版后的再次出版。[①] 拉斯莱特考证,《父权制》大概创作于1635—1642年间,很可能是针对1634—1638年间的船税案而作。[②] 塔克将《父权制》的写作时间修正

① Robert Filmer, *Patriarchs and Other Political Works ofSir Robert Filmer*, ed. Peter Laslett, Oxford: Basil Blackwell, 1949.

② Peter Laslett, *Patriarchs and Other Political Works of Sir Robert Filmer*, "Introduction", p. 3. 又见 Admir Skodo, Idealism, "The Sociology of Knowledge and Revisionist History of Political Thought: Peter Laslett's Reappraisal of Whig Historiography", *History of Political Thought*, Vol. 35, No. 3 (Autumn 2014), p. 552。

为17世纪20年代。[①] 拉斯莱特也强调，菲尔默赖以成长的肯特郡父权制家庭对其的巨大影响。[②]

1956年，他向“剑桥历史协会”(Cambridge Historical Society)提交的“英国革命与洛克的《政府论》”一文通过对洛克通信的细致考证，认为《政府论》的成书时间并非在光荣革命之时，而是写作于1679—1681年间的“排斥危机”(the Exclusion Crisis)时期。[③] 该文后来收入拉斯莱特为自己编辑的《政府论》撰写的长篇导言中。这个非常技术性的考证工作直接的后果使得《政府论》上下两篇与菲尔默的联系大大加强，因为菲尔默的《父权制》正是于“排斥危机”期间出版的，成为托利党的宣传武器。拉斯莱特认为《政府论》上下两篇都是针对菲尔默而作，菲尔默的重要性得到了提升，也驳斥了施特劳斯认为洛克是霍布斯追随者的观点。拉斯莱特这种考证的深远意义在于，使得《政府论》成为一部针对时局而发的小册子，割裂开《政府论》

---

① Richard Tuck, “A New Date for Filmer's Patriarcha,” *Historical Journal*, 29 (1986), pp183 - 86；这一修正得到了Sommerville、Cuttica的肯认，参见Sommerville, *Patriarcha and Other Writings*, pp. vii-xxxvii; Cesare Cuttica, “An Absolutist Trio in the Early 1630s: Sir Robert Filmer, Jean-Louis Guez De Balzac, Cardin Le Bret and Their Models of Monarchial Power,” in Cesare Cuttica and Glenn Burgess, eds., *Monarchism and Absolutism in Early Modern Europe*, London: Routledge, 2012, p. 132。

② Peter Laslett, “The Gentry of Kent in 1640”, *The Cambridge Historical Journal*, Vol. 9, No. 2(1948).

③ “排斥危机”是洛克恩主(Patron)沙夫茨伯里伯爵(the first Earl of Shaftesbury)在议会领导的将查理二世的弟弟、天主教徒约克公爵(后来在“光荣革命”中仓皇出逃的詹姆斯二世)排除在王位继承之外的斗争，斗争的主要手段是在议会通过“排除法案”(the Exclusion Bill)，最早的辉格党人也在这次“排除危机”中诞生。“排除危机”最终以查理一世强行解散议会而告结束。《政府论》实际上并非为革命辩护，而是召呼革命，反抗查理二世和约克公爵。参见Peter Laslett, “The English Revolution and Locke's Two Treatises of Government,” *Cambridge Historical Journal*, XII(1), pp. 40 - 55。

与《人类理解论》的联系，割裂开洛克的哲学家身份与政治理论家身份，通过考察洛克的政治行动来考察《政府论》的言说意图，为剑桥学派言说语境主义(linguistic contextualism)的方法奠定了基础。拉斯莱特在细节处有不少洞见，例如，他在《政府论(下篇)》第二章第6节发现人作为上帝的作品(workmanship)和财产是洛克时代常识性的理论预设，这也许启发了后来塔利的研究。他力图恢复十七世纪英国对"财产权"的理解，他认为，洛克在两个意义上使用财产权，一种是对财物的狭义财产权，另一种是包括生命、自由和财物的广义财产权，这种广义理解也是英国十七世纪的常识。[①]

1.2.1.2.2 邓恩论洛克财产权的基督教基础

约翰·邓恩(John Dunn)继续推进了拉斯莱特所开创的洛克研究。1969年，邓恩出版了《洛克的政治思想：对〈政府论〉论证的一种历史解释》(*The Political Thought of John Locke: An Historical account of the Argument of the 'Two Treatises of Government'*)。[②] 同年，剑桥学派的昆汀·斯金纳将拉斯莱特所开创的方法提炼为言说语境主义。邓恩对这一方法的最大运用就是将当时的基督教背景作为洛克最重要的言说语境，该书提炼出的核心观点是，宗教前设的核心理论地位是理解洛克政治思想的关键。例如，邓恩对洛克劳动与财产理论的理解是，亚当的原罪不仅导致了人的有朽性，而且劳动是人类状况程度较轻的惩罚特征，在资源稀缺的状况下，引出了一个社会道德范畴——私产所有权，因此人类要因自己的堕落为自然状态下财产持续的不稳定状况负责。邓恩对洛克财产与

① Peter Laslett, Introduction to John Locke, *Two Treatises of Government*, pp. 1-132，尤其参见 p. 93 与 p. 102。

② Richard Ashcraft, *Locke's Two Treatises of Government*, p. 304.

劳动学说的理解是,劳动实际上是在履行上帝的神召。[①] 邓恩对考克斯的批评是,人类的自我保存实际上是在履行对上帝的自然法义务,自然权利不具有优先性。[②] 邓恩对麦克弗森的说法进行了猛烈的批判,认为麦克弗森"货币出现后,自然法的一切限制都消失了"、"个人可以无限占有财产"的观点站不住脚,在加尔文神学的背景下,再考虑洛克后期的享乐主义,个人将会对得失进行一种计算,而最大的计算就是来世的奖惩。[③]

邓恩认为,洛克的财产权学说有着深厚的基督教背景,简言之,劳动的核心就是加尔文宗的履行上帝神召,劳动是一种义务。邓恩的研究奠定了洛克政治思想研究的新范式。邓恩的研究注意到了洛克财产权学说的十七世纪清教背景,并且,洛克所提倡的节俭、勤劳等诸多德行只有在清教背景下才能得到更好的理解,更为重要的是,洛克哲学中将"欲望"定义为对未占有某些东西的"不安"。这种不安感正是清教徒所特有的,实际上只有通过劳动,才能规训这种不安,使这种欲望不致沦为得陇望蜀的权势欲(desire for power)。但是,邓恩面临的问题是:第一,为何洛克的《政府论》几乎不引用《新约圣经》?邓恩给出的解释是,尽管耶稣基督没有出现在《政府论》里,但耶稣基督的精神却浸润在《政府论》中。但这是没有文本支持的,洛克没有提及《新约圣经》,就是没有提及《新约圣经》;第二,既然劳动是履行神召义务,那么,施特劳斯式的问题就来了,劳动既然是一种

① John Dunn, *The Political Thought of John Locke: An Historical account of the Argument of the 'Two Treatises of Government'*, Cambridge: Cambridge University Press, 1969, p. 115.

② John Dunn, *The Political Thought of John Locke*, pp. 159 – 161.

③ John Dunn, *The Political Thought of John Locke*, pp. 195 – 196.

义务，那么劳动为何又成为了私产所有权的正当性基础？上帝要人类保存自己，人类像动物一样，维生即可，为何还要寻求舒适地生活？

1.2.1.3 七十年代的研究

实证法学家奥利弗科罗纳(Karl Olivecrona)尽管不是严格采用剑桥学派的言说语境主义，但他在1974年发表的论文“自然状态下的占有——洛克论财产的起源”(Appropriation in the State of Nature: Locke on the Origin of Property)恢复了洛克与格劳秀斯、普芬道夫关于财产权的对话语境。奥利弗科罗纳同意拉斯莱特对洛克财产权的两种界定，并且将广义财产权界定(生命、自由与财物)与格劳秀斯的 *suum* 概念(正当地属于自己的东西)勾连起来。因为对格劳秀斯来说，在自然状态下财物起初是共有的，因此占有财物，占为己有就可能侵犯属于大家的东西，私有财产权的产生就存在论证上的困难，普芬道夫将这种共有关系变成了消极共有，但要将其占为己有，仍然需要大家的同意。但这样就将财产权奠立在人为的基础上，洛克通过劳动学说为财产权奠立了坚实的自然权利基础，而其劳动学说的关键则是将人的人格与劳动的外物进行同化(identification)。①

1975年，拉斯莱特的学生肖谢特(Gordon J. Schochet)出版了《政治思想中的父权论》(*Patriarchalism in Political Thought*)一书，恢复了菲尔默父权论在都铎王朝及斯特亚特王朝时期的语境。肖谢特提出了三种父权论的范式：(1)描述国家历史起源的“人类学

① Karl Olivecrona, “Appropriation in the State of Nature: Locke on the Origin of Property,” *Journal of the History of Ideas*, vol. 35, no. 2, April-June 1974, pp. 211–30. Olivecrona另一篇阐述洛克劳动同化理论的论文，参见Karl Olivecrona, “Locke's theory of Appropriation,” *Philosophical Quarterly*, vol. 24, no. 96, July 1974, pp. 220–234。

(anthropological)父权论”,只涉及历史事实,没有规范意义;(2)建立政治服从义务的“道德学(moral)父权论”,从历史事实推出父权论的规范意义;(3)为英国国教会所采用的具有政治宣传功能的“意识形态(ideological)父权论”。菲尔默的父权论三个方面都涉及,他学说的重要基础是创世论学说(genetic doctrine),即上帝创世之时已将一切安排停当,例如君主制,这种安排是不可改变的。菲尔默的思想是当时保皇党的典范。肖谢特还揭示了洛克学说中的父权论因素,洛克承认国家历史上是起源于家庭,以往的学者认为这与洛克批驳父权论的立场相矛盾,肖谢特认为洛克只采取了“人类学父权论”的立场,因此与其学说是融贯的。[①]

同年,塔尔顿(Charles D. Tarlton)发表了研究《政府论(上篇)》较早的论文“沙制的绳索——阐释洛克《政府论(上篇)》”(A Rope of Sand: Interpreting Locke's First Treatise of Government),他首先结合历史语境指出了《政府论(上篇)》攻击的对象是那些谄媚君主的廷臣,在文本的分析中,他提炼出了良心与政治服从的关系,挖掘出了《政府论(上篇)》的理论意义。[②]

1979 年,施特劳斯学派的迈克尔·扎克特(Michael P. Zuckert)发表“洛克《政府论(上篇)》导论”(An Introduction to Lokce's *First Treatise*)。洛克貌似指责菲尔默对《圣经》的阐释有误,似乎自己会提供正统的解释。但仔细对比菲尔默的原文却发现,菲尔默有的话根本就没有说过,洛克的真实意图是反驳菲尔默所倚重的圣经政治

---

① Gordon J. Schochet, *Patriarchalism in Political Thought: The Authoritarian Family and Political Speculation and Attitudes Especially in Seventeenth-Century England*, Oxford: Basil Blackwel, 1975, pp. 12,61–63,115–158,244–268.

② Charles D. Tarlton, "A Rope of Sand: Interpreting Locke's *First Treatise of Government*," *Historical Journal*, vol. 21, no. 1,1978, pp. 43–73.

传统，因为他并不相信理性与信仰之间可以沟通，《圣经》要求人自由地服从上帝，而洛克所强调的只是人的自由，《圣经》要人克制攫取财富的欲望，洛克却希望财富无限地增长。①

同年，戴利(James Daly)出版了《罗伯特·菲尔默爵士与英国政治思想》(*Sir Robert Filmer and English Political Thought*)一书。戴利同意肖谢特的三种父权论范式，但他不同意菲尔默的思想是保皇党思想的典范，因此他进一步恢复了英国内战期间到光荣革命之后的父权论语境，恢复的目的是要强调菲尔默的原创性和独特性，菲尔默对绝对权力的强调比其他保皇党人更为极端，其主权理论根植于自然法的意志论传统当中，他对暴君的承认在于其所持有的神意观。②

1.2.1.4 塔利及其批评者

1.2.1.4.1 阿伦特的启示

应当说，塔利为洛克财产权理论所搭建的"作品模型"，成为了剑桥学派洛克财产权研究最为经典的范式。③ 塔利明确承认，他的"作品模型"或"制作者知识"理论受惠于阿伦特与哈贝马斯。④ 阿伦特的《人的境况》(*The Human Condition*)无论对理解塔利的理论，还是对理解洛克与菲尔默论战的意义，都很有帮助。

---

① 迈克尔·扎克特：《洛克政治哲学研究》，第139—157页。

② James Daly, *Sir Robert Filmer and English Political Thought*, Toronto: University of Toronto Press, 1979.

③ 这一范式甚至影响了不少政治学家，例如伊安·夏皮罗(Ian Shapiro)，参见 Ian Shapiro, *The Evolution of Rights in Liberal Theory*, Cambridge University Press, 2008；又见 Ian Shapiro, *The Moral Foundations of Politics*, New Haven: Yale University Press, 2003。

④ James Tully, *A Discourse on Property: John Locke and his adversaries*, Cambridge: Cambridge University Press, 1980, p. 22.

阿伦特在《人的境况》中提炼出了“政治公共生活”(*vita Activa*)这一概念,为了理解这一概念,阿伦特又论及了三个概念,“劳作”(labor)、“劳动”(work)与行动(action)。“劳作”是最低层次的人类活动,与动物最为接近,人类仅仅是为了维生。劳动则造出了一个人造的世界。而行动则只涉及人与人之间的关系,是最具创造性的活动。[①] 劳作仅仅是为了生存,劳动是为了生产,而行动则是为了生活,只有行动领域才涉及政治公共生活。

阿伦特特别提及《旧约圣经·创世记》中“上帝造人”与男女生育的问题,上帝造人,造出的是有创造能力的人,男女生育,如果只是对父母的简单复制,那么就和动物毫无二致,生育必须蕴含着新的开端,降生的新生命必须具有能让太阳底下出现新事物的能力。简言之,上帝造出的人,某种程度上分享了上帝的创造力。[②] 男女生育涉及的是男女结合,也就是家庭这个领域。阿伦特论及,家庭这个领域的核心是家政(economy),就是为生活所迫(necessity)而谋生的领域,是一个必然性占统治地位的领域,因此,这一领域是不自由的。而与之相对的政治公共领域,则是自由的。[③] 在家庭中,只有一个人是自由的,这个人就是家父(这也是菲尔默所理解的家父),他克服必然、赢得自由的方式就是暴力,使用暴力使家庭成员屈从于自己的支配,因此,他可以从生计当中解放出来。[④] 这是菲尔默问题的症结所在。家庭中因为只有一个人是自由的,不论是夫妻关系,还是父子关系,都可以类比于主奴的支配关系,因而是不平等的,而政治领域是

---

① Hannah Arendt, *The Human Condition*, Chicago: The University of Chicago Press, 1953, p. 7.

② Hannah Arendt, *The Human Condition*, pp. 8 - 9.

③ Hannah Arendt, *The Human Condition*, pp. 28 - 30.

④ Hannah Arendt, *The Human Condition*, p. 31.

平等的。[①] 更为重要的，家庭是涉及生育这些私密事情的领域，因而是私密的、见不得人、见不得光的隐秘领域。而私有财产权因为是与家庭紧密相联的制度，因而私有财产权是一个密不示人的领域。[②] 而政治领域则与此相反，是一个见光的公共领域。[③] 而菲尔默恰恰说，政治的光太耀眼，不是绝大多数人能够看的，因此，政治是需要隐秘的，是和家政/经济同一的领域。[④] 而洛克恰恰把私有财产权这个隐秘的领域推到了阳光下，恰恰认为，每一个人的理性都能被自然之光（自然法）点亮，更准确的说，是启蒙（enlighten）。[⑤]

阿伦特提到，克服必然、赢得自由的方式是暴力，但她所理解的"暴力"（violence）不仅仅是强力，而是古希腊意义上的对自然的违反（violation），也就是说，人类劳动打破了自然的进程，例如，伐木加速了树木的死亡。人类在进行劳动时，是作为制作者（*homo faber*）在模仿上帝进行制作，上帝无中生有地创造，人类分有了上帝形象，尽管不能完全无中生有，但却制作出了自然中没有的东西，例如，伐木后做成的桌子。人的劳动造出了人为的世界，在这个世界成为了主人。[⑥] 菲尔默与洛克对暴力的理解是不一样的，菲尔默所理解的暴力，是劳作意义上的暴力，而洛克所理解的暴力，是劳动意义上的暴力，这个意义上的劳动，被阿伦特称为"制作者知识"。[⑦]

---

① Hannah Arendt, *The Human Condition*, p. 32.

② Hannah Arendt, *The Human Condition*, pp. 61 - 62.

③ Hannah Arendt, *The Human Condition*, p. 50.

④ Sir Robert Filmer, *Patriarcha and Other Writings*, p. 4.

⑤ 吴增定：《可见的与不可见的——从希罗多德与柏拉图笔下的"古格斯"谈起》，《读书》2017 年第 2 期。

⑥ Hannah Arendt, *The Human Condition*, p. 139.

⑦ Hannah Arendt, *The Human Condition*, pp. 136 - 167.

1.2.1.4.2 塔利的"作品模型"理论

对于洛克的劳动，塔利正是从"制作者知识"的角度去理解的。[①] 他 1980 年出版了《关于财产的话语——约翰·洛克和他的对手》(*A Discourse on Property*)一书。[②] 塔利对洛克财产权研究第一大贡献在于，发展了洛克作品中的作品模型(Workmanship Model)。

所谓作品模型指的是，制作者对其制作的成果具有所有权，制作成果是制作者的财产，即具有制作者的权利(Maker's Right)。这是因为：第一，制作者的制作活动是成果产生的原因，没有制作者的制作活动，就没有成果的存在；第二，制作者的制作活动是有目的的，由于是他组构的成果，所以他对成果的构成(也就是实质)非常了然，制作者具有制作者的知识。概而言之，是制作者有对成果的知识，并且有能力通过制作活动"创造"出成果。根据制作者权利，上帝通过创造活动造出了人，对人就拥有财产权。人类分有上帝的形象，虽然不能无中生有地创造，但是可以模仿上帝的活动制作出财产，从而拥有私产所有权。人类的劳动正是这样的制作活动，这种制作活动模仿了上帝的创造活动，因此被称为"模型"。[③] 塔利这一范式改变了洛克劳动理论中"混合论"的旧有解释，是对奥利弗科罗纳"同化论"的修正。拉斯莱特提到的《政府论(下篇)》第二章第六节[④]文本成为了塔利构建洛克作品模型的出发点，塔利还以《自然法论文集》和《人类理解论》的诸多段落为其提供文本支持。

---

① James Tully, *A Discourse on Property*, p. 109.

② James Tully, *A Discourse on Property*. 中译本参见詹姆斯·塔利：《论财产权——洛克和他的对手》，王涛译，北京：商务印书馆 2014 年版，中译者对书名的翻译可读性强，也很准确，本研究译为《关于财产的话语》是为了突出塔利所用的方法论。

③ James Tully, *A Discourse on Property*, pp. 35 - 50, 110.

④ John Locke, *Two Treatises of Government*, p. 271.

塔利的第二大贡献是恢复了洛克财产权学说的言说语境，正如该书标题所示，他还原了洛克财产权学说的“话语”，即他挖掘出了洛克是在和哪些思想家对话，澄清了洛克财产权学说的写作意图。首先他将洛克与综合了自然法理智论传统和意志论传统的耶稣会士苏亚雷斯(Suarez)勾连起来，苏亚雷斯又深受阿奎那影响，因此洛克根子上是托马斯主义者。塔利在塔克研究的基础上，搭建起了苏亚雷斯的权利分析框架，也就是我们前文分析框架提及到的分类，即将权利分为请求权(*ius ad rem*)和支配权(*ius in re*)。请求权是指某人对他尚未占有、但属于其应得之物的主张，这种权利具有涵容性(inclusive)，债权即其示例。支配权则是对自己已占有之物的主张，此种权利具有排他性(exclusive)，今天所言物权为其示例。苏亚雷斯对财产权的理解与今天非常不同，他是将财产权理解为“请求权”。他认为上帝将大地赐给人类共有，人类的这种共有权实际上是一种用益权，是一种涵容性的权利。塔利认为，洛克像苏亚雷斯一样，把起初人类的共有财产权理解为涵容性权利。而格劳秀斯和普芬道夫对财产权的理解与今天的理解相似，即将其理解为“支配权”，即排他性地占有，一种排他性权利。① 由于格劳秀斯和普芬道夫对财产权持有这样的理解，使得他们解决从人类财产的原初共有权过渡到私产所有权时出现了困难。塔利吸收了奥利弗科罗纳关于格劳秀斯和普芬道夫 *suum* 概念(正当地属于自己的东西)。现在的问题是，如要将人类原初共有的财产占为己有，是否侵犯人类其他共有成员的权利？这种占为己有的方式是什么？格劳秀斯给出的答案是这种占为己有的方式出自人的意志，即经过人的同意，但是同意有一个前提，就是

---

① James Tully, *A Discourse on Property*, pp. 67 - 69, 72.

适用罗马法上的“先占”。菲尔默对格劳秀斯提出了两个质疑，第一，既然大地是上帝赐给人类原初共有，这种同意岂不是要经过人类的一致同意，这如何可能？第二，自然法既然规定原初共有，现在私有财产出现后，又规定不得侵犯属于他人的东西，则出现大地既是共有的，又是私有的，这岂不是让自然法自相矛盾？普芬道夫为了应付菲尔默的指责，将上帝赐给人类的共有理解为消极共有，即人人在此情况下享有霍菲尔德式特权(privileges)。为了将财产占为己有，普芬道夫认为，在“先占”之前还存在一层的同意。[①] 普芬道夫的解决办法解决了菲尔默的第二个诘难，但仍然没有办法回应他的第一个诘难。正是在这样的背景下，洛克才在《政府论(下篇)》第五章第 25 节提出了上帝赐给人类共有的财产如何占为己有的问题。洛克并不赞同格劳秀斯和普芬道夫的私产所有权起源于同意的学说，他给出的答案是私产所有权起源于劳动。而塔利对洛克劳动学说的解释就是前文所述的“作品模型”，人类劳动这种制作活动被类比于上帝的创造活动，人因此而对产品享有财产权。仍然存在的问题是《政府论(下篇)》第五章第 27 节“人对自己的人格享有财产权(Every Man has a Property in his own Person)”[②]的文本解释。既然上帝对人享有财产权，那么人如何能够自主(self-ownership)？塔利给出的解释是，区分人(man)和人格者(person)，上帝造出的是人(man)，因而对人享有财产权，而自主的主体则是人格者(person)。通过这样的方式，上帝赐予人类共有的大地可以被个人占为己有了，财产权就从涵容性的权利变为了排他性的私有财产权。为了彻底调和上帝所有(divine

① James Tully, *A Discourse on Property*, pp. 74 - 75, 80 - 90.

② John Locke, *Two Treatises of Government*, p. 287.

ownership)和人的自主(self-ownership)之间的矛盾,塔利利用《政府论(上篇)》第四章第 39 节"人类对造物的所有权只能是上帝允许过的'使用的自由'"[①],证明排他性的私有财产权仍然是一种信托(use),上帝仍然是万物最终的所有者。在塔利看来,信托概念的核心在于,财产权是以一定目的的实现为条件而转移给受托人的,而受托人有义务使这些目的得以实现。上帝将财产权信托给个人后,上帝的目的是人类的保存,上帝赋予个人保存人类的手段,因此,个人就有义务履行保存人类的根本自然法,促进上帝转移财产权给个人的信托目的。塔利至此得出了极端的结论,个人对土地的所有权没有自然基础,只是信托权利。[②]

这里塔利主要是针对麦克弗森,麦克弗森认为人对土地拥有不可限制的自然权利。塔利对麦克弗森的批评主要集中在《政府论(下篇)》第五章第 28 节的解读上,此节的文本出现了仆人的劳动成果归主人所有的情况。在麦克弗森看来,这是典型的资本主义的雇佣关系。[③] 塔利认为洛克这里并不存在什么资本主义的雇佣关系,他的反驳主要是两点:第一,引用了《政府论(上篇)》第四章第 42 节的文本表明,洛克认为任何人不得利用他人经济上的窘迫,逼使他人成为奴隶,这样与用强力使人为奴无异;第二,他引用《政府论(下篇)》第七章第 85 节的文本表明,一个自由人也可以出卖自己的劳力,在短期内成为他人的仆人,但这并不意味着该人要成为奴隶,在洛克这里,奴隶与仆人是有区别的。如果硬要说存在资本主义的关系,菲尔默

---

① John Locke, *Two Treatises of Government*, p. 168.

② James Tully, *A Discourse on Property*, pp. 122 - 123.

③ C. B. Macpherson, *The Political Theory of Possessive Individualism*, pp. 48, 54, 60, 214 - 215.

的理论可能还更符合。[①] 塔利对于政治社会的财产权解释是比较极端的，他认为，政治社会建立后，财产权要被政府重新分配，完全从自然权利转变为习俗权利(conventional right)。[②]

1.2.1.4.3 塔利的批评者及辩护者

沃尔德伦对塔利所理解的洛克财产权理论提出了有力的批评。我们前面已经介绍过他的理论框架，现在我们来看他所提出的批评内容。沃尔德伦承认，洛克的几个重要主题需要宗教预设：平等、保存人类的自然法义务，劳动。但沃尔德伦认为，洛克的宗教预设即使重要，为了使其具有当代意义，也必须予以悬搁。沃尔德伦尽管追随塔利回顾了洛克财产权理论的对话者格劳秀斯和普芬道夫，但认为洛克突破格劳秀斯和普芬道夫的同意理论的关键在于人的需求，洛克的财产权概念是一个排他性的概念，不是什么涵容性概念，沃尔德伦实际上是在追随麦克弗森和施特劳斯的理解。[③] 他将洛克的财产权的私有化进程分为两个步骤，第一是自主权理论，第二是劳动混合理论。对第一步他同意塔利，并且进一步指出所谓人的自我所有或拥有自己的人格，指的是拥有自己的劳动或行动，对自己的行动能够承担起自然法责任。[④] 洛克的问题出现在劳动混合理论，解释者有三种解释路径。第一种就是前文提及的劳动者人格与外物同化理论(奥利弗科罗纳持此说)。沃尔德伦认为这种理论太过主观，劳动者并没有将其同化公示于众，为外人周知，别人如何知道这一财物已经

---

① James Tully, *A Discourse on Property*, pp. 79,135 - 139.

② James Tully, *A Discourse on Property*, pp. 157 - 176.

③ Jeremy Waldron, *The Right to Private Property*, pp. 156 - 162, pp. 168 - 171.

④ Jeremy Waldron, *The Right to Private Property*, pp. 156 - 162, pp. 177 - 83.

被个人占为己有了？第二种理论是塔利的作品模型理论。沃尔德伦认为这种理论为财产权提供了太强的论证，上帝的创造行为是一种无中生有的行为，对其财物有任意毁损的权利，洛克的财产权并非是没有限制的处分权利。第三种理论是配得理论(desert)，劳动成果因为劳动的付出而使劳动者的财产权有了道德基础。沃尔德伦认为这是一种义务本位，而非权利本位的思路，并非洛克原意。沃尔德伦认为这些解释路径的失败说明，洛克的劳动理论并没有给私产所有权正当性提供基础。[①] 沃尔德伦对塔利最有力的批评在于，塔利将洛克政治社会建立后的财产权利作为习俗性权利来处理，这就使洛克的财产权从自然权利变为能够为实证法所任意支配的权利，洛克的本意就是要为财产权打下坚实的自然基础，从而避免格劳秀斯和普芬道夫的困境，塔利这样的处理方式实际上抹杀了洛克所做的巨大贡献。[②]

同样对塔利"作品模型"理论提出批评的是西蒙斯。西蒙斯对塔利提出了这几点批评：第一，塔利"作品模型"理论的文本证据非常单薄，仅仅是《政府论(下篇)》及《人类理解论》的少量段落有"作品模型"的出现，这很难说明"作品模型"是贯穿于洛克财产权理论的核心范式；第二，洛克并没有说，个人自己造就了自己的人格；第三，塔利将政治社会中的财产权利理解为习俗性权利，完全违背了洛克本意，私产所有权始终是自然权利。西蒙斯更愿意从奥利弗科罗纳的"同化"理论去理解洛克的财产权，西蒙斯认为，人既然拥有自己的人格和劳动，就有自治权。劳动是有目的的行动。个人进行劳动，是将个人自主权的领域扩展至外物。但是，西蒙斯在有一点上批判地继承

① Jeremy Waldron, *The Right to Private Property*, pp. 194 - 207.
② Jeremy Waldron, *The Right to Private Property*, pp. 232 - 241.

了塔利，我们可以将其称之为"自治权"信托理论，即，上帝尽管是我们的创造者，最终所有者，但他将自主权（self-ownership）信托给了我们。①

塔利的学生斯里尼瓦桑（Gopal Sreenivasan）的《洛克式财产权的限度》（*The Limits of Lockean Rights in Property*）回应了沃尔德伦的批评。斯里瓦尼桑同样将洛克财产权如何私有化分为两个步骤。第一个步骤是，由于人类原初共有的财产是消极共有，因此私有化的第一步不需要经过他人同意。他并不赞同沃尔德伦将其归之于人的需求，斯里瓦尼桑认为洛克财产权理论中的充足原则（Enough and as Good）才是其道德基础所在，因为在占为己有的条件之一是给他人留下足够多和足够好的东西。② 斯里瓦尼桑认为洛克财产权私有化的第二个步骤是，从积极层面论证财产权私有化的正当性。他认为沃尔德伦之所以批评塔利的"作品模型"，是因为他没有注意到洛克的"创造"概念与"制作"概念的区分，创造对于洛克而言是无中生有，而制作则是对上帝提供的自然物进行加工，从而做出了自然中并不存在的东西，人类的劳动只是类比于上帝的创造。他随后利用《政府论（上篇）》第六章第 52 到第 56 节的文本支持了塔利的"作品模型"。③

1.2.1.4.4 小结

塔利的"作品模型"对于证成洛克的私产所有权理论，仍然有着

① A. John. Simmons, *The Lockean Theory of Rihgts*, pp. 222 - 306，特别是 pp. 260 - 261。对"制作者权利"的进一步批判，请参看 A. John. Simmons, *Justification and Legeitimacy*, chapter 12 "Maker's Right", Cambridge: Cambridge University Press, 2001, pp. 249 - 270。

② Gopal Screenivasan, *The Limits of Lockean Rights in Property*, Oxford: Oxford University Press, 1995, pp. 27 - 28, 47 - 50, 59.

③ Gopal Screenivasan, *The Limits of Lockean Rights in Property*, pp. 59 - 85.

相当强的解释力：第一，塔利的"制作者权利"理论是一种以特殊权力为中心的论证，制作者通过施展自己的能力（power），改变了某物的地位，使某物成为了自己的财产，具体而言就是，上帝作为全知全能的设计者，从无中造出人来，赋予人以形式，个人作为分有上帝形象者，也能够在心中构想出自然中没有的东西（比如桌子），并根据心中的蓝图赋予质料以形式，劳动是一种有目的的制作活动，正是劳动的创造性，为私产所有权的产生提供了正当性理由；第二，塔利和西蒙斯的自主权信托理论，某种程度上缓和了上帝所有权（divine ownership）与个人自主权（self-ownership）之间的矛盾，因为受托人具有一定的自由裁量权，可以自行管理信托财产；第三，塔利向我们提示了菲尔默和《政府论（上篇）》的重要性。菲尔默的重要性体现在他向格劳秀斯和普芬道夫的财产权私有化理论提出了严峻的挑战，正是这种挑战逼使洛克寻找私产所有权的自然基础——劳动，《政府论（上篇）》的重要性为反驳麦克弗森提供了有力的文本证据，这表明《政府论（上篇）》有着深刻的理论意义。实际上，塔利的自主权信托理论可以进一步拓展为双重信托理论：即作为主权者的上帝将自主权信托给个人，这是自主权信托理论；作为主权者的人民将政治权力信托给统治者，这是政治权力信托理论。但是，塔利的解释框架仍然要面临施特劳斯的问题，劳动既然是一种义务，[①]何以成为了权利的正当性基础？我们也许可以这样论证，是不是义务，我们要看具体的关系，即在上帝与人的相对关系中，劳动是对上帝履行义务，而在人与人的关系中，劳动就成为了"制作者权利"。这就好比，当下属 B 履行 A 的命令，去命令 C 时，他将获得一定的权利，这就是西蒙斯说的

① James Tully, *A Discourse on Property*, p. 109.

依令而行的权利。[①] 但是，劳动对于亚当来说，是一种惩罚责任，责任是不同于第一性义务的第二性义务，其要旨不在于按法律说的去做，而是承担不利的法律后果。那么，作为责任的劳动何以成为权利的正当性基础？这需要对《政府论（上篇）》进行深入的分析，尤其是要对《政府论（上篇）》为何大量援引《旧约圣经》进行解释，更重要的问题在于，菲尔默的论证穿梭于《旧约圣经》，为什么洛克却将大量篇幅用于《创世记》的解经上？他的意图是什么？

1.2.1.5 八十年代关于《政府论（上篇）》的论战

与剑桥学派共享言说语境主义方法的阿什克拉夫特（Richard Ashcraft）在 1987 年出版了《洛克〈政府论〉》一书（*Locke's Two Treatises of Government*）。该书中，阿什克拉夫特指出洛克研究到八十年代时已经取得了丰硕的成果，洛克传统基督教思想家的形象已经确立，然而仍然不足的是，《政府论（上篇）》被完全忽视了，他的主张是坚持《政府论》上、下两篇的统一。在阿什克拉夫特看来，菲尔默自认为其政治理论所提供的论证是唯一的解释与真理，洛克的论战技巧是，如果能够为政治理论提供其他的解释，菲尔默的整个理论就要崩盘。菲尔默的论证杂糅了亚里士多德的自然论证和圣经的启示论证，混淆了自然法与神圣实证法之间的理性与启示的关系，其在政治上的效果是对暴君统治的肯认，不能够区分合法政府与非法政府，洛克的第一件工作就是要区分开菲尔默所混淆的东西。阿什克拉夫特敏锐地注意到了菲尔默将财产权与政治权力（主权）等同起来。财产权在十七世纪时具有司法的性质，它是指一个人正当拥有的东西，在洛克式的自然状态下，如果有人侵犯财产权，所有者可以

① A. John. Simmons, *The Lockean Theory of Rihgts*, pp. 74 - 75.

自行判断对其合法地使用暴力回击，这就是其自然法的执行权，自然法的执行权是洛克反抗权的基础。而菲尔默等同财产权与政治权力后，则将个人的这种裁判权（jurisdiction）直接收归主权者，个人的反抗权就被吞并了。①

施特劳斯学派的潘戈（Thomas Pangle）在他的《现代共和主义精神》一书中同样注意到了《政府论》上、下两篇的统一。与阿什克拉夫特将洛克作为基督教思想家的观点不同，他发现《政府论（上篇）》的重要性在于，洛克像斯宾诺莎的《神学政治论》那样批判了《圣经》，论及《政府论（上篇）》中的财产问题时，洛克向人们展示出的是一个暴君式的上帝，他使人类的资源稀缺，让亚当以劳动为生的裁判也不公正，洛克通过展示《圣经》的自相矛盾，证明了圣经启示并不可靠，这是洛克思想哲学化和理性化的基石。② 施特劳斯学派的塔科夫的《为了自由——洛克的自由教育思想》将菲尔默的政治思想概括为神意政治，他笔下的菲尔默认为，君主制的建立、暴君的存在都是神意不可改变的安排。菲尔默批判霍布斯，洛克批判菲尔默，这刚好证明了洛克是在暗地里追随霍布斯。洛克批判菲尔默，也是在批判《圣经》基础上建立的政治理论，批判的目的在于将政治建立在理性的基础上。③ 同属该派的扎克特在《自然权利与新共和主义》中认为，塔利和阿什克拉夫特高估了菲尔默在洛克、格劳秀斯及普芬道夫关于财产

---

① Richard Ashcraft, *Locke's Two Treatises of Government*, pp. 60 - 96.

② Thomas L. Pangle, *The Spirit of Modern Republicanism: the Moral Vision of the American Founders and the Philosophy of Locke*, Chicago: The University of Chicago Press, 1988, pp. 131 - 145. 中译本参见托马斯・潘戈：《18世纪北美的共和主义和洛克哲学》，朱颖译，上海：华东师范大学出版社 2020 年版。本研究主要采用英文本。

③ ［美］纳坦・塔科夫：《为了自由——洛克的教育思想》，邓文正译，北京：生活・读书・新知三联书店 2001 年版，第 1—107 页。

权私有化同意理论中的作用，洛克真正想对话的是普芬道夫，而不是二流的菲尔默。人类资源的稀缺在圣经传统中，认为源于人类的原罪，而洛克对人类原罪的否认，恰恰说明洛克背离了《圣经》。洛克在对自然法的理解上追随了霍布斯，但是由于洛克和霍布斯对财产权的理解不同，霍布斯认为“无正义，无财产权”，而洛克则认为“无财产权，无正义”。洛克的这种理解源自其自主权(self-ownership)理论，塔利所谓的上帝对人的所有(divine ownership)与人的自主权之间存在着根本不可调和的矛盾。①

1.2.1.6 沃尔德伦的宗教转向与阿米蒂奇的帝国语境

进入新世纪后，沃尔德伦的《上帝、洛克与平等》代表了洛克研究的宗教转向。② 沃尔德伦承认，八十年代自己悬搁洛克的宗教预设，这是错的，这意味着他不会认同施特劳斯学派否认洛克政治思想基督教基础的做法。但这并不代表他赞同剑桥学派的研究旨趣，剑桥学派认为洛克思想是以十七世纪的基督教背景为其根基，与当代关系不大，沃尔德伦关怀的仍然是当代问题——罗尔斯的世俗理论不能为平等提供深厚的根基。③ 与邓恩认为《政府论(上篇)》琐碎的圣经论辩与当代毫无关系不同，他认为《政府论(上篇)》中蕴含着政法

---

① 迈克尔·扎克特：《自然权利与新共和主义》，王崇兴译，长春：吉林出版集团公司2008年版，第329—383页。Colling提供了大量霍布斯影响洛克的历史语境证据，洛克很可能在共和时期就接触过霍布斯，参见Jeffrey R. colling, *In the Shadow of Leviathan*, Cambridge: Cambridge University Press, 2020。

② Paul E. Sigmund, Jeremy Waldron and the Religious Turn in Locke Scholarship, *The Review of Politics*, 2005;67,3.

③ Jeremy Waldron, *God, Locke, and Equality*, Cambridge: Cambridge University Press, 2002, pp. 6n. 11n., 13,44 - 45.

理论的元理论问题，例如王位继承所反映的政治权力交接问题。[①] 沃尔德伦试图既保留洛克政治思想的宗教基础，又使这种政治思想与当代勾连，因此，有学者将沃尔德伦的洛克研究称为走第三条道路的学派。[②] 提倡这种融合路线的还有诺沃（Victor Nuovo）。他在《约翰·洛克：基督教自然哲学家》（*John Locke: The Philosopher as Christian Virtuoso*）中认为，洛克自然哲学家的身份与基督教哲学家的身份，并不矛盾，在洛克手稿中，甚至还发现了洛克思想里的喀巴拉因素。[③]

扎克特某种程度上也承认了塔利的“作品模型”论证，但他认为洛克采用的是双轨论证：一方面坚持有神论的“作品模型”论证，另一方面也诉诸于自我所有（self-ownership）的论证。[④] 他的这种妥协体现在其学生西格里夫（S. Adam Seagrave）的近作《自然道德性的基础》（*Foundations of Natural Morality*）中。西格里夫批评了塔利所谓洛克的财产权是涵容性权利的观点，认为洛克始终坚持财产权的排他性，但这并不意味着上帝对人的所有（divine ownership）就与人的自我所有之间不可调和，两者调和的基础是处理好“作为实体的人（man-substance）”与“作为自我的人格者（person-self）”之间的

① Jeremy Waldron, *God, Locke, and Equality*, pp. 18 - 19.

② Yechiel M. Leiter, *John Locke's Political Philosophy and the Hebrew Bible*, pp. 34 - 35. 2005年，《政治学评论》开设专题讨论了沃尔德伦的《上帝、洛克与平等》，例如邓恩专门撰写论文，回应了沃尔德伦，参见 John Dunn, “What History Can Show: Jeremy Waldron's Reading of Locke's Christian Politics,” *The Review of Politics*, Vol. 67, No. 3(Summer, 2005), pp. 433 - 450。

③ Victor Nuovo, *John Locke: The Philosopher as Christian Virtuoso*, Oxford: Clarendon Press, 2017, p. 172.

④ 迈克尔·扎克特：《洛克政治哲学研究》，第12页。

关系。①

阿米蒂奇(David Armitage)将洛克的财产权理论置于更为广阔的英帝国早期扩张的语境中。这一工作首先仍是由塔利开启的。塔利发现,在洛克创作于 1677—1678 年一篇名为“道德”(“Morality”)的手稿残篇中,洛克仍然以同意作为取得财产权的一个必要条件,而到了《政府论(下篇)》第五章,洛克转而以劳动作为财产权的基础。洛克的这一转变是因为要否定印第安人的财产权,从而证成英国人取得美洲卡罗来纳土地的合法性。② 阿米蒂奇进一步将其语境确定为洛克对卡罗来纳宪制起草的参与,《政府论(下篇)》第五章“论财产权”的写作大概也是在 1682 年左右,并且是单独创作的一章,晚于《政府论(下篇)》大部分章节的写作。③

---

① S. Adam Seagrave, *The Foundations of Natural Morality*, Chicago: The University of Chicago Press, 2014, pp. 1 - 55. 最近的菲尔默研究著作有古特佳(Cesare Cuttica)的《罗伯特·菲尔默爵士及爱国君主》(*Sir Robert Filmer (1588 - 1653) and the Patriotic Monarch*)通过细致的考证,发现了菲尔默《父权制》直接的写作动机是批驳“乡村爱国者”,《父权制》的未及时发表是因为当时的政治形势敏感(Cesare Cuttica, *Sir Robert (1588 - 1653) and the Patriotic Monarch: Patriarhalism in Seventeenth-Century Political Thought*, Manchester: Manchester University Press, 2012)。

② James Tully, “Rediscovering America: The *Two Treatises* and Aboriginal Rights,” in Tully, *An Approach to Political Philosophy*, Cambridge: Cambridge University Press, 1993, p. 145.

③ David Armitage, “John Locke, Carolina, and the Two Treatises of Government,” in Armitage, *Foundations of Modern International Thought*, Cambridge: Cambridge University Press, 2013, pp. 90 - 114; Armitage, “John Locke: Theorist of Empire?” in Armitage, *Foundations of Modern International Thought*, Cambridge: Cambridge University Press, 2013, pp. 114 - 135. 洛克深刻地卷入了美洲殖民地事务中,他的更多思考可能有待于阿米蒂奇教授编辑的牛津版洛克《殖民地作品集》(Colonial Writings)出版,出版计划参见 https://openpublishing. psu. edu/locke/bib/Clarendon-ed. html(最后访问日期 2020 年 6 月 29(转下页)

1.2.2 国内研究状况

国内的洛克研究，首先值得一提的是，洛克原著及二手文献的翻译。洛克的《人类理解论》新中译本使用的是洛克牛津全集中的版本，《自然法论文集》有三个中译本出版，同时一些重要的二手文献也翻译了进来。①

(接上页)日)。有趣的是，《政府论(下篇)》的写作时间仍是学界存在争议的问题。《政府论(上篇)》的写作日期大致被确定为 1680 年，洛克购得新近出版的《父权制》之后，参见 John Milton, "Dating Locke's Second Treatise," *History of Political Thought*, 16/3(1995), pp. 356 - 363。在此之前，阿什克拉夫特修正了拉斯莱特对《政府论》上下两篇写作顺序的考证，拉斯莱特认为《政府论(下篇)》写作在前，而阿什克拉夫特认为，洛克就是按上下两篇的顺序写作的，参见 Richard Ashcraft, "Revolutionary Politics and Locke's Two Treatises of Government: Radicalism and Locken Political Theory," *Political Theory*, 8/4(1980), pp. 429 - 486.《政府论(下篇)》"论财产权"一章，密尔顿认为早于其他章节的写作，创作于 17 世纪 70 年代，而阿米蒂奇则接受了塔克的说法，参见 Richard Tuck, *The Rights of War and Peace*, p. 168, n. 1. Marshall 将《政府论(下篇)》写作的时间确定为 1682 年，参见 John Marshall, *John Locke: Resistance, Religion and Responsibility*, Cambridge: Cambridge University Prcc, 1994, pp. 230 - 260。另可参见 Tom Pye, "Property, Space and Sacred History in John Locke's *Two Treatises of Government*," *Modern Intellectual History*, 15,2(2018), pp. 329 - 330, n. 14。

① 洛克：《论人类的认识》，胡景钊译，上海：上海人民出版社 2017 年版；洛克：《自然法论文集》，刘时工译，上海：上海三联书店，2012 年版；洛克：《自然法论文集》，李季璇译，北京：商务印书馆 2014 年版；洛克：《论自然法则》，徐健等译，上海：华东师范大学出版社 2014 年版。二手文献有：纳坦·塔科夫：《为了自由——洛克的教育思想》，邓文正译，北京：生活·读书·新知三联书店 2001 年版；迈克尔·扎克特：《洛克政治哲学研究》，石碧球等译，人民出版社 2013 年版。詹姆斯·塔利：《论财产权——洛克和他的对手》，王涛译，北京：商务印书馆 2014 年版；沃尔德伦：《上帝、洛克与平等——洛克政治思想的基督教基础》，郭威、赵雪纲等译，北京：华夏出版社 2015 年版；娄林主编：《洛克自然法辩难》，北京：华夏出版社 2018 年版。C·B·麦克弗森：《占有性个人主义的政治理论》，张传玺译，杭州：浙江大学出版社 2018 年版。托马斯·潘戈：《18 世纪北美的共和主义和洛克哲学》，朱颖译，上海：华东师范大学出版社 2020 年版。阿什克拉夫特：《革命政治与洛克的〈政府记〉》，孔昊、赵雪纲译，上海：华东师范大学出版社 2021 年版。

关于洛克的财产权理论，就笔者目力所及，需要提及的是霍伟岸、王楠及李猛的研究。[①] 霍伟岸的《洛克权利理论》借助了西蒙斯的霍菲尔德式权利分析框架，将自然权利划分为两类：自然法所要求的事情与自然法所允许的事情。在霍菲尔德式的分析框架中，他追随西蒙斯，将 privilege 理解为自由权，因此不将其翻译为特权。[②] 自由（尤其是消极自由）固然是特权的核心含义，但是，他没有注意到，在洛克生活的十七世纪，自由首先是被理解为一种特权，自由权之所以被理解为特权，是因为十七世纪的自由权没有完全摆脱《大宪章》中的那种贵族气质。[③] 并且，霍伟岸认为，特权一定不能存在于平等主体之间，这个问题就转化为，不可能人人都有特权。实际上，霍菲尔德认为，特权是可以人人拥有的，比如，人人有免于自证其罪的特权，这就是一种人人都可以有的特权。特权的核心含义在于义务的缺乏，特权是以特别法的方式免除了法律上的义务，甚至被许可做法律所没有规定的事。[④] 因此，自然状态下的私产所有权首先是一种特权。而霍伟岸把洛克的财产权理解为现在通常意义上的私有财产权，没有注意到洛克广义财产权与狭义财产权的分类。并且，他把洛克的财产权理解为做自然法所要求的事，也就是西蒙斯所谓的依令而行的权利。但是，即便把洛克的财产权理解为贯彻上帝意志，保存

---

① 较新的国内洛克研究有李季璇：《从权利到权力——洛克自然法思想研究》，南京：江苏人民出版社 2017 年版；韩凌：《洛克与中国：洛克“中国笔记”考辨》，北京：北京大学出版社 2019 年版。

② 霍伟岸：《洛克权利理论研究》，第 85 页。

③ Elizabeth Wicks, *The Evolution of a Constitution*, Oxford: Hart Publishing, 2006, pp. 22 - 25. 这种从特权角度去理解自由权，甚至在十八世纪的美洲殖民地，仍有痕迹，(美)埃里克·方纳：《给我自由！一部美国的历史》，王希译，北京：商务印书馆 2013 年版，第 105 页。

④ Wesley Newcomb Hohfeld, “Some Fundamental Legal Conceptions as Applied in Judicial Reasoning,” pp. 39 - 41.

自己，但人类原初共有的状态就可以保存自己，并不需要建立私产所有权。因此，霍伟岸的理解并不正确，应当把洛克的私产所有权理解为他所说的自然法许可的权利。[①]

王楠的《劳动与财产——约翰·洛克思想研究》的对话者无疑是施特劳斯与麦克弗森。王楠非常深刻地认为："面对 17 世纪英国陷入的人心和政治危机，洛克并没有选择霍布斯式的利维坦道路，而是试图通过劳动来约束人趋于无限膨胀的主观抽象性，以此为中介来实现人的自我治理，化解自身不安的欲望和任性的意志，塑造自身的德性和品格，达到理性自由的状态"。质言之，"作为意志和占有之间的中介，劳动可以有效地克服欲望和意志的膨胀。"[②]王楠反对施特劳斯把洛克看作是霍布斯式的哲学家，劳动的作用正是在于驯化霍布斯式躁动不安的权势欲。但是，王楠的研究表明，洛克的解决方案又返回到了教育，一个施特劳斯式的政治解决方案。这当然有其深刻性，因为，洛克《政府论（下篇）》的篇章结构安排也似乎有这样的意图，第四章"论奴隶制"、第五章"论财产权"、第六章"论父权"，这意味着洛克注意到了，与经济、财产相关联的家政问题是大问题，如何在家庭中培养自由人格的担纲者（person），而不是培养毫无丈夫气概的奴隶，是洛克关怀的问题，也是他写作《教育漫话》的动力。只有培养出具有自主能力的人，他才能够开始谈论"政治社会"。像波考克一样，王楠同样认为，麦克弗森犯了时代措置的错误，洛克生活的十七世纪只是"资本主义生产方式"的产生，在还没有大工业化到来的时候，谈不上资本主义的问题，麦克弗森错怪了洛克，也违背了马克

① 霍伟岸：《洛克权利理论研究》，第 188—229 页。

② 王楠：《劳动与财产——洛克思想研究》，上海：上海三联书店 2014 年版，第 8，52 页。

思的本意。① 但是，王楠实际上只在义务的层面上理解了洛克的劳动，而洛克的劳动为何成为财产权的正当性基础，这个问题仍然没有得到解决。

李猛 2008 年提交给芝加哥大学社会思想委员会的博士论文《力与善：莱布尼茨、洛克与现代哲学》（“Power and Goodness：Leibniz，Locke and Modern Philosophy”）从莱布尼茨对洛克的批判入手，试图探讨洛克所面临的自然法危机。古希腊哲学那里，力依赖于善，力与善关系的颠转源自于中世纪晚期引入了上帝绝对权力的观念，现代自然法的危机在于自然法中的“自然”与“法”的因素愈益分离，越来越强调“法”的一面，贬抑“自然”的一面。洛克面对的自然法难题是，如果只有少数人知道自然法，自然法的约束力又何以是普遍的？李猛将洛克的享乐主义称为劳动的享乐主义。② 他的“革命政治——洛克的政治哲学与现代自然法的危机”的内容收入其专著《自然社会》，其核心观点是将洛克革命理论的困难归结为自然法与意见法的矛盾。受到塔克与蒂尔尼的启发，李猛肯认，洛克与菲尔默关于财产权的争论与《政府论（下篇）》的核心问题有着密切关系，若放到十四世纪使徒贫困争论的语境中，则更能理解该争论的内涵。③

---

① 王楠：《劳动与财产——洛克思想研究》，第 157 页。波考克：《德行、商业和历史——18 世纪政治思想与历史论辑》，第 89 页。

② Li Meng，“Power and Goodness：Leibniz，Locke and Modern Philosophy”，The University of Chicago Doctoral Dissertation，2008.

③ 李猛：《自然社会》，第 466 页。其他值得关注的论文及专著还有：吴飞主编：《洛克与自由社会》，上海：上海三联书店 2012 年版，第 1—97 页；王楠：“培育自由——洛克的教育哲学解读”载吴飞主编：《洛克与自由社会》，上海：上海三联书店 2012 年版，第 198—324 页；翟小波：《洛克财产权理论的初步研究》，博士学位论文，中国社会科学院 2005 年法理学专业；石碧球：《洛克自然法思想研究》，博士学位论文，北京师范大学 2008 年外国哲学专业；陆建松：《上帝、财产权与国家》，博士学位论（转下页）

1.3 研究思路

沃尔德伦在《上帝、洛克与平等》中提出的问题是，既然基督教是洛克政治思想的基础，那么，为什么《新约圣经》在《政府论》中是缺席的？洛克为什么要反复援引《旧约圣经》？① 沃尔德伦认为，他并没有找到一个很好的答案。2018 年出版的《约翰·洛克政治哲学与希伯来圣经》（*John Locke's Political Philosophy and the Hebrew Bible*）力图对沃尔德伦的问题给出一个答案，作者叶芝·莱特（Yechiel M. Leiter）认为，这是因为洛克的政治思想与希伯来圣经传统有着相当的关系。② 但是，施特劳斯所提出的问题仍然存在，在圣经传统中，劳动作为对亚当的惩罚，这种惩罚责任何以能转化为私产所有权的正当理由？在洛克这里，私产所有权到底是如何开端的？洛克在《政府论（上篇）》反驳菲尔默时，也认为，上帝非但没有赐予亚当以支配性质的私有财产权，他让亚当劳动，就是对其进行惩罚，那么，这种惩

（接上页）文，复旦大学 2011 年外国哲学专业；王涛：《洛克的"政治社会"与自由秩序学说》，博士学位论文，中国人民大学 2011 年法理学专业；贾克防：《洛克论个人同一性》，博士学位论文，北京大学 2012 年外国哲学专业；沈贤元：《洛克的自然状态概念》，博士学位论文，北京大学 2014 年中外比较政制制度方向；梁晓杰：《洛克财产权利的宗教伦理维度》，《中国社会科学》2006 年第 3 期；辛向阳：《政府理论第一篇》（山东人民出版社，2003）；黄伟合：《英国近代自由主义研究——从洛克、边沁到密尔》（北京大学出版社，2005）；徐向东：《自由主义、社会契约与政治辩护》（北京大学出版社，2005），袁柏顺，《寻求权威与自由的平衡——霍布斯、洛克与自由主义的兴起》；刘永红：《政治自由主义发展的逻辑——从洛克和密尔到柏林和罗尔斯》（湖北人民出版社，2007）。

① Jeremy Waldron, *God, Locke, and Equality*, p. 214.

② 参见 Yechiel M. Leiter, *John Locke's Political Philosophy and the Hebrew Bible*, Cambridge: Cambridge University Press, 2018。

罚责任，何以在《政府论(下篇)》转化为了权利的正当性基础？① 与之相关的问题是，菲尔默在整个《旧约圣经》的文本穿梭，但为何洛克在反驳时花了大量篇幅辩驳菲尔默对《旧约圣经·创世记》的解释？《旧约圣经·创世记》的解经关联到洛克的两个核心问题，私产所有权的开端与政治社会的开端。

本研究的结构安排是这样的：第二章考察了使徒贫困争论中关于 *dominium* 概念的争论，这一章中 *dominium* 概念主要是财产权的含义，教皇与奥卡姆就财产权是否存在于自然状态下的争论涉及的重大理论问题是，财产权是先于政府存在，还是后于政府存在，财产权是恩典的结果，还是人为的构造？更为重要的是，奥卡姆在争论中发现了"许可的权力"(*potestas licita*)的表述，这意味着出现了道德中立的领域，这种自由领域的出现为自然权利的萌生奠定了基础。这种"许可的权力"某种程度上是人类所享有的特权，在存在的巨链中，人类因为分享了上帝的形象，而取得了优越于其他造物的地位。这种特殊地位的基础是理性能力，因此，奥卡姆与吉尔松对 *dominium* 中"能力/权力"(potestas/power)的发现具有相当重要的意义，为洛克以特殊权力为中心的论证奠定了基础。格劳秀斯所阐述的人类原初的共有权，其意图无疑是在论证平等，也就是作为一般权利的平等自主权，这是洛克财产权论证的逻辑起点。第三章考察菲尔默的政治思想，通过其生活背景及智识背景的描摹，营造出语境，从两个方面论述其思想：财产支配权与主权的等同、王位继承制与篡位者。菲尔默对财产支配权与主权的等同依靠的是自然论证与圣经论证。自然论证指的是，父亲通过生育儿女，给予儿女生命，因

① John Locke, *Two Treatises of Government*, p. 172.

而对儿女生命有生杀予夺之权，买卖儿女的习惯和“孝顺你的父亲”的十诫诫命都说明父亲对儿女的生命有处分权。圣经论证指的是，《旧约圣经·创世记》中，上帝赐予亚当支配整个大地的支配权（*dominium*），亚当在这种支配的基础上建立主权意义上的支配。菲尔默这里针对的是，格劳秀斯认为上帝将大地赐予人类共有。菲尔默对财产权和主权的等同第二点表现在，认为王位像财产支配权一样继承，混同财产继承与王位继承，这种继承源自亚当的长子继承制，这是其政治合法性的来源。他等同财产支配权和主权的第三点表现是，在没有继承人的情况下，篡位者窃据王位，就如同财产上的时效占有制度，长时间占有则归其所有。菲尔默这样做其实混淆了规范与事实，由于其所采取的唯意志论立场，如果将自然法理解为命令，则是只关注命令的发出者，而不顾及命令的接收者，合法性要求命令接收者对命令的接受。他的君权神授论意味着君主除了只对自然法（上帝）负责，并不受实证法的束缚，不对人民负责，他是绝对君主，因为他在法律之上，他是专断君主，因为他可以为私人利益任意而行，他等同了绝对和专断，即便在遇到暴君的情况下，人民仍然不得反抗。因此其反法治意味着：第一，君主不受实证法约束，第二，人民不得用暴力对其惩罚。需要注意的是，菲尔默所理解的绝对君主的支配权是一种自然权利，只是这种自然权利表现为极端的特权，绝对君主通过暴力，逃离了必然性的束缚，赢得了自由，造成的结果是其他臣民的无权利，这是一个人的自主权。第四章是对《政府论（上篇）》前六章的疏证，这六章洛克的工作在于分开被菲尔默所等同的财产支配权与主权，对于菲尔默所提供的自然论证，洛克以“作品模型”回应，上帝是人的创造者和所有者，而被创造出来的人则是他的作品和财产，他因为创造而享有对作品的支配和权威，他享有对自己作品的财产权。菲尔默的错误在于让人僭越到了上帝的位置，人生育时并没有上帝创造时的目的。菲尔默没有搞清楚创造和生育这二者的区别。买卖儿女和“孝顺你的父母”都是流行的习惯，必须经过理性的反思和检视，否则这些习惯就有自我神圣化的危险，习惯的权威就会挑战自然的权威，习惯法的作者——人就会僭越自然法的作者——上帝的位置。对于菲尔默的圣经论证，洛克提出了“上帝形象”理论，每个人都分有了上帝的理性，从而都能够享有对低等造物的支配权，因此上帝赐予人类的是共有的大地，而非亚当一人的私产。第五章试图论证，自然状态下，洛克的自主权是一种一般权利，即平等的自由权。平等意味着两个方面：首先，自然法面前的平等，人人都有理解自然法的理智能力；其次，这是一种平等武装的自然法执行权(equally equipped power to execute natural law)。平等意味着，自主权是人人拥有的一般权利。自主权的核心是自我所有，人作为自己人格的所有者，具备主动能力，能够主动在行动前，悬搁“欲望”，省察自然法——理性法，三思而行。如果做出了错误的判断，将自己承担自然法上的责任。在清教传统里，个人作为上帝的财产，接受了上帝的信托，在犯错时，自己的良心独自面对上帝的末日审判。

第二章　使徒贫困论战中的 *dominium* 概念及论战影响

洛克与菲尔默围绕 *dominium* 概念的争论，充满了圣经的语言，尤其是运用了大量《旧约圣经·创世记》的亚当故事，在今天听来非常怪异，尤其是在中国。乍一看，这些琐碎的文字争斗并没有什么意义，这也是《政府论（上篇）》备受忽视的原因。然而塔克等人所开启的研究，却显示出两人的争论暗示自然权利理论有着深厚的中世纪背景。有学者指出，洛克与菲尔默的这场围绕 *dominium* 争论实际上在十四世纪使徒贫困的论战中就预演过了。[①] 十四世纪的使徒贫困争论尽管是一场宗教问题的争论，但争论中的教皇和方济各会都运用了大量的罗马法、教会法术语，使得这场争论成为了现代自然权利理论的温床。尽管学者们争论不休的是，自然权利理论到底起源于使徒贫困辩论中奥卡姆(Ockham)的唯名论革命，还是起源自奥卡姆之后的让·吉尔松(Jean Gerson)，还是起源于十二世纪的教会法学

---

① Peter Garnsey, *Thinking About Property: From Antiquity to the Age Revolution*, Cambridge: Cambridge University Press, 2007, pp. 133 - 135. 本书已有中译本，本研究采用英文本，中译本参见彼得·甘西：《反思财产———从古代到革命时代》，陈高华译，北京：北京大学出版社 2011 年版。李猛：《自然社会》，第 466 页。

家。[①] 但比较有共识的是，使徒贫困的争论对自然权利理论中 *dominium* 概念的形成具有重要作用。论战中，关于财产权到底是自然的，还是人为的，到底是先于政府而存在的，还是政府建立之后而存在的？这些问题都为洛克与菲尔默之间的论战提供了一个先例。特别说明的是，本章中的 *dominium* 主要是指财产权，但涉及管辖权(jurisdiction)会做特别说明。

2.1 使徒贫困论战的背景与语境

十三世纪中期，也就是使徒贫困辩论发生的时候，欧洲正在经历"商业革命"，尤其是封建的经济关系发生着巨大变化。随着商业的发展，封建主和佃户的关系开始逐渐被金钱关系所取代，而且很多佃户经济力量的增强使得他们能够对土地享有某种形式上的所有权，也就是说，他们不但有使用权，而且有一定的交易、转让和处分的权利，次级的封建关系越来越壮大(infeudations)。如前所述，罗马法学家阿库修斯开始用下级所有权(*dominium utile*)表示占有土地的佃户所享有的权利，用上级所有权(*dominium directum*)来表示最终封建主的所有权。塔克认为，下级所有权范畴的提出，使得 *dominium* 概念开始具有支配权(*ius in re*)的特征，也就是说它开始具备了对世权的特征，因为它开始具有了能够转让或交易的属性，转让和交易本身就要求权利能够得以公诸于世。使徒贫困辩论的主角方济各会的

---

① Richard Tuck, *Natural Rights Theories*; Brian Tierney, *The Idea of Natural Rights*; Annabel S. Brett, *Liberty, Right, and Nature: Individual Rights in Later Sholasitic Thought*, Cambridge: Cambridge University Press, 1997. Brett 著作的中译本参见布蕾特：《在自然与自由之间：晚期经院主义思想中的个人权利》，杨天江译，上海：华东师范大学出版社 2020 年版。本研究主要采用英文本。

修士们大多数生活在城市当中。①

使徒贫困争论的大概轮廓是这样的：方济各会的修士为了使修行更为完善，决心模仿耶稣和早期的使徒，弃绝一切形式的财产权（*dominium*），只保留能够维持基本生命的财物使用权（*usus*）。1279年，教皇尼古拉斯三世颁布教谕对方济各会的使徒贫困下达了正式的界定，教谕中界定了所有权（*proprietas*）、占有权（*possessio*）、用益权（*ususfructus*）、使用权（*ius utendi*）、简单事实使用权（*simplex usus facti*）。前四种权利都是财产权（*dominium*），这四种权利都包括对客体自由转让、交易和处分的权利，而第五种简单事实使用权（*simplex usus facti*）则只包括对客体的消耗使用，不得转让、交易和处分，使徒贫困指的是方济各会的修士只能拥有第五种权利，而不享有前四种权利。这个本出自教皇的教谕，到1321年，教皇约翰二十二世却禁止对其解释，认为所谓使徒贫困是异端邪说。精通教会法的教皇运用他的法学知识提出，财产权（*dominium*）和使用权（*usu*）实际上是无法分开的，因为在使用财物的过程中必然存在消费，例如，按照教皇的逻辑，吃面包，喝红酒，在使用这些食物的过程中，他们就被消耗掉了，这样的使用与财产权（*dominium*）中的处分权能有什么区别？使用权和财产权（*dominium*）不可能分离，不存在没有财产权（*dominium*）的使用权。而方济各会则坚持认为，存在没有财产权

① Richard Tuck, *Natural Rights Theories*, pp. 16 – 17. Brian Tierney, *The Idea of Natural Rights*, p. 131. Janet Coleman, "Dominium in Thirteen and Fourteenth-Century Political Thought and its Seventeenth-Century Heirs: John of Paris and Locke," pp. 85 – 93.

(*dominium*)的使用权。[1]

教皇约翰二十二世为何出尔反尔地违背前任教皇的教谕,原因无法确切知道,但是,大概可以推测的是,这可能和教皇认为自己是教会的所有权人有关。关于教皇的这一想法,在使徒贫困辩论前夕,巴黎的约翰(John of Paris)就已经提出了质疑。巴黎的约翰与教皇辩论的核心就是财产权(*dominium*)的概念到底是什么?巴黎的约翰首先认为,财产权(*dominium*)概念的核心是人对物质财富所具有的处分能力(*potestas*)。他将财产权(*dominium*)界定为能力当然具有相当重要的意义,因为主观性权利的一个重要因素就是将其界定为人的能力。他认为,确认教皇是否是修会的所有权人,首先要清楚教会和世俗领域各自的范围,虽然灵魂是统一的,但是身体却是多样的,教会负责照料人的灵魂,但是人自己照顾自己的身体,为了实现上帝保存生命的自然法命令。个人可以通过他自己的劳动获得财产,自己可以照顾自己的财产,在世俗领域,不需要一个统一的领袖来照顾大家的财产。个人可以通过自己的劳动获得财产,这就意味着财产对人来说是自然的,就像政治社会对人是自然的一样。而对于教会的领域,大家将财产交付给教会这个共同体,那么教会必然选出一个人来代表大家来管理教会财产,而这个选出的人就是教皇。但是这并不意味着教皇对于教会的财产具有处分能力(*protestas*),他并不是真正的所有权人,只是实际上的管理者,实际上教皇只是教会财产的管家,这就如同是今天的首席执行官一样。而教会成员对于教会财产则有以维持其生存为目的的使用权(*ius utendi*)。如果论

---

① Richard Tuck, *Natural Rights Theories*, pp. 20 - 21. Brian Tierney, *The Idea of Natural Rights*, pp. 94 - 96. Annabel S. Brett, *Liberty, Right, and Nature*, p. 53.

及臣民的个人财产与国王的关系，这涉及 *dominium* 概念的另一层含义管辖权(jurisdiction)，也就是裁判权。由于臣民的私有财产是通过劳动获得的，也就是说，臣民作为个人对于其所获得的财产有处分的权利，是一种真正意义上的所有权，这与教皇对教会财产权利的理解刚好相反。因此，臣民的所有权因为通过劳动获得，是自然的，先于政府而存在，是不可转移的，国王的任务只是在臣民就财产权起争议的时候，进行居中裁判。因此，国家的建立，只意味着国王享有了管辖权(jurisdiction)，也就是公正裁判财产纠纷问题的权利。国王接受了臣民的信托，信托的目的是维护这种公共善。臣民交给国王的只是管辖权(jurisdiction)，如果国王违背信托，臣民可以撤回信托。[①] 我们看到，在巴黎的约翰这里，他实际上像后来的洛克一样，把 *dominium* 作了分离，将其分解为所有权(财产权)和管辖权(jurisdiction)(主权)。

2.2 教皇对 dominium 概念的维护

而到了使徒贫困论争中，方济各会中较早回应教皇教谕的是波纳格拉提亚(Bonagratia)。他论证的新奇之处在于，他重新回到了无辜状态(state of innocence)来论证人类在起源之初并没有财产权，而这种无辜状态正是霍布斯、洛克他们自然状态的雏形。波纳格拉提亚的无辜状态也就是亚当和夏娃没有犯原罪时的状态，也就是伊甸园。他也重新想象了自己理想中的无辜状态：

---

① Janet Coleman, "Dominium in Thirteen and Fourteenth-Century Political Thought and its Seventeenth-Century Heirs: John of Paris and Locke," pp. 76 – 83.

> 在犯原罪之前，没有一个人能对那些因为使用而消耗掉的物品享有财产权(*dominium*)，万物皆然。因为不存在"你的"、"我的"的分别，只存在人类对万物的共同使用，例如，所有人共同使用空气、富饶的土地、海洋、海岸和诸如此类的东西。就像没有人能够对别人说："这空气是我的"，或"这富饶的土地是我的"，所以没有人能够说"这块面包是我的"，或"这件衣服是我的"，因为如前所述，并不存在"我的"和"你的"之分。①

教皇则借助罗马法资源，认为既然使用中消耗物品，使用权与财产权(*dominium*)不可分开，这些物品尤以面包、饮水等为典型。教皇认为，并不存在没有财产权(*dominium*)的使用权。我们从上述引文中可以看到，波纳格拉提亚所提到的共同使用的物品都是为生活所必需的物品，在教皇看来这些生活必需品因为存在着消耗问题，所以不可能不是财产权(*dominium*)，而波纳格拉提亚则认为，首先，这些物品因为都是生活必需，所以根据自然法中保存生命的诫命，人人都可以享有。其次，这种人人都能享有的权利并不是任何形式的财产权(*dominium*)，既不是共有的财产权，也不是私有的财产权。

同属方济各会的切塞纳的迈克(Michael of Cesena)也同样借助了无辜状态的论证方式。他认为，因为在无辜状态下，伊甸园中，物质生活是极大丰富的，人们没有必要迫于维持生命所需，而去将财产占为己有，去取得排他性的财产权(*dominium*)，人们所需要的仅仅是方济各会所强调的简单事实使用权(*simplex usus facti*)。伊甸园

---

① Guy Geltner, "Eden Regained: William of Ockham and the Franciscan Return to Terrestrial Paradise," *Franciscan Studies*, Volume 59, 2001, p. 74.

中,人们对万物共同使用,因此,并没有必要划分上帝的神圣实证法和自然法。财产权(*dominium*)的产生是堕落的结果,亚当必须以劳动为生是财产权产生的第一步,而财产权的划分是第二步,财产权的划分是人类的实证法规定的结果。既然财产权只是人类实证法的规定,也就是人类意志的结果,那么,当然可以凭借人类的意志而予以弃绝。[①] 并且,迈克对使用的情况进行了界定:正当地使用,不正当地使用,既非正当也非不正当地使用。[②]

面对波纳格拉提亚和迈克重新回到无辜状态的论证,约翰二十二世采取了重新解释《旧约圣经·创世记》相关章节的方式,约翰二十二世的这种解经方式几乎和后来菲尔默的方式一模一样。约翰二十二世认为,在人类创世之初,上帝就将大地赐予了亚当,作为他的私有财产支配权(*dominium*),教皇如此说的依据是《旧约圣经·创世记》第一章第 28 节的经文里上帝对亚当一个人说:"要支配海里的鱼、空中的鸟,和地上各样行动的活物。"那么,如果上帝对亚当说了支配权(*dominium*),也就是主人的意思(*dominus*),意即,上帝赐予了亚当私有财产权,让他成为了整个大地唯一的主人。为了支持他这种新奇的解释,教皇又引了这样的经文:"上帝从大地里造人……他有着对野兽和飞禽的支配权……"他认为,这意味着,亚当在夏娃产生之前就已经有了私有财产支配权(*dominium*),因为当时世界上只有亚当一个人,这种私有财产支配权(*dominium*)不可能分享,因此是亚当的私有财产权。其实教皇的目的不是要论证无辜状态下,存在的是亚当的私有财产权,而是存在着财产权。因此,教皇又提出

① Guy Geltner, "Eden Regained: William of Ockham and the Franciscan Return to Terrestrial Paradise," p. 77.

② Annabel S. Brett, *Liberty, Right, and Nature*, p. 53.

了另外一种可能，即无辜状态下，还可能存在亚当和夏娃共有的财产权。总而言之，不论无辜状态下的财产权形式为何，财产权总是存在的。①

针对迈克所说的财产权是人类实证法规定的结果，教皇认为私有财产权是上帝的神法所规定的，因此是不可放弃和改变的。即使亚当堕落之后，上帝都仍然没有剥夺亚当的财产权。教皇这样解读上帝对亚当偷食禁果的惩罚，经文是这样的："你必终身劳苦，才能吃上你的面包"。而对于教皇来说，吃面包意味着消耗物品，而消耗物品就意味着私有财产权的处分，有财产权的处分，就意味面包是亚当的，因此，亚当即使在受惩罚之后，仍然有私有财产权。② 教皇对于迈克更严厉的批评在于迈克对物使用情况的三种划分。教皇逐条地分析了这几种情况。第一种情况是，不正当地使用，那么不正当地使用，就意味着使用者没有权利使用，这恰恰证明，使用必须要有财产权（*dominium*）的本权存在。第二种情况，正当地使用，这就意味着使用者的使用是有财产权（*dominium*）本权存在的。第三种情况，使用并不涉及正当不正当的问题，用今天的话来说，就是使用是一件上帝漠然的（indifferent）事，而教皇认为这是不可能的，因为使用是人类意志权衡之后而产生的行为，权衡的时候必然考虑了行为目的，行为目的要么是善的，要么是恶的，这就意味着目的要么是正当的，要么是不正当的，对于教皇来说，正当就等同于善，不正当就等同于恶，所以，不存在上帝漠然的使用行为。③

---

① Brian Tierney, *The Idea of Natural Rights*, p. 154.

② Brian Tierney, *The Idea of Natural Rights*, p. 155.

③ Annabel S. Brett, *Liberty*, *Right*, *and Nature*, pp. 53 - 54.

2.3　奥卡姆与吉尔松论 dominium 概念

2.3.1　奥卡姆论 *dominium* 概念

在与教皇的论争中，奥卡姆采取了逐字逐句反驳的方式。但是在这些看似琐碎的反驳中，奥卡姆却无意间引入了自然权利的一些基本观念。奥卡姆首先就上帝最初将大地赐给亚当作为其私有财产支配权（*dominium*）进行了反驳。他首先从经文的字面入手，指出教皇任意地裁剪了《旧约圣经·创世记》第一章第 28 节的经文："……要支配海里的鱼、空中的鸟，和地上各样行动的活物。"可是经文明明用的是复数形式，上帝是对他们说，也就是对亚当和夏娃两个人说，而不是对亚当一个人说。这种字面解经的方式，洛克在反驳菲尔默的时候同样用到了。其次，奥卡姆认为，虽然有经文显示，上帝赐予大地的对象存在单数形式，赐给的是 man，但并不能将其理解为男人，而应当理解为亚当、夏娃及其后裔，也就是人类全体。奥卡姆还运用了当时修道院法人（monastery corporation）的法律学说来说明这个问题，如果一个修道院只剩下一名成员，其他成员全部死亡，那么这名仅剩的成员则可以代表修道院来管理修道院的财产，但这并不意味着该成员对修道院财产拥有所有权。因此，就像修道院是一个法人，是单数形式，上帝赐予的对象就是人类这个法人，亚当只是代表人类全体接受了赐予。而对于教皇列出的另外一种情况，即亚当和夏娃共同所有人地。可以依然回归到第 28 节的经文去，"……要支配海里的鱼、空中的鸟，和地上各样行动的活物。"奥卡姆认为这里的关键在于 *dominium* 此处的含义并不是指财产权的意思，教会法专家教皇约翰二十二世先生忘记了 *dominium* 的另一个含义，即管辖权(jurisdiction)。上帝赐予给亚当和夏娃的实际上是对低等造物的政治权力。[1] 因此,奥卡姆的论证表明,在无辜状态下,并不存在任何形式的财产权,只存在简单事实使用权(*simplex usus facti*)。

奥卡姆接下来要回答教皇的就是他对迈克的诘难,奥卡姆要解决的就是存不存在上帝漠然的使用权?奥卡姆的回答是肯定的。因为存在这样的一种使用权,即事实使用行为(*usus facti*)。奥卡姆将事实使用行为界定为“诸如居住、吃饭、饮水、骑乘、穿衣一类的使用外物的事实行为。”[2]奥卡姆的第一步使得事实使用行为中立化了,就如同法律事实中的“事实”部分一样。但是,如果事实使用行为仅仅停留在“事实”这个层面,那么,它同样可以适用于非理性的动物,例如,动物吃了某种东西。就如同发生地震,这是一个事实,但不是法律上的事实,只有地震引起了人的死亡,才会成为法律事实,法律事实中“法律”的部分才会体现出来。同理,奥卡姆的事实使用行为适用的主体是理性的。奥卡姆的任务是要证明事实使用行为是一种许可的使用(*usus licita*),何谓许可的使用?我们看这个词根 licit,本意是指合法的,为法律所许可的,从消极层面说至少不触犯法律。奥卡姆的任务就是要回应教皇对迈克的指责,认为并不存在上帝漠然的使用行为,他的方法是将许可的(licit)和正当的(just)予以区分。在奥卡姆看来,正义有三种含义,第一种是柏拉图所说的四主德意义上的,第二种是促进公共善的德行,第三种指的是行为与理性相合。奥卡姆所谓的将许可的(licit)和正当的(just)相区分,主要是指与第三

---

① Brian Tierney, *The Idea of Natural Rights*, pp. 158 - 160.

② William Ockham, *A Letter to the Friars Minor and Other Writings*, eds. Arhur Stephen and McGrade and John Kilcullen, trans. John Kilcullen, Cambridge: Cambridge University Press, 1995, p. 22. Annabel S. Brett, *Liberty*, *Right*, *and Nature*, p. 58.

种意义上的正义相区分，"正当"要求的是与理性相符合，而"许可"要求的是至少不与理性相违背，因此是理性许可的范围。而对于外物的事实使用行为只是人类无辜状态的最初阶段。私有财产权最终是要形成的。对于奥卡姆来说私有财产权的产生分为两个阶段。第一个阶段由于人类无辜状态的最初阶段并不存在任何形式的财产权，因此世界处于一种无主的状态，财物都属于无主物。因此，人类取得财产权的方式是罗马法上的无主物先占。[1] 这个时候，人们开始不仅仅可以凭事实使用行为而使用财物，而且开始具有了使用权（*usus iuris*），奥卡姆对使用权的界定是："使用权是使用外物的被许可的能力（*potestas licita*），除非因其本人的过错或有正当理由，否则不得违背其意志剥夺。如果有人剥夺他的权利，它可以到法庭上控告起诉剥夺者。"[2]这个定义的关键在于，他将权利定义为"被许可的能力"，也就是说这种权力不一定严格地符合正当的要求，但是，至少是不违背理性的，因为这一阶段，人类已经堕落，上帝允许人类根据其理性寻求生活的便利。更为重要的是，奥卡姆将这种权力理解为亚里士多德意义上的潜能，即这种行动尚没有实现，因此，我们就可以理解为何在这个世界上的财物是无主物的阶段，使用权是某种潜能，这意味着谁先占到财物，谁的使用权就得以实现。我们还需要理解的是，为什么这一阶段的使用权可以到法庭起诉？这又回归到 *dominium* 的管辖权（jurisdiction），这一阶段使用权受到侵害，本应当到法庭起诉，但在这一阶段，因为没有正规的法庭，没有实证的法律，人人都是

① Brian Tierney, *The Idea of Natural Rights*, p. 163.

② William Ockham, *A Letter to the Friars Minor and Other Writings*, p. 24. Annabel S. Brett, *Liberty, Right, and Nature: Individual Rights in Later Sholasitic Thought*, p. 62.

自己的法官,使用权实现起来并不方便。因此,要进入财产权的第二个阶段,稳定的私有财产权,也就是由实证法所保护的、由人类意志所产生的财产权。因此,*dominium* 现在才获得私有财产权的固定含义:“在人类的法庭上,为某个世俗之物提出请求或申辩的主要人类权力。”更具体而言,就是“在法庭上对某世俗之物提出请求的主要人类权力,能以各种方式使用它,只要这种使用方式不为自然法所禁止”[①](着重号为笔者所加)。这种“被许可的能力”已经具有了主观性权利的意义。奥卡姆在非常狭窄的意义上发展了自然权利的概念。自然权利的概念只在非常例外的情况下存在,就是某人濒于饿死的情况下,为了能够保存他的生命,他对财物具有的就是自然权利,而不仅仅是许可性的权利,因为保存生命为其权利提供了正当化的理由。[②]

2.3.2 奥卡姆的贡献

奥卡姆所理解的 *dominium* 实际上可以用莱昂斯的“被动权利-主动义务”来理解,这是因为:

第一,奥卡姆所理解的私有财产权,正是霍菲尔德意义上的特权。霍菲尔德认为,特权的法律原理是罗马法中的“特别法优于一般法”。霍菲尔德引用了麦克德(Mackeldey)的话来说明这一点:“实证法包含以规则形式体现的一般原则,基于某些特殊理由,一般规则之外又建立了特殊规则,前者为一般法,后者为特别法。特别法可能以违背一般法的形式,扩大或限制个人的权利。这种被特别法所扩大

---

① William Ockham, *A Letter to the Friars Minor and Other Writings*, pp. 29, 31. Annabel S. Brett, *Liberty*, *Right*, *and Nature*, p. 63.

② Annabel S. Brett, *Liberty*, *Right*, *and Nature*, p. 64.

的权利又被称为特别法所赋予的特殊利益，或者被称为特权。”[①]这意味着，某些行为本是不为一般法所许可的，但特别法许可这种行为，例如，紧急避险。奥卡姆所举的某人濒于饿死的情况就属于紧急避险，平时拿走他人的食物，属于盗窃或抢劫，为一般规则所不许可，但是紧急避险的情况下，这种行为却被特别法许可了。因此，特权的最初含义是，特别法许可了一般法所不许可的行为。霍菲尔德还说，特权的核心含义是自由，实际上是消极意义上的自由。自由的含义要比特权的最初含义更进一步。也就是说，在教皇的法律框架下，法律只有两种规则，命令性规则或禁止性规则，非此即彼。而在奥卡姆的理解当中，在命令性规则与禁止性规则之间，还有许可性规则，即在不违背理性的前提下，就是一个自由的领域，能力（*potestas*）需要这样一个运行领域。

第二，我们需要特别注意到，奥卡姆所理解的私有财产权使用的是请求权（*ius ad rem*）的框架，就某世俗之物在人类的法庭上提出请求，其实质是霍菲尔德意义上的请求权（claim）。这种请求权在奥卡姆这里反映为，当 A 濒于死亡的状况下，A 可以主动请求他的邻人 B 给予他食物。当情况紧迫，A 拿走了 B 的食物，当 B 要求 A 返还时，A 可以提出相反的豁免权进行抗辩，要求 B 履行基督徒的慈善义务。那么，在这一框架当中，A 权利的实现有赖于 B 主动地履行其义务。因此，奥卡姆所理解的 *dominium* 仍然是一种“被动权利-主动义务”。

2.3.3　吉尔松论 *dominium* 概念

到了巴黎大学的校长、神学家吉尔松这里，奥卡姆所开创的主观

① Wesley Newcomb Hohfeld, “Some Fundamental Legal Conceptions as Applied in Judicial Reasoning,” p. 38.

性权利的含义已经开始获得固定的内涵：

> “权利(*ius*)是一种处分的能力(*facultas*)或权力，为每个人所占有，并符合正当理性的命令……这个定义中之所以包含“能力或权力”，是因为很多符合正当理性的事，我们并不将其称作权利(*iura*)，例如对犯罪者的天谴或人类对犯罪者的惩罚……这个定义包含“处分的”一语，是因为很多事情中，人们被许可根据正当理性做某些事……就像有朽的罪人有能力配得上永生；但这并不是一种处分能力，或是像我们通常说的，这并不符合现世的正义(例如，罪人有能力配得上救赎，但对救赎事实上却没有处分能力)……在这个意义上，说某个实体有权利，就等于是说它具备使其成其为自己的主动性质(向善的主动性质)。在这个意义上，天空有权利(*iura*)下雨，太阳有权利(*iura*)照射，火有权利(*iura*)燃烧，燕子有权利(*iura*)筑巢，每种造物都能做对他而言好的事情。这样说的理由显而易见：根据上帝正当理性的命令，每种造物都应当各安其分，否则他们无一幸免。所以，人尽管犯了原罪，但他像其他造物一样，根据其本性，仍然有许多权利(*iura*)……这种对权利(*ius*)的分析被政治学家改造后，权利一语就仅仅用于理性造物了。”①

吉尔松对于权利的界定之所以有了主观性权利的内涵，是因为：第一，吉尔松仍然在存在巨链的意义上，让各种造物各安其分，根据其本性活动，看作是最大的正义。但是，他赋予了 *ius* 以“能”

① Richard Tuck, *Natural Rights Theories*, p. 25.

(*potestas*)的含义,即使某种事物引起变化的能量;第二,它将"权利"界定为能力,而他所界定的能力是主动能力(active power),也就是能够主动地使某物能够发生变化。我们将在后文看到,洛克认为,主动能力是自由的一个必要条件。① 第三,他将权利界定为可处分的,这意味着他继承了奥卡姆的"被许可的能力"(*potestas licita*)的能力概念,这个被许可的领域实际上就是人可以根据理性自由行事的领域,就是自由的领域,他将"权利"与"自由"勾连在了一起。第四,吉尔松进一步将自由看成是某种财产权(*dominium*),也就是上帝赐给人类的自然财产权(natural *dominium*),这种自然财产权是与人的理性本性相合的,人因为有理性,而得以享有财产权(*dominium*),更重要的是,人因其理性本性得以在存在的巨链中享有特权的地位。他所谓的自然财产权(natural *dominium*)是指:"来自上帝的馈赠,凭借它,每种造物直接从上帝那里获得了取用低等造物供自己使用、维持自我保存的权利(*ius*)。每个人拥有这种权利(*ius*)都是公平的和势不可挡的正义的结果,并且这种权利保持着其原初的纯洁性,是一种自然公道。正是依凭这种方式,亚当对空中的飞禽和海里的鱼拥有财产权(natural *dominium*)……这种财产权(natural *dominium*)可以与作为财产权(natural *dominium*)的自由等同起来,自由是上帝赐给人的不可限制的能力(*facultas*)。"②将自由视为某种财产权,乍一看,让人难以理解,但却是理解洛克财产权理论的关键。将自由视为财产权,也就是洛克在《政府论(下篇)》第五章第 27 节所说的"每个人

① John Locke, *An Essay Concerning Human Understanding*, ed. Peter H. Nidditch, Oxford: The Clarendon Press, 1975, p. 234.

② Richard Tuck, *Natural Rights Theories*, p. 27.

对自己的人格都有财产权”,[①]这实际上意味着,每个人拥有自己的行动和劳动,每个人是自己行动的主人,洛克恢复了 *dominium* 最初的含义：主人,洛克想反驳菲尔默的关键在于,在此世,除了我自己,没有人自然地是我的主人。人人都拥有自主权。

2.4 格劳秀斯论 dominium 概念

2.4.1 格劳秀斯论私产所有权的起源

奥卡姆、吉尔松等人通过苏亚雷斯影响了现代自然权利论的奠基者之一格劳秀斯。格劳秀斯从三个意义上界定了 *ius*,对于格劳秀斯来说,*ius* 同时意味着法与权利,第一个意义和第三个意义是客观意义上的,更接近法的意思,第二个意义是主观意义上的,更接近权利的意思。因此我们把格劳秀斯的 *ius* 翻译为法权：第一,法权指的是何谓正当,这层权利的含义更多的是否定的含义,而不是肯定的含义。第二,法权指附属于人格的道德属性,使得人能够正当地将某些东西占为己有,这种属性又可以分为完善的能力和不完善的能力。更加确切地说,将法权界定为某人所拥有的能力,例如一个人对自己所拥有的能力被称为自由。[②] 这种意义上的权利与上述吉尔松所说的自由是某种财产权的说法相类似,并且与格劳秀斯的 *suum* 概念密切相关,格劳秀斯的 *suum* 的概念指的是正当地属于自己的东西,包括一个人的生命、身体、四肢、名誉、荣誉和行动。[③] 和洛克自主权概

---

① John Locke, *Two Treatises of Government*, p. 287.

② Hugo Grotius, *The Rights of War and Peace*, pp. 136 - 137.

③ James Tully, *A Discourse on Property*, p. 80.

念也相关，指生命、自由和财物。[1] 第三，将法权界定为法（*lex*），指道德行动的规则，约束我们去做道德上善的事，作为规则，它区别于建议。[2] 格劳秀斯界定完法权之后，将自然法权界定为，正当理性的命令和规则，根据是否与自然理性相合，来判断某种行为在道德上正直与否，因而判断出这种行为是上帝（自然的创作者）命令的行为，还是禁止的行为。这种法权与上帝的神圣实证法是相区别的。自然法权又被区分为严格意义上的自然法权和可以克减的自然法权。严格意义上的自然法权严格遵循自然法的永恒不变性，可以克减的自然法权则是可以改变的，也就是说这部分自然法属于奥卡姆"许可"意义上的自然法，是不会与自然理性相违背的领域。[3] 这部分可以克减的自然法权与财产权（*dominium*）密切相关，格劳秀斯说道：

> 我们必须进一步观察到，自然法权不仅仅与不以人的意志为转移的事物相关，而且与作为人类意志结果的事物密切相关。例如，我们现在所享用的财产权（*dominium*）是人类意志引进的，而且财产权一旦得到承认，自然法权就教导我们，违背他人意志拿走属于他人自己的东西，是道德上的恶。[4]

格劳秀斯的意思是，通过人类的同意，财产权得以确立后，如果有人侵犯某人的 *suum*（属于该人自己的东西），那么就违反了"不得偷窃"的自然法诫命。可是，这段关于自然法权和财产权

---

① Locke, *Two Treatises of Government*, pp. 323, 350, 360, 383.

② Hugo Grotius, *The Rights of War and Peace*, p. 148.

③ Hugo Grotius, *The Rights of War and Peace*, pp. 147 - 153.

④ Hugo Grotius, *The Rights of War and Peace*, p. 154.

(*dominium*)关系的文本却引起了菲尔默强烈的批评，菲尔默指责格劳秀斯使得自然法成为了可以变动的法，违反了自然法永恒不变的属性。① 菲尔默为什么会有这样的指责呢？这是因为，按照菲尔默所理解的格劳秀斯，根据自然法，人类的财产权原初是共有的，既然自然法原本规定人类财产权原初共有，就不应当用人类的同意来改变自然法的规定。那么，格劳秀斯所理解的人类财产的原初共有到底是怎么回事呢？格劳秀斯说，他所讨论的财产权指的就是法律人所说的 *dominium*，他认为，自然状态下，人类原初的财产权状况是这样的：

> 全能的上帝在创世之初将对低等造物的财产权(*dominium*)赐给了人类全体，在大洪水之后，又再次进行了这样的赐予。如同优士丁尼所说，万物原初都是共有的……因此，每一个人都可以尽情享用人类共有之物，任意消费人类共有之物；而且这种全人类的共有使用权此时为财产权提供了一定的位置，因为没有人能够正当地从他人那里拿走已经被先占的东西。②

格劳秀斯所谓通过先占所取得的使用权，当然让人想起了奥卡姆的学说，格劳秀斯同样认为这种状况下取得使用权的方式是罗马法上的先占。格劳秀斯的创新之处在于，用西塞罗的"剧场比喻"明确了这种状况："剧场对于进来的任何人都是公共的，但是，对于那些

① Sir Robert Filmer, *Patriarcha and Other Writings*, pp. 214 - 215, 234.

② Hugo Grotius, *The Rights of War and Peace*, p. 421.

已经坐上位置者，则该位置就归他所有了。"[①]我们可以用霍菲尔德的特权（privilege）来理解格劳秀斯的这个剧场比喻。这种状况下，每个人都有霍菲尔德意义上的特权去占取资源进行使用，在占到资源之前，机会对于每一个人都是均等的，但是，有人占到资源之后，其他人丧失了占用该资源的权利，呈现出无权利（non-rights）的状况。

如果人类保持着其原始的简朴之心，那么，这种人类共有的这种无辜状态将会持续，人类的友谊也会共存。然而，人类的野心却会打破这种友谊长存的局面，人不再局限于满足基本的生活需要，而是追求超过基本生活需要的舒适的生活，这就需要劳动。这种野心的膨胀必然导致人与人之间的冲突，几个人同时都会钟意于同一件东西。为了化解人们之间的冲突，就需要通过同意和契约来建立财产权。格劳秀斯又将其分为明示的同意和默示的同意。我们设想这样的状况，A 想要某物，B 也想要某物，但是，A 是"想要"，这种"想"是其内心的活动，B 的"想"同样也是其内心的活动。根据先占的原则，A 有特权占有某物，B 也有同样的权利。为了化解二者之间的矛盾，可以通过契约或者明示的同意，将二人内心的意思表示出来，二人达成意思的一致，由谁占有某物，而另一个人则放弃其特权。而在默示的同意情况中，则是如果 A 通过先占已经占有了某物，B 则默认 A 的这种占有状况，即 B 放弃其特权，承担起尊重 A 特权的义务。[②] 在下一章中，我们将会看到，菲尔默对格劳秀斯通过同意建立财产权的方案进行了猛烈的抨击。

---

① Hugo Grotius, *The Rights of War and Peace*, p. 421. Cf. James Tully, *A Discourse on Property*, p. 71.

② Hugo Grotius, *The Rights of War and Peace*, pp. 426 - 427.

2.4.2 格劳秀斯论自然法的执行权

格劳秀斯的 *suum* 概念实际上就是洛克意义上的自主权，只是没有那么强烈的意义。前文已经提及，格劳秀斯对于法权的理解，是从能力(potestas/power)的角度去理解的。在复兴后的罗马法里，能力指的是一个人对其“属己之物”的权利，格劳秀斯将其称为严格意义上的权利，其含义有三个层次：(1)我们对于我们自身的权力，也就是自由；(2)完全的或不完全的私产所有权；(3)请求权，请求他人履行义务的权利。[①] 当他人侵犯我的自主权，侵入属于我的领域，我就可以请求他退出这一领域，如果他不退出，我则可以正当地发动战争，这就是战争法权。这种正义被格劳秀斯称为“充分正义”(expletive justice)，这种充分正义实际上对应亚里士多德的矫正正义，而另一种正义是分配正义。值得注意的是，格劳秀斯将亚里士多德意义上的矫正正义称为充分正义，而将分配正义称为不充分正义，几乎颠转了亚里士多德对于两种正义关系的理解。[②] 格劳秀斯之所以将矫正正义称为充分正义，并且认为其是更主要的正义形式，是因为：第一，充分正义因为与能力相勾连，意味着以个人的强力为后盾，以强力为其实现的条件；第二，充分正义适用于人与人之间正常社会关系被破坏的时候，如侵犯了我的自主权，实质上是恢复的是一种水平意义上的关系，分配正义中那种“配得”意味突出的德行观念退居到了次要的地位。因此发生争执的双方是一种平等的关系。正当战争成为了充分正义实现的方式，战争之所以是正当的，是因为战

① Hugo Grotius, *The Rights of War and Peace*, pp. 138 - 139.
② Hugo Grotius, *The Rights of War and Peace*, pp. 142 - 147.

争的“开端”有着“正当理由”。[①] 在格劳秀斯这里，“开端”等同于“正当理由”。而战争的“正当理由”有三种：自卫、恢复所有权与惩罚。而自卫是一种自然权利。[②] 自卫之所以成为正当理由，是因为他人毫无理由地侵犯了我，我就有正当理由还击。这种还击是在执行自然法，是一种自然法的执行权。自然状态下的个人动用自然法执行权的正当理由有四种：(1)自卫；(2)保护自己的私产所有权；(3)契约；(4)侵权。[③] 这四种正当理由对应的正是严格意义上权利的三个层次，自卫的正当理由是保卫自由，保护私产所有权的正当理由是保护属己之物，契约和侵权的正当理由是请求他人履行义务。这些理由保证了强力的动用是正当的。[④]

需要特别说明的是，这种自然法的执行权恰恰说明了人与人之间的平等，因为：第一，格劳秀斯自己说，平等只能发生在那些实力大致相当，或认为他们实力大致相当的人之间[⑤]；第二，“认为他们力量大致相当”这句话中的“认为”非常重要，要紧的并不是对抗的双方实力是否真的大致相当，而是我们在各自的想象中，认为对方与自己实力大致相当，因此，对方就没有理由完全支配我，即便我表面看去实力不如对方，我也有机会搏上一搏；第三，正如我们认为自己的实力与对方旗鼓相当，是我们想象的结果，我们认为自己有充分的理由对对方还击可能也是自己想象的结果，侵犯者可能有他自己的理由

---

① Hugo Grotius, *The Rights of War and Peace*, pp. 389 - 390.

② Hugo Grotius, *The Rights of War and Peace*, pp. 395 - 397.

③ Hugo Grotius, *Commentary on the Law of Prize and Booty*, introduction by Martine Julia van Ittersum, trans. Gwladys L. Williams, with appendix and indices of Walter H. Zeydel, Indianapolis: Liberty Fund, 2006, pp. 82 - 84.

④ Hugo Grotius, *Comemntary on the Law of Prize and Booty*, p. 84.

⑤ Hugo Grotius, *The Rights of War and Peace*, p. 101.

来侵犯我。因此,我们各自认为,己方诉诸的理由都有道理,都很难说服对方,让己方的理由成为对方行动的排他性理由。自然状态下,没有裁判者居中裁判,因此,彼此为战是正常的。诚如施米特指出,"正当战争"赋予了敌人自然权利,交战双方处于平等地位。[1] 因此,格劳秀斯这里,平等还意味着自然法执行权的平等武装。

2.5 小结

在本章中,通过教皇约翰二十二世与方济各会就使徒贫困问题所展开的辩论,奥卡姆与吉尔松发现了自然权利得以生存的领地,被自然法所许可的领域,这块领域既不是上帝命令要求做出某种行为的领域,也不是上帝禁止做出某种行为的领域,而是上帝允许人们自我行事的上帝漠然(indifferent)领域,也就是自由得以生长的领域。在存在的巨链中,各种造物根据本性各安其分,但是,人因为其理性能力,由于这个特殊理由,而获得了存在巨链中的特权地位,其他造物处于了无权利的位置。从奥卡姆挤出这块特权领域,即这块领域是被上帝特别许可的领域,到吉尔松把这块领域与自由相勾连,即这块领域里,只要上帝之法沉默,人类就有自主权。再到格劳秀斯,这种自主权被发展为了一种一般权利,人人平等拥有的权利。但是,奥卡姆、吉尔松与格劳秀斯对于 *dominium* 的理解几乎都是在"被动权利-主动义务"的框架去理解的,私有财产权的核心被认为是一种对世的请求权,这种权利的实现有赖于他人的履行义务,这种权利的核心是从他人的履行义务中获得利益。而洛克则在"主动权利-被动义

① Carl Schmitt, *The Nomos of the Earth*, pp. 101 - 119, 159 - 162.

务"的框架下发展出了一套财产权理论。尽管格劳秀斯从同意的角度把私有财产权的起源理解为一种请求权，但是，他的自然法执行权理论却有了权力(power)的苗头，并且这是一种人人平等武装的惩罚权，格劳秀斯的惩罚权理论与洛克的自然法执行权理论高度相似。最后还要提及的重要一点是，信托这一概念在使徒贫困的辩论中已经出现了。根据梅特兰的考证，信托来自拉丁语 *opus*，其含义是代表某人行事，即某人为了他人的利益而保有土地。而在使徒贫困辩论中，因为使徒不能拥有任何形式的财产权，使徒的简单事实使用最好的解释就是，使徒代表上帝在使用财物，上帝只是把财物信托给了使徒。[①] 这为洛克的自主权信托理论打下了基础。

我们看到，*dominium* 的概念主要是指财产权，巴黎的约翰和奥卡姆在管辖权(jurisdiction)意义上是使用过 *dominium*，但巴黎的约翰和奥卡姆都没有在混合了财产权和管辖权(jurisdiction)的意义上去使用该词，巴黎的约翰有意区分了财产权的意义和管辖权的(jurisdiction)意义，奥卡姆则要么在财产权的意义上使用 *dominium*，要么在管辖权(jurisdiction)的意义上使用 *dominium*。而格劳秀斯则在自然法惩罚权的意义上涉及了管辖权问题。更为重要的是，管辖权(jurisdiction)当时还没有主权的意义，而菲尔默则给管辖权(jurisdiction)混入了主权的特性，等同了 *dominium* 中财产权和主权的含义。

① F. W. Maitland, *Equity*: *A Course of Lectures*, eds. A H. Chaytor & W. J. Whittaker, revised by M. A. John Brunyate, Cambridge: Cambridge University Press, 2011, pp. 24 - 25.

第三章　菲尔默论财产权与主权

3.1　公共的政治领域与私人的家庭领域

3.1.1　从古格斯的故事说起

在希腊的语境中，作为公共领域的政治区分于作为私人领域的家庭。政治领域因公共而公开，因公开而可见，而家庭领域因其私人性而私密，因私密而不可见。家政问题（economy）的核心致富术，并非是什么上得了台面的技艺。政治的可见性与家庭的私密性两相对照，在古格斯的故事中显得尤为突出。① 希罗多德在《历史》第一卷的开篇将吕底亚国王克罗伊索斯的失败归咎于其祖先政治权力来源的不正，即来自古格斯得位的不正。古格斯本是吕底亚国王坎道列斯的侍卫，坎道列斯让古格斯潜入宫中一窥他美丽王后的身体，以让古格斯亲眼见证王后的美丽。坎道列斯保证，古格斯可以见到王后平时不可见的身体，而古格斯自己却不会被王后见到。古格斯万万没料到，王后见到了他的所作所为。她要古格斯作出政治决断，要么被

---

① 吴增定：《可见的与不可见的——从希罗多德与柏拉图笔下的"古格斯"说起》，《读书》2017 年第 3 期。

杀，要么弑君娶后。窥视国王家庭私密的事件因王后的察觉而演变为了宫廷政变，古格斯面对生死存亡的政治抉择，痛下决心弑君娶后。[①] 也许为了弥补古格斯被王后看见的缺憾，柏拉图笔下的格劳孔在讲述古格斯的故事时，给古格斯添加了一件装备——能够隐身的戒指。[②] 古格斯因隐身的戒指在行宫廷政变时而变得不可见，于是宫廷政变因不可见而不为天下所知，古格斯家族政治权力的起源作为这个家族的秘密，似乎就不会大白于天下，将隐秘于阴暗之中。

3.1.2　阿伦特论政治与家政

希罗多德特别提及，在吕底亚，不但女性的身体不可见，而且连男性的身体也不可见。[③] 为什么男女的身体是私密的？阿伦特观察到，因为男女的身体象征着人的出生与死亡，人的出生与死亡之地本就是隐秘而黑暗的，人的出生之地就是家庭，而家庭领域必须隐藏于公共政治领域之外，不能为外人所见。[④] 在希腊的理念中，私人的家政生活与公共的政治生活之间泾渭分明。[⑤] 家政生活（economic life）涉及的是私人生活，目的是维生，其动力是个人的需求和欲望。因此，家庭共同体产生于必然性。克服必然性唯一的方法是通过强力，强力作为前政治的活动，使人得以解脱于生活的必然性。例如，强力的方式有蓄养奴隶，主人的自由以奴隶受缚于必然性为代价。[⑥] 强力

---

① Herodotus, *Histories*, trans. Robin Waterfield, Oxford: Oxford University Press, 2008, pp. 68 - 69.

② Plato, *Republic*, trans. Allan Bloom, New York: Publishers, 1968, pp. 37 - 38.

③ Herodotus, *Histories*, pp. 68 - 69.

④ Hannah Arendt, *The Human Condition*, p. 62

⑤ Hannah Arendt, *The Human Condition*, p. 24.

⑥ Hannah Arendt, *The Human Condition*, pp. 49 - 51.

不需要使用言语，纯粹的强力是沉默的，只能做却不能说。[①] 家庭中的父权作为一种专断的权力，因其行使视情况而定，一事一议，只可意会，不可言传。家庭中的关系是父权式的命令-服从关系。而希腊政治生活与此不同，政治共同体中人与人之间的关系是同侪关系，要使同侪服从，不能用强力，而只能用说服，需要用理由去说服同侪。[②] 政治生活不同于家政生活还在于，政治领域是公共领域。公共领域意味着公开，这个领域可言说、可听见、可看见。[③]

菲尔默对政治公共领域的认识恰恰与此相反，他说："这类国之秘密（*arcana imperii*）非庸众所能刺探（国之秘密适于在秘阁（cabinet councils）里讨论）。连最拙劣的匠人都晓得他的技艺密不可传。更何况君主深知，统治的技艺不可外传。最伟大政治行动的原因和目的都过分炫目，国家的运作远超一般百姓的理解范围，唯有持公器者方能把握。"[④]菲尔默认为，公共政治领域也是密不示人的。菲尔默认为政治领域也是不可见的，那么这意味着什么？

3.2 菲尔默思想产生的背景

3.2.1 菲尔默与他生活的世界

拉斯莱特在他对菲尔默研究的基础上，进一步深入探究斯图亚特王朝的家庭史，其研究成果是《我们已然失落的世界》（*The World We Have Lost*），向我们展现出了工业革命之前的十七世纪英格兰家

---

① Hannah Arendt, *The Human Condition*, p. 26.
② Hannah Arendt, *The Human Condition*, p. 26.
③ Hannah Arendt, *The Human Condition*, p. 50.
④ Sir Robert Filmer, *Patriarcha and Other Writings*, p. 3.

庭图景。与我们今天所理解的西方核心家庭不同，十七世纪典型英格兰家庭的家庭成员不仅仅包括丈夫与妻子、父母与儿女的关系，它还包括着主人与仆人的关系。拉斯莱特在《我们失落的世界》的开篇，就向我们呈现了一个伦敦普通面包师家庭的结构：一个家庭中约有十四个成员，面包师和他妻子、四个孩子，四名熟练工人(journeyman)，两名学徒、两名女仆。这是伦敦一个典型的手工业者家庭。而在菲尔默出生与生活的肯特郡，乡村共同体中的重要单位也仍然是家庭，并且是父权制的家庭，父亲作为整个家庭的头，指挥着整个家庭的运转。[①] 需要我们注意的是，在工业革命到来之前，家庭是重要的生产单位，因此，一般而言在城市，斯图亚特时期，普通家庭的孩子在十多岁的时候会进入其他家庭充当学徒，学习手艺，学成之后会成为熟练工人。[②] 家庭中的父亲就是这家的主人，与学徒、熟练工人的关系类似于主人与仆人的关系。具体而言，肯特郡出现了英格兰较早到弗吉尼亚的掘金者，家庭则为个人的这种移民提供了强而有力的支持，在海外探险活动中，像家父这样强有力的指挥者显得非常必要。[③] 而到新世界掘金的组织被称为"company"(公司)，其最初的含义是"一群共食的人"。[④] 用的是家庭成员的"几口子"来形容公司的成员，而海外冒险最可靠的伙伴关系莫过于亲如一家的关系。菲吉斯指出，封建法归根到底只有私法关系，公共权力被构建为

---

① Peter Laslett, *The World We Have Lost*, London: Routledge, 2000, pp. 1-21.

② Peter Laslett, "The Gentry of Kent in 1640," *The Cambridge Historical Journal*, Vol. 9, No. 2(1948), p. 150.

③ Peter Laslett, "The Gentry of Kent in 1640," p. 161.

④ Hannah Arendt, *The Human Condition*, p. 55.

国王的私人权利。[①] Legitimate 这个如今形容正当性的词，最初指的是私法上的婚生子，对于封建法而言，依据"长子继承制"的继位才是正当的继承。菲尔默的父权论和君权神授论一方面也以"长子继承制"为基础，另一方面也以封建的私法思维方式来思考公法，这是菲尔默混同家政私人领域与政治公共领域的一个方法论基础。[②]

因为宗教改革的关系，曾经关涉民众生活方方面面的牧师在普通民众生活中的地位开始有所下降（尽管仍然占据着重要的地位），家庭中作为家长的父亲的权威有所提升。[③] 典型斯图亚特家庭的家庭关系包括夫妻关系、父子关系及主仆关系。夫妻关系和父子关系在今天当然是以爱来维系的（这当然并不排斥其这两种关系的经济意义），但由于斯图亚特家庭是前工业社会，家庭仍然承担着重要的生产功能和经济功能，因此，某种程度上夫妻关系和父子关系也被类比于主要目的在于生产的主仆关系，也就是说夫妻关系、父子关系与主仆关系中所形成的上下级之间的命令-服从关系具有某种类似性。就理论上而言，主人与仆人的关系也存在着某种如同父子之间的关爱关系。十六世纪末的人这样写道："家长被称为家父（*Pater Familias*），因为他对仆人应有关爱的责任，如待其儿女一般。"[④]夫妻关系、父子关系与主仆关系的相同之处在于命令-服从关系，主仆关系与夫妻关系、父子关系的相同之处在于关爱关系，正是这种类似

---

① John Neville Figgis, *Studies of Political Thought from Gerson to Grotius, 1414 - 1625*, Cambridge: Cambridge University Press, 1931, pp. 9 - 10.

② John Neville Figgis, *The Divine Right of Kings*, pp. 5 - 6.

③ Gordon J. Schochet, *Patriarchalism in Political Thought*, p. 57.

④ Gordon J. Schochet, "Patriarchalism, Politics and Mass Attitudes in Stuart England," *The Historical Journal*, Vol. 12, No. 3(1969).

性,使得仆人、学徒成为了斯图亚特家庭中的成员。只有家庭的头(家父)才能够担任地方官员,被承认具有政治权力。仆人、妻子和儿女的人格都被家父的人格所吸收。[①] 由于儿女、妻子、仆人对家父的这种服从为一般民众所熟悉,因此,这种服从的模式成为了政治服从模式的一个很好的模型。很多斯图亚特王朝时期的普通民众不能像今天那样进入学校进行正式学习,大多数是进入其他家庭学习谋生的手艺,不能接受正式教育的民众比重高达百分之九十。他们所熟悉的生活场景就是家庭,如果用今天的术语来说,他们的"政治社会化"主要是在家庭生活和宗教生活中完成的。圣经中十诫中的第五诫:"当孝顺你的父母"成为了他们了解政治服从义务的起点。宗教改革之后,伊丽莎白女王强制要求每个臣民周末必须去教堂,这样的规定也延续到了斯图亚特王朝,教堂牧师的布道当然也成为了几乎没什么文化的普通民众的重要教育手段。尤其是平时主要待在家中的女性,去教堂成为了她们主要的社会生活和社会化方式。[②] 文化程度较高的牧师面对着这些几乎没什么文化的民众,要将深奥的圣经道理向他们传布,自然需要费一番心血,斯图亚特王朝时期所采用的主要解决办法是"教理问答"(catechism)。"教理问答"是牧师为普及《圣经》中的基本教义和信仰,以通俗易懂的语言解释这些教义与信仰的问答录,对十诫的解释当然包括于其中。路德这样解释"当孝顺你的父母":"我们应当以尊敬、侍奉、遵从、热爱和敬重之心敬畏和热爱上帝,一如我们应当以此心敬畏和热爱我们的父母和统治者,而不

---

① J. P. Sommerville, *Royalists and Patriots: Politics and Ideology in England 1603 - 1640*, London: Routledge, 2014, p. 29. Peter Laslett, *The World We Have Lost*, p. 74.

② Peter Laslett, *The World We Have Lost*, pp. 8 - 9.

应轻蔑和挑衅父母和统治者。”加尔文则在他的“教理问答”中这样解释“当孝顺你的父母”,尽管此诫文意上只言及父母,但暗含的深意也包括恭顺于统治者,因为是上帝的命令给予了父母、君主和统治者同样的优越地位。无论统治者是否当得起这样的尊敬,这都是上帝的神意,因此不得反抗统治者。而英国国教会《公祷书》中的“教理问答”则将该诫理解为“当爱你的邻人”,在这里是指,应当像尊敬和服从父母一样,尊敬和服从国王。[1]

菲尔默就生活在这样的社会当中。1588 年,菲尔默出生在肯特郡的一个乡绅家庭。这一年,英格兰大败西班牙无敌舰队,“恐惧的孪生子”霍布斯也出生了。肯特郡由于其丰盛的物产,经济较为发达,因此也成为了英格兰王室重要的军事动员地,与英格兰王室的关系至为密切,也由于其地理位置,很容易受到欧洲大陆法国的影响,更由于其文化底蕴,产生了一批历史学者。[2] 菲尔默是家中十八个孩子中的长子,他的兄弟爱德华后来成为了英格兰的廷臣,他兄弟的身份自然受到了洛克的揶揄。[3] 1604 年,他进入剑桥大学,后又入林肯律师公会学习法律。1618 年,他被詹姆斯一世封为爵士。1629 年,他继承父亲家长的头衔,成为了家父。[4] 菲尔默笔下的父权制和长子继承制都有着自己生活深深的烙印。也就在他成为家父前后,针对1627 年的查理一世强制贷款(Forced Loan)、《权利请愿书》所引发的

---

① Gordon J. Schochet, “Patriarchalism, Politics and Mass Attitudes in Stuart England,” pp. 425 – 428.

② Peter Laslett, “The Gentry of Kent in 1640,” pp. 152 – 153, 157 – 158.

③ Cesare Cuttica, *Sir Robert Filmer (1588 – 1653) and the Patriotic Monarch*, Manchester University Press, 2012, pp. 22 – 23.

④ Peter Laslett, “Sir Robert Filmer: The Man versus the Whig Myth,” *The William and Mary Quarterly*, Third Series, Vol. 5, No. 4 (Oct. 1948), p. 528.

国王与议会间发生的一系列对峙，他写下了《父权制》（*Patriarcha*）一书。由于近年查理一世与议会所发生的争执，政治气氛一下紧张起来，查理一世对关乎国是的出版物决定进行更加严苛的审查。当大臣将《父权制》呈送给查理一世，呈请其是否出版时，查理一世对《父权制》所表现出的极端立场感到不舒服，裁定不予出版。他认为，第一，他已将政治局势大致稳定下来，这时并无必要出版这样极端的为君权辩护的作品，第二，政治局势甫定，在这样的氛围下，出版这样极端的作品，恐再生事端。[①] 内战爆发后，被认为铁杆保皇派的菲尔默出人意料地保持了中立的姿态，这可能出于其年事已高及体弱多病。然而由于其保皇立场久已闻名，他仍然被议会派投入了监狱。牢狱生涯使他再次拿起笔为其保皇立场著书立说。1648 年，他出版了详尽追溯议会史的《自由地产保有人的大陪审团——论我们的主权者国王及其议会》（*The Free-Holders Grand Inquest Touching Our Sovereign Lord the King and His Parliament*），此书是对《父权制》第三章议会史部分的扩充。针对菲利浦·汉顿（Philip Hunton）为议会派辩护的《论君主制》（*A Treatise of Monarchy*）一书，他于同年出版了《混合君主制或有限君主制的无政府论》（*The Anarchy of a Mixed or Limited Monarchy*）一书。同年他还出版了《所有国王绝对权力的必要性》（*The Necessity of the Absolute Power of all Kings*）的小册子，这实际上是对博丹《国家六书》的读书摘要。对于影响力日隆的霍布斯、弥尔顿及格劳秀斯学说，他也表示了自己的忧虑，1652 年出版了《关于政府起源的几点评论》（*Observations concerning*

---

① Cesare Cuttica, *Sir Robert Filmer (1588 - 1653) and the Patriotic Monarch*, pp. 147 - 148.

the Original of Government)，该书是对霍布斯的《利维坦》、弥尔顿的《为英国人民声辩》及格劳秀斯的《战争与和平法权》进行的批评。同年，他又出版了《关于亚里士多德〈政治学〉中政体形式的几点评论》(*Observations upon Aristotles Politiques Touching Forms of Government*)。以上是他主要的政治作品。本文将主要围绕上述作品讨论菲尔默关于财产与主权的思想。另外，他还写有关于高利贷、渎神问题及巫师问题的若干作品。

3.2.2 菲尔默的智识背景

3.2.2.1 博丹论主权与财产权

1606 年，博丹的《国家六书》(*Six Liveres de la Repbulique*)被翻译到英格兰，菲尔默毫不掩饰他的主权理论蒙惠于博丹。① 当然，菲尔默也在很大程度上改造了博丹的学说，这反映在他对博丹家庭与国家关系的改造当中。博丹主权论对菲尔默的影响，突出地表现在他的《所有国王权力的必要性》中。博丹将国家定义为众多家庭共同组成的、拥有主权的合法政府。② 既然将主权作为国家的核心特征，他就需要澄清主权的含义。主权是政府绝对的和永久的权力，也就是最高的命令权，在拉丁文中是 *majestas*，博丹此处着意将其与拉丁文的 *majestas* 对应起来，所暗含的深意为主权只能是君主主权，在英

---

① J. P. Sommerville, Introduction to *Patriarcha and Other Writings*, p. xvi.

② Jean Bodin, *The Six Books of a Commonweale*, trans. Richard Knolles (1606), ed. Kenneth Douglas McRae, Cambridge, Massachusetts: Havard University Press, 1962, p. 1. 本文对博丹《国家六书》采用两个版本，此版本为哈佛大学出版社的 1606 年英译本，同时参考剑桥大学出版社的 Franklin 编译的版本，Bodin, *On Sovereignty: Four Chapters from the Six Books of the Commonwealth*, ed. Julian H. Franklin, Cambridge: Cambridge University Press, 1992. 引用时会加以特别说明参考何种版本。

文中的对应是 majesty(王威)。博丹首先将主权定义为永久的权力，是因为有人可能在有限的期限内拥有绝对的、不受限制的权力，但期限终止时，他们的权力就被收回了。例如，古罗马的专政官。如果这种绝对权力受到期限的限制，那么绝对权力的拥有者不过是这种权力的受托人(trustees)和监护人(custodians)，该权力来源于君主，君主可凭其意志任意撤回委托(trust)。博丹特别将这种状况类比于财产的所有与合法占有，本权人(君主)对财产拥有的是所有权，而有期限限制的绝对权力就如同合法地占有财产，例如借贷的状况。[①] 博丹这种对主权的永久性的理解，有两点值得注意：第一，他将主权与财产权做了类比的理解，但需要注意的是，他只是类比了主权与财产权，而没有等同主权与财产权，菲尔默则将二者等同起来；第二，博丹将有期限的绝对权力理解为某种委托(trust)，与英格兰的信托(trust)当然大有不同，[②]但其有一点可供人斟酌，受托人需对委托人负责，在博丹看来，君主的主权来自上帝，受上帝的委托治理人民，直接向上帝负责，[③]菲尔默在此点上与其类似，洛克则认为政治权力是人民信托给统治者的，统治者向人民负责。而博丹所谓的君主直接向上帝负责，指的是君主应受并且仅受自然法的约束，因为在博丹的框架中，自然法属于神法范围，上帝是神法的创作者，君主如果违反自然法，只有上帝能够惩罚他。[④] 菲尔默当然赞同君主受自然法的约

---

① Bodin, *On Sovereignty*: *Four Chapters from the Six Books of the Commonwealth*, ed. Julian H. Franklin, Cambridge: Cambridge University Press, 1992, pp. 1-3,5.

② 信托是英国特有之制度，非欧洲大陆所能完全理解，即便到了十九世纪，基尔克都打趣地和梅特兰说："我理解不了你们的信托"。参见 F W. Maitland, *Equity*, p. 23。

③ Bodin, *On Sovereignty*, p. 4.

④ Bodin, *On Sovereignty*, p. 8.

束，他在其《所有国王绝对权力的必要性》摘抄了博丹对这种负责关系的论述：官员(magistrates)是人民的裁判者，君主是官员的裁判者，上帝是君主的裁判者。这层层的负责关系是：人民向官员负责，官员向君主负责，君主向上帝负责。[①] 君主是实证法的最高立法者，依据实证法对官员和人民进行裁判，而君主自己则只受自然法的裁判。正是因为君主原则上除了自然法的约束外(当然还受到王位继承法的约束)，就不再受任何约束，因此君主在此世不受实证法的约束，因此其权力也是“绝对”的。如果将“绝对”理解为无条件，尽管在上帝与君主的关系中，君主受到自然法这一条件的约束，但在此世君主与臣民的关系中，君主的权力不受任何条件的限制。如果将“绝对”理解为 ab+solute，即脱离(ab)约束(solute)，那么则是指君主在此世不受实证法的约束。菲尔默对主权的理解主要是集中在主权的“绝对性”这个特征上：主权是不服从于法律的权力，主权者的职位就是给其臣民立法废法，他只听凭自己的意志，而不听命于任何人。主权者不服从于先祖的法律，也不服从于自己所立的法律。主权者服从于自己立的法，在自然上是不可能的，就像教皇不会自己捆绑自己的手一样，主权者也不可能自己捆绑自己。[②] 如果用罗马法法锁的概念来理解，则是指君主不能自己给自己套上法锁。主权是不可分割的，主权的要点是不经臣民同意地进行立法，而法国和英格兰存在的议会实践只是表明，参加议会者对立法并没有决定权，并不存在臣民与国王分享立法权的问题。如果国王与臣民分割立法权，也就是欲分割主权，其实质是主权的争夺，结果只能是无休止的内战。臣民

---

① Sir Robert Filmer, *Patriarcha and Other Writings*, p. 178.

② Sir Robert Filmer, *Patriarcha and Other Writings*, p. 173. 比较 Bodin, *On Sovereignty*, pp. 7 - 13。

不得反抗君主，因为君主只受上帝自然法的管辖，臣民对君主没有管辖权(jurisdiction)，即对君主没有依据自然法裁判其执政好否的权力，并且诉诸暴力执行对君主的裁判。反抗的要点不在于臣民是否有实力进行暴力反抗，而在于是否有权利进行反抗。① 即便是遇到了暴君，臣民也应当服从，博丹对暴君的界定是通过强力取得王位者，博丹对臣民的服从义务的论证又用财产权来类比论证，暴君通过强力取得王位，就如同强盗盗抢财物后对财物的占有，尽管其缺乏本权，但仍然是真正的、自然的占有。②

菲尔默同样同意博丹对家庭的定义，“许多臣民或人组成的正当政府(government)，他们都服从于家庭的同一个头，这个家庭所有的财物归其支配。”“而这个头就是家父”，“命令的权利和权力自然归这位家父专有，家父分享了作为万有之主的、伟大而全能的上帝的形象。”③博丹这里只强调了家父分享了上帝形象，这是洛克所不能同意的，后文我们将会看到洛克如何颠覆博丹的这种学说。菲尔默对博丹的这种家庭定义却十分赞同，这出现在其《父权制》中。④ 博丹批评亚里士多德《政治学》将家庭和城邦进行了区分。在博丹看来，二者有着更紧密的关系，因为家庭是每个国家的开端，也是国家的主要成员，亚里士多德区分家政(economical)和政治(political)的做法，就如同让身体的各个部分抽离，建城邦却不要房屋。但是，博丹仅仅是在类比的意义上处理家庭与国家的关系，因为他坚持了二者唯一的一

---

① Sir Robert Filmer, *Patriarcha and Other Writings*, p. 173.

② Bodin, *On Sovereignty*, p. 6.

③ Jean Bodin, *The Six Books of a Commonweale*, trans. Richard Knolles (1606), ed. Kenneth Douglas McRae, Cambridge Massachusetts: Havard University Press, 1962, pp. 8-11, 20-28, 46.

④ Sir Robert Filmer, *Patriarcha and Other Writings*, p. 16.

项区分，家庭涉及的管辖权只延及全体家庭成员的私人财物和利益，而政治统治则只关心组成国家的所有家庭的公共利益。[①] 正是博丹对这个仅有区分的坚持，为臣民保有自己的私有财产留下了空间。那么问题来了，既然君主主权是绝对的，他是否能够不经臣民同意征收其私有财产呢？博丹的回答非常奇怪，君主不能未经臣民同意征收其私有财产。因为既然君主分享了上帝的形象，受到上帝颁行的自然法的约束，他就没有权力僭越自然法的界限，他就不能在没有正当而合理理由的情况下拿走臣民财物，这种占有违背了自然法"不得偷窃"的诫命。除非国家在紧急状态下，自然法才要求公共利益优先于个人利益。[②] 萨拜因认为，博丹说私有财产受到自然法这一神法的保护，神圣不可侵犯，那么这与主权的绝对性冲突，博丹一方面说，君主未经臣民同意，就可以立法，但另一方面又说，君主未经臣民同意，不得征收其财产。[③] 博丹的问题出在保持了家庭与国家的区分，在类比的意义上处理两者关系，菲尔默为克服博丹这种逻辑上的困难，直接将家庭与国家等同起来。

3.2.2.2 菲尔默之前的父权论和君权神授论

3.2.2.2.1 萨拉维亚的君权神授论

菲尔默之前的父权论和君权神授论在英格兰可谓多如牛毛，形形色色，这里不可能一一列举，本文只择选有代表性的两人予以论

---

① Jean Bodin, *The Six Books of a Commonweale*, pp. 8, 12. 又见 Gordon J. Schochet, *Patriarchalism in Political Thought*, p. 32.

② Bodin, *On Sovereignty*, pp. 39 - 40.

③ George H. Sabine, Thomas L. Thorson, *A History of Political Theory*, Fourth Edition, The Dryden Press, 1973, p. 382. 陈端洪：《宪治与主权》，法律出版社 2007 年版，第 53 页。

述。[1] 父权论的代表是都铎王朝后期的哈德良·萨拉维亚（Hadrian Saravia），据萨默维尔考证，他的学说与菲尔默高度相似。萨拉维亚1568年归化为英格兰人，供职于英格兰教会，是当时《圣经》的英译者之一。他主要论辩对手是天主教和加尔文宗的反抗理论。他认为伊丽莎白女王的权力并不是来自人民，而仅仅来自上帝，并不受人法的约束。《旧约圣经·创世记》表明，最高权力从人类一诞生的时候就开始存在了，因为无论何人仔细考察圣史，都会轻易发现，人类的第一批祖先也是第一批国王。因为父亲身份与国王身份原初就是等同的，因此，人类的国王不是选出的，而是上帝指定的。但原初的国王（和父亲）死亡了，指定继承人的权利不是流转到臣民（和儿女）手中，因为长子继承制的特权将国王身份给了头生子。国王可以改变继承制，但如果他没有这样做，则国王身份直接传给长子。他通过考察圣史，得出结论，最高的父权也是王权。父亲的权力不仅延及其儿女，而且延及其后代。因为原初父亲的权力通过长子继承权传给了他的继承人，这种王权与父权合一的最高权力完整地保存在一个人格者（one person）的手中。[2] 菲尔默对谁是这个人格者，并不存在疑问，而洛克则问，谁是这个人格者，这就是他《政府论（上篇）》第十一章的标题“谁是继承人？”。

3.2.2.2.2　詹姆斯一世的君权神授论

3.2.2.2.2.1　詹姆斯一世的三个类比

这里所选的君权神授论代表是詹姆斯一世。詹姆斯一世学识广

---

① 菲尔默之前的父权制理论及君权神授论，具体可参见 J. P. Sommerville, *Royalists and Patriots*, pp. 9－54；Gordon J. Schochet, *Patriarchalism in Political Thought*, pp. 37－53, 85－114。

② J. P. Sommerville, *Royalists and Patriots*, pp. 12, 34－35.

博，被誉为“当代的所罗门王”，但由于其固执于自己的理论，也被称为“基督教世界最聪明的傻瓜”。詹姆斯一世作品不少，我们先来看《自由君主国的真正法律——自由国王及其自然臣民间互惠的责任关系》（*The True Law of Free Monarchies or The Reciprocal and Mutual Duties between A Free King and His Natural Subjects*）。这个文本的副标题“自由国王及其自然臣民间互惠的责任关系”首先引人注目的是“互惠”的字眼，因为“互惠”一般会出现在契约论中，在契约关系中，订约双方形成一种互惠关系，彼此间对对方有约束力，乍一看，詹姆斯一世似乎将他与臣民的关系看作是一种互惠的责任关系。然而，契约论的要害在于这种互惠关系是平等的，副标题中“自由国王”与“自然臣民”的字眼暴露了国王与臣民的关系不是同一平面上的平等关系，因为平等需要有一个前设，即每个人都平等地享有自由，而詹姆斯一世的意思显然是只有国王一人享有自由，臣民处于自然的服从地位。詹姆斯一世从三个方面揭示了这种自然的不自由及不平等关系的基础：《圣经》、根本法与自然法。他首先引用了《旧约圣经·撒母耳记》的大量内容证明，国王的权力直接来自上帝，国王是上帝在此世的代表，只有上帝能够裁判国王，国王只对上帝负责，而国王则可以裁判臣民，臣民对国王负责。国王敬畏上帝这位裁判者，爱上帝这位家父，一如臣民敬畏国王这位裁判者，爱国王这位家父。① 随后，詹姆斯一世转入根本法的论证。有人认为，英格兰的根本法诞生于承认国王之前，而詹姆斯一世认为英格兰的政府和法律都是国王创造的，国王是所有法律的创作者和制作者。国王是整

① King James VI and I, *Political Writings*, ed. J. P. Sommerville, Cambridge: Cambridge University Press, 1994, pp. 65,72.

个王国的最大封建领主，拥有所有的土地，因此，他对此土地上所有居民的人格而言都是主人，对每个臣民都有生杀予夺的大权。法律出自于他的意志，他是言说者的法律（a speaking law），法律则是沉默的国王。当然，王国的健康与福祉是他的主要法律，一定程度上，他受王国的根本法约束。① 接着，詹姆斯一世转入了自然法的论证。根据自然法，国王对他的臣民可以类比为父亲对他的儿女，头颅对于他的身体，国王是祖国的父亲（*Pater patriae*），国王对臣民有如父亲般抚育、教养、遵从德行统治的责任，而臣民对国王则有如儿女般绝对服从的责任。② 詹姆斯一世所谓的互惠责任主要是从第三个方面说的，臣民享受到国王统治的利益，应当回报给国王服从的好处，这主要是从利益的角度来说，而不是从自由选择的角度来说，因此这种互惠关系并不是一种建立在相互承认基础上的平等契约关系。在詹姆斯一世 1610 年 3 月 21 日对议会的演说中，他又进一步明确了上述的三个类比：国王处于类神（God-like）的地位、国王类比于父亲、国王类比于头颅。之所以说国王处于类神的地位，是因为上帝的某些属性寓于国王的人格之中，最重要的是国王拥有了类似于上帝一样创造与毁灭的权力，这就是对臣民生命生杀予夺的大权。根据自然法，国王类比于父亲，他可以听凭其意志处理留给儿女的遗产，可以打破长子继承制，让长子一无所得，让幼子富可敌国。而将国王类比于头颅则是指，国王发挥头颅一样对身体各部分的指导作用，并且可以为了整体的利益，判断是否砍去身体腐败的部分。总而言之，国王是言说着的法律（*Lex loquens*），但是在加冕典礼上，他仍然受到因遵

① King James VI and I, *Political Writings*, pp. 72 - 75.
② King James VI and I, *Political Writings*, pp. 65,76.

守根本法所必须的双重誓言的约束。一者是默示的誓言，根据其国王身份产生，即保护臣民福利及王国法律；一者是明示的誓言，即加冕典礼上所明确表达的对臣民的承诺。[①] 需要注意的是，菲尔默有两点非常接近詹姆斯一世的精神：第一，将国王提高到类神的地位，握有如上帝创造与毁灭一样的生杀予夺大权；第二，菲尔默同样认为所有土地属于国王，在此基础上操持了对臣民的生杀予夺大权，认为财产权是政治权力的基础。然而，菲尔默与詹姆斯一世根本的不同在于对根本法的承认与否，詹姆斯一世承认根本法的存在，并且区分了君主与暴君，即区分了绝对的(absolute)统治与专断的(arbitrary)的统治，即承认根本法对君主的约束力。但菲尔默并不区分君主与暴君，将绝对的统治与专断的统治完全等同起来。洛克在《政府论(下篇)》第十八章则引用了詹姆斯一世 1610 年 3 月 21 日的演说，对暴君进行了界定。

3.2.2.2.2.2　詹姆斯论君主的公共角色

菲尔默与詹姆斯一世最大的不同在于两点：是否承认根本法与对于政治领域公共性的认识不同。詹姆斯一世承认根本法，区分绝对统治与专断统治，菲尔默否认这一区分。菲尔默否认的基础在于等同公共可见的政治领域与私密不可见的家政领域。

詹姆斯一世与菲尔默恰恰相反，承认君主再私密的行为也是可见的，公共的。詹姆斯把国王的行动(actions)类比为舞台上演员(actors)的表演。这一类比出现在他《王之礼》(*Basilicon Doron*)献给读者的序言当中。《王之礼》写作于 1598 年，而这份献给读者的序言则是 1603 年出版时新加上去的。《王之礼》作为教导儿子亨利为

① King James VI and I, *Political Writings*, p. 180 – 183.

君之道的著作，本应是隐秘的教育，起初流传的范围也只是在极为内部的少数廷臣之中。1603 年的出版出自詹姆斯一世的本意，詹姆斯一世意欲其进入公共领域。[①] 詹姆斯一世让其著作进入公共领域的做法就如同演员从幕后进入台前一样，如果说政治写作也是一种政治行动，那么詹姆斯一世的这一政治行动也如同演员的登台表演一样。因而，詹姆斯为《王之礼》撰写了两份序言，一份序言写给他的儿子，犹如幕后的隐秘教导，一份序言写给读者，犹如台上的公开表演。因而在写给读者的序言中，詹姆斯既对广大读者，也对儿子说："由于国王的职位和权威，他承担了公共人格，用老话来说，就如同他站在了公共舞台上，呈现在众目睽睽之下。观众的眼睛全都盯在他身上，他哪怕再隐秘的动作也难逃观众的眼睛"；"感谢上帝，降大任于我身，上帝的位格（人格）显于我身。真正的政治实践难就难在，我如何行于正道，不辱天命，毕竟，我哪怕再隐秘的动作也难逃上帝的法眼。我的一言一行终有一天都将交付给天下公论"（强调为笔者所加）。[②]这种剧场国家式的类比，在斯图亚特王朝十分流行。这毕竟是莎士比亚的时代。不要忘记，哈姆雷特的原型有可能是詹姆斯一世。[③] 詹姆斯一世认为，国王再隐秘的动作也是公开可见的，而菲尔默却认为公共的政治领域却是密不示人的。他如何论证这一点呢？

---

① Sommerville, Introduction to *King James VI and I*, *Political Writings*, pp. xviii-xix.

② King James VI and I, *Political Writings*, p. 4.

③ Carl Schmitt, *Hamlet or Hecuba: the Irruption of Time into Play*, trans. Simona Draghici, Corvallis, Oregon: Plutarch Press, 2006, pp. 12 - 27.

3.3 菲尔默的父权论

3.3.1 菲尔默等同财产支配权与主权

菲尔默《父权制》的副标题是"通过神学、理性、历史和法律来论证国王的自然权力，反对臣民不自然的自由"。[①] 这四个论证工具他在其所有著作中交替使用。洛克只认真对待了神学论证和理性论证，神学论证是借助于圣经的论证，而理性论证则是借助于自然法的论证。菲尔默的历史论证主要是借助罗马史，法律论证则是借助英国的法律史，尤其是王权和议会发展史。洛克之所以忽视历史维度的论证，本身是一个值得讨论的问题，但本研究不能过度地展开。但是有一点值得提及，洛克不从历史维度讨论，是因为他脱离当时"古代宪法"的辩论框架，从自然权利的角度为政治奠立新的基础。[②] 如果说菲尔默的父权论是回归传统，面向过去的话，洛克的自然权利论就是一种没有过去的面向未来的现在。科耶夫将权威划分为四种，父权权威、法官权威、领袖权威及主人权威。父权权威的来源是"因果关系"，因此，它与基督教神学的权威有天然的联系。上帝因为造人而对人有权威，上帝的创造是人产生的结果，父亲因为生育儿女，

---

① Sir Robert Filmer, *Patriarcha and Other Writings*, p. 1.

② 参见波考克："德行、权利和风尚——政治思想家的一个模型"，载(美)波考克：《德行、商业和历史》，冯克利译，北京：生活·读书·新知三联书店 2012 年版，第 55—76 页。又见 J. G. A. Pocock, *The Ancient Constitution and the Feudal Law: A Study of English Historical Thought in the Seventeenth Century*, Cambridge: Cambridge University Press, 1987; Martyn P. Thompason, "Significant Silences in Locke's *Two Treatises of Government*: Constitutional History, Contract and Law," *The Historical Journal*, 31,2(1987), pp. 275 - 294。

而对儿女享有权威,父亲的生育是儿女产生的原因。[1] 某种程度上,菲尔默的父权论之所以与君权神授论联系在一起,就是因为菲尔默将上帝的创造与父亲的生育做了等同,这是菲尔默父权与君权神授论的核心,在这个意义上菲尔默将神学论证和理性论证,圣经论证与自然论证紧紧地拴系在了一起。这是我们了解菲尔默的关键,也是理解洛克与菲尔默争论的关键。科耶夫认为,法官的权威产生于“公正”,领袖的权威产生于“远见”,主人的权威产生于“承认”。实际上,菲尔默的父权权威有将法官、领袖、主人权威合在一起的趋势,洛克将菲尔默的权威打掉以后,必然带来权威的分离,这在政治上的后果就是分权,立法权代表领袖权威,行政权代表主人权威,司法权代表法官权威,洛克将菲尔默的父权权威打掉,就将权威中的“过去”的因素删掉,将传统删掉,剩下的就是没有过去的面向未来的现在。[2] 这就可以解释为什么洛克的学说充满着反抗与革命精神。

3.3.1.1 菲尔默的圣经论证

菲尔默认为,财产支配权与主权的等同在于其起源都是相同的,都来自上帝的创世。他说,“一个人除非知道创世之时,只有一个人被创造,上帝将万物的支配都只给予了这个人,其他人的支配权都来自这个人,否则,凭人的智慧,他不可能知道政府的第一个起源基础和原则,而政府的基础和原则必然依赖于财产支配权的起源。”[3]这意味着,对于菲尔默来说,主权的起源是以财产支配权的起源为基础的,而财产支配权的起源则来自上帝将万物的支配权只赐予了最初

---

① 亚历山大·科耶夫:《权威的概念》,姜志辉译,南京:译林出版社 2011 年版,第 1—2,22—25 页。

② 科耶夫,《权威的概念》,第 56—58 页。

③ Sir Robert Filmer, *Patriarcha and Other Writings*, pp. 252 - 253.

被造的那个人，这个人就是亚当。这意味着亚当在创世之时，从上帝那里得到的既是对整个大地的财产支配权，同时又是主权。申言之，起初只有亚当一个人被创造，上帝只赐予了亚当一个人财产支配权，这种支配权是亚当的私人财产支配权，也就是说私有财产权在创世之时就已经产生了，其他人的私有财产权都来自亚当的授权或许可。并且政治权力（主权）在亚当获得私有财产支配权的同时就获得了，因为他可以凭借他所获得的私有财产支配权而胁迫他人就范，如果他人不就范的话，只能活活饿死。亚当的这种主权是在经济完全垄断的情况下建立起来的。他的这段话将他的意图说的更为明了：

> 支配权和财产权的基础是政府和正义的主要原则，而要探寻支配权和财产权的基础我们绝不能忽视圣经，而到哲学家那里去探寻。世界上最初的政府是一切人类之父的君主制，亚当受命滋生人类，遍于地上，制服世界，并取得对一切造物的支配权，因此他就成为全世界的君主；他的后裔除了得到他的授权、许可或依据对他的继承，都无权占有任何东西；《诗篇》的作者说到："他把世界给予人类的儿女"，这表明君主的称号是从父亲的身份得来的。①

对于菲尔默来说，"如果不否认亚当的创造，人类的自然自由是无法被预设的。"②这是因为亚当被创造之时，就被授予了对整个大地的私有财产支配权，其他人只能在他的支配之下。在菲尔默看来，起

① Sir Robert Filmer, *Patriarcha and Other Writings*, p. 236.
② Sir Robert Filmer, *Patriarcha and Other Writings*, p. 237.

源意味着原则和基础的确立，具有规范性的维度，起源的时候怎样，后世均不可更改。创世之初，亚当获得了财产支配权，并且这种财产支配权只能为他一个人所有，上帝的最初赐予奠立了财产权不可改变的基础和原则。而从词源上讲，*principium* 既有起点、起源的意思，又有原则、原理的意思。一如神的创造是万物的起源，作为政治支配权的主权与作为经济支配权的财产权都起源于神的创造。类神的君主分有了神的形象与能力，神作为万物的第一推动者，而君主作为统治的第一推动者。[①] 君主制（monarchy）这个词中的词根 archy 本身就有起点和原则的意思。Archy 一词的最初含义是第一个站起来说话的人，他带头，他开始。他是使事情开始运转起来的人。而 principality 也是指使事物开始运转起来的人。Archy 一词指的是通过言说开始鼓动起大家行动的人，而 principality 则意味着他对事情的推动力包含着暴力的成分。对于菲尔默来说，君主制中的 archy 既然意味着起源，这就意味着政府的起源只能是君主制。而 monarchy 这个词前面部分的词根 mono 则意味着单独一人，这就意味着政府的起源只能起源于一个人——亚当，其权力是不可分割的。上帝只把大地赐给了亚当单独一人作为他的私有财产支配权，因此其他人如果想要生存，必须得到亚当的赏赐、许可或授权。亚当则可以利用他经济上的垄断地位，强迫他人服从他的统治，这就是洛克说的，这种乘人之危所建立起来的统治，与拿刀架在他人脖子上、要人屈从没有什么区别，实际上是赤裸裸的暴力。菲尔默并不会否认这一点，因为

---

① Cesare Cuttica，"An Absolutist Trio in the Early 1630s：Sir Robert Filmer，Jean-Louis Guez De Balzac，Cardin Le Bret and Their Models of Monarchical Power"，in，eds. Cesare Cuttica and Glenn Bugess，*Monarchism and Absolutism in Early Modern Europe*，London：Routledge，2016，p. 133.

在他这里，principality 对事物的推动力中包含着暴力的成分。[①] 也许人们对于亚当被上帝赐予了私有财产支配权不存异议，但是，当到诺亚的时候，《圣经》上明明说上帝是将大地赐给了诺亚和他的三个儿子。那么菲尔默对此又作何解释呢？菲尔默认为，这可以理解为诺亚的儿子是在他们父亲的支配下支配财产，或者是在他们父亲过世后再行支配财产。上帝并不会扩大私有财产支配权的主体，而只会把给诺亚和三个儿子的财产的客体扩大。菲尔默这样认为的依据是，既然上帝将最初的赐予定为只能有亚当及其长子继承人的私有财产支配权，他就不会改变这种财产权和统治权原则。[②]

3.3.1.2　菲尔默的自然论证

菲尔默说，君主的称号是从父亲的身份得来的，这意味着他在运用圣经论证的同时在运用父权这一自然论证。他在这方面的等同表现在，他认为，亚当是他家庭的父亲、国王和主人，亚当的这三种身份是合而为一，不可分割的，而他的儿子、臣民和奴隶的身份也是合而为一，不可分割的。主奴关系、君臣关系又被等同于父子之间的关爱关系。"如果我们比较父亲的自然责任和国王的自然责任，我们发现他们是同一的，除了在程度上有所区别，没有本质的不同。一如父亲之于家庭，国王就像许多家庭的父亲，将他对子民的关爱、保护、温暖、引导与回护推及整个国家。"[③]父亲是家庭中的国王，国王是国家中的父亲。

---

① Sir Robert Filmer, *Patriarcha and Other Writings*, pp. 135 – 136. Cf. John Locke, *Two Treatises of Government*, p. 170. 另参见奥克肖特：《政治思想史》，秦传安译，上海：上海财经大学出版社 2012 年版，第 53 页。

② Sir Robert Filmer, *Patriarcha and Other Writings*, p. 217.

③ Sir Robert Filmer, *Patriarcha and Other Writings*, p. 12.

他反对苏亚雷斯将国家与家庭分开的观点。在苏亚雷斯看来，亚当对他的儿子只有家政(economical)权力，没有政治权力。随着仆人的增多，一个家庭可能扩展得很大，但家父仍然拥有的是家政权力，而不是政治权力。因为政治权力在创世之初还没有产生，而是要等到家庭组织成一个共同体。因此，政治共同体的产生依赖于人们之间的协议，亚当并不是自然地就拥有政治权力，因为根据自然法，亚当不能自然地处在支配他人的地位上，这需要经过同意。菲尔默认为苏亚雷斯的这种错误在于他没有理解什么是家庭。苏亚雷斯理解的家庭就是房子，苏亚雷斯所谓的家父权就集中在这所房子当中。菲尔默认为博丹正确地定义了家庭，家庭意味着“所有人都服从于家庭中的同一个头。”博丹对家庭的定义来自希伯来语，其词源的含义意味着头颅、君主或主人，头颅意味着家父对家庭的掌控作用。而苏亚雷斯所理解的家庭来自希腊语，仅仅意味着房子。同样犯错误的还有亚里士多德。柏拉图本来正确地把家庭理解为小城邦，城邦理解为大家庭，家庭与国家在种相上没有区别，只是在大小程度上有所区别。可是亚里士多德却将政治社会和家政(economical)组织分开了，亚里士多德的理由是男女结合的共同体区别于主奴结合的共同体，因为他们的各自目的不同，男女的结合是为了生育，而主奴的结合仅仅是为了生命的保存。菲尔默把亚里士多德的意思说得更明白，婚姻共同体和专制共同体是有区别的，即便亚里士多德的这一区别存在，也不意味着政治社会区别于家政组织，因为尽管政治社会与家政组织在个别性(*individuum*)上有所区别，但他们在普遍性上却是等同的，都是为了人类的保存。并且一种共同体并不意味着它只有一种功能，就像舌头既可以说话，又可以吃东西，所以家庭完全可以含纳两种关系(夫妻关系和主奴关系)。而对于苏亚雷斯所说的在创世之时，政治权力并没有产生，亚当拥有的是家政权力，也就是说单纯意义上的财产权，政治权力的存在需要言语沟通，亚当被创造的时候单独一人，谁会和他沟通？菲尔默认为，共同体来自上帝的创造，人类最初拥有的是私有财产权还是共有财产权，依凭的是上帝意志，但上帝最初只赐予了亚当一个人，产生的就是亚当的私有财产支配权，上帝当然要求亚当为其儿女的公共善着想，履行其自然义务，但其他人是否能够生存，仍然听命于亚当。儿女所享有的权利相当于霍菲尔德意义上的特权(privilege)，儿女有权得到父亲的照顾，但对父亲的照顾却没有主张权。而父亲对儿女所享有的则是完全的支配权，这种支配权体现在父亲对儿女的生命有着生杀予夺的权利，就如同对财物可以随意毁损的权利一样，这种支配权是财产权与主权等同的最重要表现。菲尔默以摩西古法为例，父亲可以当着执政官的面任意处死儿女，执政官没有权力过问父亲的处死是否有公正的理由，罗马法上同样存在着这样大量的例证。总而言之，父亲可以随意地处死、买卖儿女，就如同毁损、转让自己的财产一样。① 父亲对儿女的生命有这样的处分权，是因为他生育了儿女。这个论证他借助于格劳秀斯。

菲尔默利用格劳秀斯的这句话来论证亚当财产支配权的自然性："生育使父母获得对子女的权力"。格劳秀斯还有话似乎进一步地支持了菲尔默的自然论证："统治权应当自然地属于父母。""父母这个词指的是自然的执政官，应该被理解为统治者，凭其权威将整个社会凝结在一起。"②这些话似乎让人觉得，格劳秀斯和菲尔默站在了

---

① Sir Robert Filmer, *Patriarcha and Other Writings*, pp. 15 - 19, 237.

② Hugo Grotius, *The Rights of War and Peace*, pp. 508 - 509, 1006. 比较 Filmer, *Patriarcha and Other Writings*, p. 226。

同一阵线，父亲是自然的执政官，儿女是自然的臣民，国家与家庭合而为一。然而，格劳秀斯真正的观点却与菲尔默大相径庭。格劳秀斯认为父亲对儿女享有的类似于政治权力的支配权只是发生在儿女小的时候，他将儿女对父亲的臣服分为三个阶段。第一个阶段是儿女完全不会运用理性、不能形成自己独立判断的阶段。这一阶段父亲对儿女享有绝对的支配权，就如同古罗马的专政官一样，但是专政官的权力是有时间限制的，因此父亲对儿女的绝对支配权也有时间限制。第二个阶段是儿女理性已经成熟、有了完全判断权的阶段，但他们仍然是家庭成员的一部分。第三个阶段则是儿女理性成熟，可以离开父亲家庭的自由阶段。因此，就如同上文博丹所说，有时间限制的绝对权力不是主权，因此，格劳秀斯当然也不认为家父权是主权。菲尔默认为格劳秀斯的错误在于，他对自然法的认识是错误的。我们又回到了第二章中格劳秀斯关于自然法权可以克减的问题。在菲尔默看来，自然法既然是永恒不变的法，那么其所规定的一切都是永恒不变的，既然自然法规定父亲对儿女具有绝对支配权，他的权力就永远不会终止，除非像家父一样的国王为了公共利益通过实证法改变父亲的这种绝对权力。[1]

这种对自然法的看法涉及菲尔默与格劳秀斯之间更大的分歧：如何看待上帝对亚当的赐予。上文已经说过，菲尔默认为上帝只将大地赐予了亚当一个人，他享有垄断的私有财产支配权。而格劳秀斯则认为上帝将大地赐予了全人类，最初的财产形式是公有的。格劳秀斯认为人类对财产的原初共有，在菲尔默看来隐含着一个更危险的结论，即人类都是平等的。菲尔默诘问格劳秀斯，如果原初财产

---

① Sir Robert Filmer, *Patriarcha and Other Writings*, pp. 226 - 228.

共有、人人平等，而现在的现实却是私有制、人人不平等，那么规定原初财产共有、人人平等的法岂不是与规定私有制、人人不平等的法相矛盾了？格劳秀斯说，根据自然法，上帝为了保存人类，在创世之后马上赋予了整个人类对低等造物的财产支配权（*dominion*），每个人都可以取用他所想用之物。[①] 但是，格劳秀斯又说，这种人类的共有财产权要被私有财产权所取代，既然人类原初共有的财产权根据的是自然法，那么私有财产权的产生只能是根据人的意志，也就是根据人与人之间的同意，因为只有争得他人的同意，才能将共有的财产占为私有。格劳秀斯进一步说，自然法也规定，不得侵犯他人的私有财产权。[②] 自然法规定人类原初的财产共有，但人类又凭借自己的意志将其有财产占为私有，这似乎意味着自然法是可改变的，可格劳秀斯自己却说，自然法是哪怕上帝也不能改变的。[③] 现在，人类凭借自己的意志就改变了自然法原初共有的规定。“他【格劳秀斯】给予了人类双重能力，第一，能够将上帝没有规定的自然法内容变成自然法；第二，使上帝规定的自然法变成不是自然法的法。”他使得自然法自相矛盾。[④] 更严重的问题在于，私有财产权的产生源自于同意，菲尔默认为这是完全不可行的：“因为没有一致的同意，财产共有的状况就不可能改变，因为在这个世界上只要有一个人表示异议，改变财产共有的状况就是不正当的，因为人们根据自然法，有权利共同使用世界上的万物，因此，将共有的财产划给某人私有，这无异于剥夺了其他人对万物的共同使用权。”[⑤]并且，就算第一代人同意了财产的划归

① Hugo Grotius, *The Rights of War and Peace*, p. 421.
② Hugo Grotius, *The Rights of War and Peace*, p. 154.
③ Hugo Grotius, *The Rights of War and Peace*, p. 89.
④ Sir Robert Filmer, *Patriarcha and Other Writings*, pp. 214 - 216.
⑤ Sir Robert Filmer, *Patriarcha and Other Writings*, p. 234.

私有,按照格劳秀斯这种纯粹契约论的逻辑,第一代人的同意怎么对后代人具有约束力?[①] 菲尔默与格劳秀斯这场争论后面还有着更深层次的根源。菲尔默对格劳秀斯自然法认识论的指责,反映了他所持有的完全的自然法意志论的立场,也就是他完全等同了自然法与上帝的神圣实证法。[②] 将自然法与上帝的神圣实证法等同意味着,如果将法看作是一种命令,那么,菲尔默只重视命令的发出者,而不重视命令的接受者,也就是不重视自然法的接受者所具有的理性能力,因此,他并不可能像奥卡姆、格劳秀斯那样给自然法留下一个"许可"的领域,也就是一个自由的领域。菲尔默对格劳秀斯的诘难确实给自然权利论者提出了挑战,这逼使洛克去寻找财产权起源的自然基础,这就是他的劳动学说。

在菲尔默看来,格劳秀斯财产支配权起源于同意的观点,酝酿着巨大的危险,这意味着人民可以反抗统治者。因为在菲尔默等同财产支配权和主权的逻辑里,如果财产支配权起源于同意,那么就意味着主权也起源于同意。如果同意指人民的同意,那么如何定义人民呢?同意的主体有三种可能的含义:人民全体、人民中的大多数,人民中优秀的部分。如果是人民全体,那么如同财产支配权起源的状况一样,只要人民中有一人不同意,主权就不可能得以建立。如果是人民中的大多数,那么就意味着多数派的决议有约束少数派的可能。可是格劳秀斯他们又坚持自然权利论,多数派对少数派的强制,难道不是在侵犯他们自然的自由吗?那么,退一步说,如果多数派只约束那些同意的人,而不约束少数派,可人民像流水一样善变,下一次的

① Sir Robert Filmer, *Patriarcha and Other Writings*, pp. 219,234.
② Sir Robert Filmer, *Patriarcha and Other Writings*, p. 214.

多数派可能又不是这一群固定的人了，这就意味着共同体根本无法形成。如果是人民中的优秀部分，根据内战的经验，这部分实际上就是握着枪杆子的军队，这种“优秀”是用强力来界定的。[①] 对于格劳秀斯来说，因为主权起源于同意，国王对他的王国享有的不是财产支配权，而是一种用益权（usufructuary right）。也就是说，国王就像一个租客一样，对王国只享有使用权，而最终的财产所有权是归于人民的。那么既然主权的建立起源于意志，主权的消灭也可以起源于意志，自由选择是否臣服于君主的人，当然也可以自由选择不再臣服于君主。不得反抗只是人法的规定，没有自然的基础。格劳秀斯的学说不是给反抗权留下了巨大的空间吗？菲尔默的君权神授论意味着君主只对上帝负责，只接受上帝对他的裁判，即便他是暴君、篡位者，人民也只能默然忍受，不得反抗。

3.3.2 神意、篡位者与非反抗理论

塔科夫和戴利都非常正确地指出，神意在菲尔默篡位者问题上的重要作用。[②] 如果我们接受菲尔默上述关于亚当主权的全部论证，相信亚当因为上帝的赐予而同时享有私有财产支配权和主权，因为父亲的身份而得以使家政权力与政治权力合一。但是，我们会问，亚当死后，权力如何交接呢？我们同样会产生疑问的是，说亚当是所有人的父亲，因为生育而享有支配权，这我们尚能理解。但是，我们能够说菲尔默时期的所有国王是臣民的自然身份上的父亲吗？菲尔默对这两个问题的回答都是长子继承制。亚当的支配权通过长子继承

---

① Sir Robert Filmer, *Patriarcha and Other Writings*, pp. 20 - 21,140,203.

② （美）纳坦·塔科夫：《为了自由——洛克的教育思想》，第 2—22 页。James Daly, *Sir Robert Filmer and English Political Thought*, pp. 119 - 120.

制而得以承续，菲尔默时期的国王因为是亚当长子一脉的传人，而享有了支配权。那么，要是亚当的长子继承人万一绝嗣了，无法找到了，那该怎么办呢？菲尔默认为这个时候的错误在于人民的无知，真正的继承人肯定是存在的，只是人民因为无知而不晓得这位继承人在哪里。这个时候并不意味着主权就回归人民，而是由各个家庭的家父聚会，进行协商，将他们的主权性的权威再次转移给新的君主。不管这样的方式能否实现，其实真正的关键不在这里，菲尔默直接宣称，不管国王的权力是来自父权，来自亚当的真正继承人，来自篡位者，还是来自人民的选举，关键是要人民服从。也就是说，不管现在王位上的国王是不是真正的继承人，人民都必须服从。菲尔默首先诉诸的是当时的社会意见，也就是本章开头的圣经十诫第五诫“当孝顺你的父母”来强调臣民的政治服从义务，只不过他更加极端地将第五诫改为了“当孝顺你的父亲。”[①]圣经的这一教导说明即便出现了篡位者，也是神意的体现，人民只能默然忍受，等待真正继承人的出现，这是因为：

> 不仅仅是政府的权力和权利，政体的形式，而且谁握有这种权力。这都是上帝的命令。第一位父亲拥有的不仅仅是权力，而且是君主式的权力，这些权力都直接来自上帝，就如同他是一位父亲一样。凭借上帝的指定，一俟亚当被创造出来，他就是世界的君主，尽管他还没有臣民，因为尽管直到出现臣民，真实的政府也才会出现，可是，凭借自然权利，亚当就应当成为他后代的统治者：尽管不是事实上的统治者，却是习惯上的统治者，亚

① Sir Robert Filmer, *Patriarcha and Other Writings*, pp. 11, 44.

当自其被造起就成为国王。①

菲尔默的意思是，这个世界需要政府，政体形式以及谁握有政府权力，这些通统都是神意的体现，这意味着菲尔默的政府的产生完全是上帝意志的直接指定。尤其是谁握有政府权力都已经指定好了，这就是完全个人化（personal）的统治，与法治非个人化的（impersonal）统治是截然对立的。政府的产生完全与人没有关系。亚当成为君主所根据的自然权利是一种期待权，具有必然实现的潜能，因为上帝的神意显示指定的统治者就是他。把菲尔默的意思说得更明白些，只要在王位上，存在臣民服从的事实，就可以推知他有做国王的自然权利，因为不是神意，他不会坐在王位上，哪怕他是篡位者。事实上，菲尔默的意图就是要模糊事实与规范，不区分正当（legitimate）政府与非正当政府。本来，正当性（legitimate）与长子继承制是最密切相关的，因为 legitimate 最初的意思就是婚生子的意思。只有长子才最有资格继承王位，这样的统治正当性在于：第一，谁成为长子是由神意决定的，就像抽签一样，最为公平；第二，长子继承制意味着继承具有一定的规则，而不再以贤明这种模糊的标准。菲尔默意思是，长子继承制是神意的决定，而篡位者窃据了王位也是神意的决定，关键不在于王位的来源如何，而是谁有实力握有王位。所以，上文中我们看到菲尔默在君主的词义中特别强调了君主作为 principality，在最初的权力来源中包含着暴力的因素。由于菲尔默将财产支配权与主权等同，因此，篡位者的情况就如同长期窃占非法所得的窃贼一样，尽管其权利来源并不合法，但是根据财产法上的时效

① Sir Robert Filmer, *Patriarcha and Other Writings*, pp. 144 – 145.

占有制度,他却可以合法地占有财物,关键不在本权的来源,而在于占有的事实,篡位者的情况与此相仿。这观点与博丹相类。① 支配权从创世之初就存在了,在无辜状态下,亚当就是其儿女的统治者,这表明支配从来都是存在的,不存在什么自然自由的自然状态,菲尔默所说的无辜状态,恰恰对应的是霍布斯他们的自然状态,他对霍布斯自然状态的批评是:

> 如果上帝只创造了亚当,并从他的一部分创造了夏娃,如果他们两人通过生育,全人类都被繁衍出来,如果上帝不仅给予了亚当支配女人和他们所从出的孩子的权力,而且给予了他征服这地及地上所有造物的支配权,那么只要亚当活着,没有人能够主张或享有任何东西,除非经过亚当赐予、分配或允许。②

人从来都是处在家庭之中的,不可能存在霍布斯自然状态意义上完全独立的、不依赖于他人的人,因为这种人意味着是一个成熟的有理性的个体,霍布斯的自然状态意味着他略过了幼年的阶段,这些自然状态中的人就好像蘑菇似的,一下子就长成人了。③ 而且,在无辜状态下,是不存在强制性权力的,只存在指导性权力,强制性权力意味着无序和混乱,无辜状态下是和平的,因为人堕落之前资源是丰裕的,不可能存在什么人与人之间的战争,如果上帝把人放到霍布斯

---

① Sir Robert Filmer, *Patriarcha and Other Writings*, p. 283. 事实上,菲尔默和其他保皇党一样,采用了时效制度的论证,Daly 认为菲尔默没有采用这种论证,似乎并不正确,参见 Daly, ,James Daly, *Sir Robert Filmer and English Political Thought*, pp. 113 - 118。

② Sir Robert Filmer, *Patriarcha and Other Writings*, p. 187.

③ Sir Robert Filmer, *Patriarcha and Other Writings*, p. 187.

那样残忍的自然状态中，那么上帝的意图就变得可疑。[①] 更为关键的是，菲尔默认为对于自由的渴望恰恰是人堕落的根源。[②] 菲尔默还想强调的是，强制性权力是政府产生之后的事，也就是说实证法是政府产生之后的事。政府的产生恰恰意味着君主的产生，因为对于菲尔默来说，只有一种政体形式，就是君主制，由于上帝的神意不但确定了政体形式，而且还确定了谁握有政府的权力，这就是个人化的(personal)人治政府。诚如卢梭所说，法律可以规定特权，但它不能将特权指定给谁，这种指定意味着人治。而法律对于菲尔默来说，是产生在君主之后，正是君主握有这种强制性权力去约束他的臣民，而他不受自己实证法的强制性约束。具体而言就是，国王只服从于法律的指导性权力，而不服从于强制性权力，国王并不受实证法的约束。因为法律的强制性权力是使得法律得以成为法律的东西，法律的强制性通过奖惩迫使人服从，从而对人产生约束力。而法律的指导性不过是建议，就像国王的咨议会给国王建议那样，既然咨议会提供的是建议，那么没人会说咨议会给国王立法。[③] 有人会说国王受到王国根本法的约束。菲尔默会问，什么是根本法？有人会回答普通法就是王国法律的根基。菲尔默认为，首先，普通法事实上和法理上都能被制定法所更改，如果普通法作为王国的根本法，就像根基一样，如果根基能够被更改，那岂不是王国这整栋大厦都要被动摇了？其次，普通法不过是王国的习惯，因为长期使用而获得了权威，因此它获得权威就需要时间，必然产生在政府产生之后。再次，普通法是不成文法，具有不确定性，而根本法肯定是要求确定的。复次，如果

① Sir Robert Filmer, *Patriarcha and Other Writings*, p. 188.

② Sir Robert Filmer, *Patriarcha and Other Writings*, pp. 2,145.

③ Sir Robert Filmer, *Patriarcha and Other Writings*, p. 40.

将普通法作为根本法，那么《大宪章》并不属于普通法，那么岂不是将《大宪章》划出了普通法的范围？[①] 菲尔默比詹姆斯一世还要极端的地方就是这里，他甚至不承认根本法的存在。他直接等同了"绝对统治"与"专断统治"。如前所述，"绝对统治"(ab + solute)意味着脱离约束，一般是指脱离法律的约束，但脱离法律的约束不意味着统治者就肆意而行。为了公共利益行使国王特权，统治者仍然可能遵守一定的规矩，只是没有遵守法律规则，但未必就是"专断统治"。而"专断统治"则意味统治者凭其意志任意统治，甚至可能为了自己的利益而统治，例如暴君。菲尔默则认为如果不是凭借自己的意志任意统治，主权者的立法权就体现不出主权属性。即使是暴君，他为了自己的利益能够尽力搜刮，某种程度上也能保护臣民的利益，暴君和臣民之间还是一定程度上存在保护与臣服的互惠关系。[②]

对于君主，不论其是篡位者还是暴君，都是神意的体现，臣民只能默然忍受命运暴虐的毒箭，等待神意的改变，臣民不能反抗。就算君主是篡位者、暴君，菲尔默问谁对他的不法统治是裁判者？[③] **"谁是裁判者"**这个问题，也成了洛克在《政府论(下篇)》第三章"战争状态"、第十九章"政府解体"中要回答的一个重大理论问题。[④] 菲尔默的非反抗权理论就是：第一，君主只受自然法约束，对上帝负责，犯罪只受上帝惩罚；第二，君主不受实证法约束，主要是指不受实证法的强制性约束；第三，君主不受法律的强制性约束，意味着君主不会受到人民在此世的惩罚。[⑤] 而洛克恰恰通过他的自然法执行权理论

① Sir Robert Filmer, *Patriarcha and Other Writings*, p. 153.

② Sir Robert Filmer, *Patriarcha and Other Writings*, pp. 31, 201, 285.

③ Sir Robert Filmer, *Patriarcha and Other Writings*, pp. 6, 150 - 151.

④ John Locke, *Two Treatises of Government*, pp. 282, 379, 426.

⑤ Filmer, *Patriarcha and Other Writings*, pp. 11, 201.

使得自然法的强制得以在此世实现，对君主形成了强有力的约束。

3.4 小结

本章通过粗略地回顾菲尔默所生活的时代，指出其父权理论有着相当的社会基础，属于百姓日用而不知的理论，在当时还是具有相当的力量。菲尔默的父权论之所以不同于博丹、詹姆斯一世等前辈，是因为他等同了主权与财产权，等同了政治支配权与财产支配权，等同了政治与家政。菲尔默所生活时代的家庭为他的政治理论提供了原型，家庭中的父子关系为核心，夫妻关系、主仆关系都隶属于父子的支配关系，家庭作为十七世纪重要的经济单位为这种支配权提供了经济基础。菲尔默的主权理论来自博丹，像博丹一样，他将父亲视为家族的头颅，但与菲尔默不同，博丹区分主权与财产权，为私人领域留下了一定的空间。詹姆斯一世尽管也倡导君权神授论，将君主类比为神、头与父。但他强调君主再私密的行为也是可见的，将进入公共政治领域，这与菲尔默恰恰相反。本章将菲尔默父权论的特点概括为：等同财产支配权和主权、神意之下的非反抗权理论。菲尔默等同财产支配权和主权的方式是通过父亲的生育来论证其等同的自然性，通过上帝将万物赐予亚当私有财产支配权来论证这种等同的圣经依据。

菲尔默和格劳秀斯就上帝到底是将大地赐给亚当私有所有、还是赐予人类原初共有所展开的争论，迫使洛克用劳动理论克服格劳秀斯的困难。而菲尔默的非反抗理论中的“谁是裁判者”问题则给洛克的反抗权理论提出了重要的挑战。某种程度上，菲尔默认为神意在君主一方，而洛克则认为神意在人民一方。只不过，洛克认为不管神意如何,在统治者违背政治信托时,人民就应该动用自然法执行权自我保存,并且统治者只要流露出这种意图,就要先下手为强,这有着深刻的霍布斯的印记,也是其理论世俗性的一面。① 菲尔默的君权神授论某种程度上把支配权视作上帝信托给绝对君主的权力,他只对上帝这个信托人负责,而不对人民这一信托的受益人负责。因此,一方面,他享有专断的权力,在信托范围内有着巨大的自由裁量权,另一方面,即便他的裁量是极端不义的,他也只面对上帝,遭受良心的谴责与独自面对上帝的末日审判。

最后需要特别说明的是,正如菲尔默自己为《父权制》起的副标题"通过神学、理性、历史和法律来论证国王的自然权力,反对臣民不自然的自由"所显示的,②君主的权力也是一种自然权利,甚至是一种自由权,只不过菲尔默否认了格劳秀斯的重要前提——自主权是一种一般权利,否认人人平等地拥有自由权,因此,这种自由只是君主一个人的自由,是原汁原味的特权,君主处于自由的特权地位,臣民处于无权利的地位。并且,由于菲尔默给 *dominium* 引入了主权的意涵,它就具备了 power 的含义,是一种可以用暴力对他人生杀予夺的权力。这种权力是君主所享有的特权,并且这种权力的核心并不在于改变他人的法律地位,而是在于这种生杀予夺是一种赤裸裸的暴力,是不区分 property 的事实与规范层面的。在家政领域,菲尔默的家父通过获得经济上的绝对优势地位,通过暴力使他人屈从于自己,驱迫他人劳作,而自己逃脱必然,赢得自由。而在政治领域,家父就等同于绝对君主,绝对君主获得权利的方式也可以是暴力,暴力占有

① John Locke, *Two Treatises of Government*, p. 411.

② Sir Robert Filmer, *Patriarcha and Other Writings*, p. 1.

王位，就像暴力占有所有物一样，“实力产生权利”。因此，对于菲尔默而言，*dominium* 中的财产权与主权是同一的，因为其有着共同的来源——暴力。洛克的任务是对其 *dominium* 概念进行分离。探寻私产所有权与政治权力的不同开端。

第四章 洛克对菲尔默 *dominium* 概念的分离

4.1 洛克对菲尔默修辞术的攻讦

4.1.1 沙制的绳索

拉斯莱特编辑的洛克《政府论》，保留了洛克引用李维的一段拉丁文，这段引文的大致意思如下："然而，如果面对强权时，弱者没有留下人的权利，可是我仍然要向诸神祈求保护，诸神会对人类的傲慢实施报应。我将恳求诸神，将他们的愤怒宣泄在那些对己已有之物不知餍足的人身上，或者那些觊觎他人之物的人身上，即便死刑当前，也不会遏止他们的餍腻。直到我们屈从于他们，让他们饮我们的血，吃我们的内脏，他们方会休止。"①

洛克《政府论》"序言"中包含着重要的信息。这篇序言是洛克为1689年匿名出版的《政府论》而专门撰写的，②他在其中陈述了出版的目的以及写作的目的。洛克开篇就说，《政府论》中间的大量段落遗失了，但是，剩下的部分足以达到他的出版目的："为了确立我们伟

① John Locke, *Two Treatises of Government*, p. 136.

② John Locke, *Two Treatises of Government*, p. 137.

大的复辟者、我们现在的国王威廉的王位，为了他的权位(Title)名正言顺地建立在人民同意的基础上”，“向世界正视听，英格兰的人民热爱正当的和自然的权利，下定决心保有这些权利，他们已然救国于奴役和危亡之边缘。”[①]接着，洛克马上明确指出了他的攻击的目标——罗伯特·菲尔默爵士。尽管国王和整个民族都曾深为菲尔默邪说所惑，但现在没有人会有信心公然危及公共安全，再次提倡奴隶制，现在没有人会孱弱到受菲尔默蛊惑民众、修辞术掩盖的矛盾之语所骗。但如果剥离菲尔默天花乱坠的可疑表达，把它们还原成直接、确定、清晰的命题，读者会很快发现菲尔默的作品不过是用完美英文拼凑的漂亮废话。[②] 菲尔默的作品看来不过是一种内容空洞的修辞术，他够不上挨洛克的枪子，菲尔默本人早已作古，他挨洛克的枪子多少有些冤枉。但是，问题的关键恰恰在于，菲尔默的作品虽然在哲学家洛克看来不过是修辞术，但恰恰是修辞术最能蛊惑人心，菲尔默本人虽然早已作古，但却具有时效性，菲尔默的作品仍然为党派所利用，洛克讥讽其为“一时的神圣性”。某些人出于党派性，将菲尔默的学说奉为教条，并且危险地误导他人，他们本该清楚地展示父权制的权威何在，检查他们很难坚持的理论基础，证成他们所宣扬的原则，他们自己都没弄清楚怎么回事，却盲目地跟从一个不过是英格兰廷臣的作者。洛克直接指出：“如果不是我们中的某些人鼓吹他【菲尔默】的作品，拥护他的学说，我才没有必要写作反对罗伯特爵士，费力展示他的错误、前后不一和圣经证据的缺乏(他自己倒是夸夸其谈，佯装自己的学说建立在圣经证据上)，我才不用费劲去指责一个已死辩护

① John Locke, *Two Treatises of Government*, p. 137.
② John Locke, *Two Treatises of Government*, pp. 137 - 138.

士的东西。"如果这些人在菲尔默的书里不能找到相应的论证,"他们却如此卖力地鼓吹这本书,我恳求他们考虑考虑这个世界是否有理由怀疑,他们不是出于理性和论证的力量为绝对君主制进行辩护,而是受利益的驱动,因而下决心为任何写作赞成这种学说的作家喝彩。"①

除了菲尔默背后所隐藏着的党派性,较早系统研究《政府论(上篇)》的学者查理・塔尔顿(Charles D. Tarlton)提醒我们,其实"序言"和《政府论(上篇)》第一章中还隐含着另一层写作目的:警告君主不要受谄媚之言的蛊惑。② 菲尔默的著作沉睡了这么长的时间,现在却重现世间,想用其所谓"论证"的力量,剥夺人民的自由。菲尔默的作品力量恐怕不在于其"论证",而是其背后所隐藏的谄媚力量和君主受这种蛊惑的危险。"在过去的时期,我们当中涌起了一代人,他们以这样的观点谄媚国王,他们有绝对权力,这是他们的神授权利,他们用制宪权立的法律不过是他们意志的产物,他们随其意志统治,他们所获得权威的条件也根据其意志,他们没有必要严格地遵守誓言和允诺。"③在序言中,洛克暗指菲尔默是廷臣遗风,在第一章中,更是将这种指斥加深了一步,菲尔默的君权神授说完全是一种新鲜玩意儿,这种新鲜玩意儿不过是法国宫廷所舶来的谄媚风尚罢了。④ 在第二章里,洛克说,如果菲尔默没有不可辩驳的证据告诉臣民奴隶制的必然性,以说服他们的良知相信这种必然性,让他们觉得有义务和平地服从绝对支配权,那么,臣民还能剩下什么东西。如果

① John Locke, *Two Treatises of Government*, pp. 138. 150

② Charles D. Tarlton, "A Rope of Sand: Interpreting Locke's First Treatise of Government," p. 52.

③ John Locke, *Two Treatises of Government*, p. 142.

④ John Locke, *Two Treatises of Government*, p. 143.

没有证据论证以说服臣民的良知，菲尔默通过建立不可限制的权力，除了谄媚人的自然虚荣和野心，很可能让拥有这种权力的人自我膨胀，还能带来什么好处，或者菲尔默还能装作带来什么好处？[①] 因此，洛克所选择的攻击目标应该是不高不低。言其不高，主要是对手的谄媚意图露骨，圣经证据薄弱。言其不低，是对手本身有一定的力量，这主要是来自其作品的代表性，尤其是其所代表的绝对主义的拥护者，而菲尔默刚好符合这样的标准。[②]

还需注意的是，洛克和菲尔默在对圣经的解读中实际上秉承了不同的解经方式。洛克的解经方式要求诉诸常识和理性，圣经的字面意思是其解读的重点，他说："我相信上帝讲话跟人类不同，因为他所讲的更富于真理，更为确定；但是，当他乐于对人类说话的时候，我以为他不会破坏人类惯用的语言规则，用与人类不一样的方式说话。当他屈身对他们讲话的时候，他如果这样讲，倒不会使他降低到人类低微的理解能力，而是因为他所讲的话人们不能理解，才达不到他的意图。"[③]在《基督教的合理性》中，他不但强调了同样的解经原则，而且还强调用文本对勘的方式："如果我们要正确地思考它，我们必须深入看话语的语流，观察各部分之间的连贯性和相互之间的联系，看它本身是如何自洽的，和圣经其他部分又是如何融洽的。"[④]而菲尔默的解经方式则与此不同，是"寓言式解读"(allegorical reading)，这是

---

① John Locke, *Two Treatises of Government*, p. 148.

② Charles D. Tarlton, "A Rope of Sand: Interpreting Locke's First Treatise of Government," p. 52.

③ John Locke, *Two Treatises of Government*, p. 173. 洛克：《政府论(上篇)》，第 37 - 38 页。译文根据英文略有改动。

④ John Locke, *The Reasonableness of Chritianity*, John C. Higgins-Biddle ed., Oxford: Oxford University Press, 1999, p. 165.

菲尔默用如此多修辞的另一个原因。我们在后文将会看到，菲尔默对圣经的解读与圣经经文字面含义严重不符，这与他的解读方式有相当大的关系。

洛克将要提倡的自由学说，在菲尔默看来是危及王位的犯上作乱之语，但是洛克将会在后文论证，不是他的反抗学说危及王位，反而是菲尔默的谄媚学说不仅使人民陷入暴政和压迫的痛苦，而且也使君主的权位不稳，动摇了他的王位。[①] 因为菲尔默的学说基础就是不牢固的。那么，菲尔默学说基础是什么呢？洛克说，是“没有人生来自由”。[②] 洛克将菲尔默的学说初步概括为：“人类是生而不自由的，因此从来不可能自由选择统治者或政体形式。君主们凭神授权利拥有绝对权力，因为奴隶们从来不能有权利缔结契约或进行同意。亚当曾是绝对君主，自他之后的所有君主从来如是。”[③]不幸的是，洛克将会论证，菲尔默的这一基础不过是“沙制的绳索”而已：“因此，我满心期望把它【菲尔默作品】拿到手里，以阅读论著的注意力来通读全书。这本出版以来制造如此多喧嚣的书，我却不能不坦诚地说，令人相当惊奇的是，这本书本要给全人类提供锁链，我却发现这条锁链不过是沙制的绳索，其技巧和努力所起到的作用不过是扬起尘土，迷蒙人眼，至多误导他们，事实上根本没有任何力量锁住任何人，因为人们的眼睛已经睁开，他们也会用理智去考虑，这条锁链不过是一很快朽坏的锁链，不论如何用心锉它、打磨它。”[④]

---

① John Locke, *Two Treatises of Government*, p. 142.

② John Locke, *Two Treatises of Government*, p. 142.

③ John Locke, *Two Treatises of Government*, p. 143.

④ John Locke, *Two Treatises of Government*, p. 141.

4.1.2 模糊的"父权"定义

洛克进一步澄清批驳菲尔默的目的和他批驳的技巧。他决定釜底抽薪,用有力的论证证明菲尔默整个政治学说都建立在流沙一样的基础上。"罗伯特·菲尔默爵士伟大的论点是,人类是自然不自由的。这是他的绝对君主制立论的根基,在此基础上,他的学说如此的高屋建瓴,这种权力在各种权力之上,高耸入云,高于一切世间事务和人事,很难有思想能企及这样的高度。允诺和誓言能栓缚无限的神,却不能栓缚这种权力。然而,如果一旦这一根基坍塌,他所有的构筑都会随之倾覆,政府必须又回到通过人工建立的旧有方式上,即人类运用他们的理性同意统一成一个社会。"[①]洛克通过整个《政府论》将要论证,政府不是自然产物,而是人工造物,政府权力不是神授的,而是人通过运用理性同意而形成的。

洛克开始分析菲尔默主要论点"人类自然是不自由的"。那么反过来说就是,人类自然是要服从于某种权力的,当然,菲尔默也是这样想的。"人类自然是不自由的"在菲尔默这里被转化为"人类生来就是服从于父母的",因此是不自由的。因此这某种权力在菲尔默这里就是"父权"。但菲尔默这个"父权"的定义似乎并不是那么明确,首先从称谓上都有这么多的花样:"王的权威"、"父亲的权威"和"父亲身份而产生的权利"。[②] 菲尔默似乎有义务给他的核心概念"父权"下一个定义,因为他对别人是这样要求的,比如,他在其大作《混合君主制或有限君主制的无政府论》中就指责他的攻击对手汉顿(Hunton)

① John Locke, *Two Treatises of Government*, p. 144.

② John Locke, *Two Treatises of Government*, p. 144.

没有给所谓的“混合君主制”先下一个清晰的定义，然后再行论述。洛克现在决定以彼之道、还施彼身，根据同样的规则方法，菲尔默也应当给“父权”下一个清晰的定义后再行写作。菲尔默想等同父亲的权利与国王的权利，菲尔默运用其修辞术将两种权力凑在一起，所拼接起来的形象太过诡异，和孩子们眼中的父亲形象不同，和臣民们眼中的国王形象也不同，为了使臣民顺利接受他的幻想，菲尔默就像谨慎的医生一样，为了让病人吞下难以下咽的腐蚀性药液，他要混进其他的液体，从而能够稀释这种药液。所以他要四处拼接他的“父权”概念，其结果就是”父权“概念散见他作品中的各处，完全不成系统。①

洛克不胜其烦地举了菲尔默关于“父权”的只言片语后，干脆自己概括了菲尔默的“父权”定义：“……这种权利被首先预设赐予了亚当，继而属于所有君主。那么，这种父亲的权威或父亲身份而产生的权利，在我们作者的意义里，就是神授的不可动摇的主权性权利，凭此父亲或君主对他们的孩子和臣民的生命、自由和财物(estate)有绝对的、专断的、不可限制和不能限制的权力；所以，他能凭其喜好拿走或转让他们的财物(estates)，出卖、阉割或使用他们的人格，他们全是他的奴隶，他是所有一切的主人或所有人，他不可约束的意志就是他们的法律。”②如果菲尔默没有不可辩驳的证据告诉臣民奴隶制的必然性，以说服他们的良知，相信这种必然性，让他们觉得有义务和平地服从绝对支配权，那么，臣民还能剩下什么东西。然而，菲尔默在《父权制》里并没有提供不可辩驳的证据进行论证，他提供的不是论证，是父权来自亚当主权的断言。③ 洛克在菲尔默评论霍布斯《利

① John Locke, *Two Treatises of Government*, pp. 145 - 146.
② John Locke, *Two Treatises of Government*, pp. 147 - 148.
③ John Locke, *Two Treatises of Government*, p. 149.

维坦》的书里找到了他可怜的论证:“如果上帝只创造了亚当,并从他的一部分创造了夏娃,如果他们两人通过生育,全人类都被繁衍出来,如果上帝不仅给予了亚当支配女人和他们所从出的孩子的权力,而且给予了他征服这地及地上所有造物的支配权,那么只要亚当活着,没有人能够主张或享有任何东西,除非经过亚当赐予、分配或允许。”①洛克对菲尔默亚当主权的来源进行了概括:亚当的主权来源于上帝的创造,来源于上帝给予他对夏娃的支配权,来源于他作为父亲对孩子的支配权。② 进一步概括的话,洛克将菲尔默的论证概括为圣经论证和自然论证。③

4.2 洛克对菲尔默圣经论证的批判

4.2.1 亚当主权与创造

洛克首先举出了菲尔默的命题:“如果不否认亚当的创造,人类的自然自由是无法被预设的。”洛克分析说,这是非常奇怪的命题,因为无法单纯从亚当直接被全能的上帝创造出来,就推出他有主权,创造产生的只是亚当存在这一事实,这一事实就如同狮子被创造出来一样。菲尔默的意思初看起来似乎是说,亚当在夏娃之前被创造,那么他应当支配夏娃,先被创造的造物应当支配后被创造的造物,那么按照这一逻辑推论,狮子是在亚当之前被创造,狮子应当支配亚

① John Locke, *Two Treatises of Government*, p. 150.

② John Locke, *Two Treatises of Government*, p. 151.

③ Michael Zuckert, “An Introduction to Locke's *First Treatise*,” in *John Locke Critical Assessments*, ed. Richard Ashcraft, London and New York: Routledge, vol. III, p. 124.

当。① 然而，这一逻辑推论是菲尔默也不会接受的，菲尔默的真正意思是上帝的创造和指定一起产生了亚当的支配权。菲尔默的话是这样的："凭借上帝的指定，一俟亚当被创造出来，他就是世界的君主，尽管他还没有臣民，因为尽管直到出现臣民，真实的政府也才会出现，可是，凭借自然权利，亚当就应当成为他后代的统治者：尽管不是事实上的统治者，却是习惯上的统治者，亚当自其被造起就成为国王。"②（着重号为笔者所加）

正如洛克一开始就指摘菲尔默的毛病一样，他的用语在洛克看来永远是模糊的。首先，怎么理解"凭借上帝的指定"呢？洛克提出，可以做这样三种解释：天命、自然法的指导、实证启示的宣告。洛克首先否定了天命的解释，因为根据天命的话，亚当应当一被创造出来就是事实上的君主，可菲尔默自己也承认，因为当时没有臣民，所以也没有政府。③ 那么，"上帝的指定"是不是指实证启示的宣告呢？洛克从两个方面予以了否定：第一，《旧约圣经·创世记》第三章第16节的经文显示，菲尔默的说法与圣经的时间不符，政府的最初出现发生在堕落之后，而菲尔默却说亚当一被创造就意味着他应当成为政府的统治者；第二，菲尔默之所以认为亚当"应当"成为政府的统治者，这个"应当"是由于凭借亚当的自然权利，那么既然他成为统治者是自然的，就不需要实证的赐予，因为上帝的自然法乃是与上帝实证法相对的。④ 那么现在只能将"上帝的指定"解释为"自然法的指导"。

---

① John Locke, *Two Treatises of Government*, p. 151.

② John Locke, *Two Treatises of Government*, p. 152. Cf. Sir Robert Filmer, *Patriarcha and Other Writings*, pp. 144 - 145.

③ John Locke, *Two Treatises of Government*, p. 152.

④ John Locke, *Two Treatises of Government*, p. 153.

根据菲尔默的自然权利观，亚当根据自然成为孩子的统治者，这是源于他父亲的身份，可是，亚当刚被创造时，连夏娃都没有，更何来子嗣？亚当刚被创造，就成为父亲，岂不是在孩子出现之前就成为父亲？根据他的逻辑进一步还可以推出，统治者在政府出现之前就成为统治者，国王在臣民出现之前就成为国王，菲尔默在动手创作之前就成为作者。菲尔默当然有办法来回应这种荒诞的结论，因为他自己说亚当应当成为统治者，是习惯上的统治者，而非事实上的统治者。这正是菲尔默的问题所在。菲尔默不仅仅想在事实的层面谈亚当成为统治者的问题，而是他“应当”成为统治者，这说明菲尔默对于“亚当成为统治者”有规范性维度的考虑，而菲尔默规范性维度的考虑就来自“习惯”。更关键的论据在于，这种习惯的规范性力量来自“父亲因生育孩子，而享有自然权利。”菲尔默想言说的是，亚当因为可能成为父亲，所以可能成为统治者。① 这里的规范性不在于亚当成为父亲这种事实的发生与否，而在于它会构成一种“如果……那么……”的规范结构，即“如果亚当生育了孩子，那么，他应当成为孩子的统治者”，结合洛克将父亲-孩子关系与作者-作品关系考虑的话，作者-作品关系的规范结构就是“如果菲尔默创作了《父权制》，那么，他应当对该书享有作者权/权威(authority)”。两者之所以可以形成类比，是因为两者的权利来源具有可比性，父亲生育孩子与作者创作作品，在菲尔默的意义上都是一种制作(make)行为，因此，都能凭借“制作”而享有对制作成果的权利，从而能够产生对制作成果的权威。而这正是《政府论(上篇)》第六章找到菲尔默的症结所在。

行文至此，洛克只是对菲尔默的圣经论证和自然论证做了初步

① John Locke, *Two Treatises of Government*, pp. 153 - 154.

的批判,我们大致可以看到,洛克在接下来的第四、第五和第六章所要展开的两条批判线路,第四、第五章指向的是圣经批判,而第六章指向的是自然批判。

4.2.2　亚当主权与赐予

《政府论(上篇)》第四章对于理解洛克《政府论(下篇)》第二章中的平等与自由问题和第五章中的财产权问题有着重要作用,因为第四章中出现的上帝形象(the image of God)理论是洛克平等与自由问题重要的理论基础,第四章中所得出的自然状态中财产的原初共有是第五章财产权论证的重要理论出发点,第四章中初步区分了财产权和政治权力,得出财产权不能够成为政治权力的基础的结论,这一章中对"上帝形象"的讨论得到了沃尔德伦的重视,这一章中"财产权不能够成为政治权力的基础"的结论得到了罗尔斯的重视。

洛克在第四章中所针对的菲尔默论点是:亚当因为上帝的赐予而享有主权。菲尔默的论证是:世界上的第一种政体是父权道成肉身的君主制,亚当被命令繁衍生息,生育人口遍布这地,征服这地,上帝也给予了他支配所有造物的支配权,因而,他是整个世界的君主,非经他的授予、允许或继承,他的任何后代都不能占有任何东西;《旧约圣经·赞美诗》中说,这地已经给予了人类的孩子,这显示出亚当主权的权位来自父权。[①] 在洛克看来,菲尔默上述文本所应当包含的意思是,上帝赐予给亚当的要么是支配所有低等和非理性造物的财产权或私人支配权,要么赐予亚当支配所有地上造物(包括他孩子)

① John Locke, *Two Treatises of Government*, p. 156.

的支配权和统治权，在二者间必居其一。[①] 然而菲尔默深层的含义是等同财产权和政治权力，等同财产权的支配权能和政治权力中的支配权能。洛克在第四章中将会论证两点：第一，根据《旧约圣经·创世记》第一章第28节的内容，上帝的授予并不能被理解为给予亚当统治人类的直接权力；第二，上帝的授予同样也没有给亚当支配低等造物的私人支配权（即财产权），而是将这种支配低等造物的支配权赐予了整个人类，即共有财产权。完成第一点的论证，洛克需要诉诸上帝形象理论，为《政府论（下篇）》中的平等理论打下神学基础。诉诸"上帝形象"理论也会有助于洛克完成第二点的论证，完成第二点的论证后，洛克将会为《政府论（下篇）》第五章提供重要的理论出发点。

洛克先从《旧约圣经·创世记》第一章第28节入手来考察上帝所赐予的可供支配的客体是什么？这段经文是这样的："神就赐福给他们，又对他们说：'要生养众多，遍满地面，治理这地；也要管理海里的鱼、空中的鸟、和地上各样行动的活物。'"在菲尔默看来，亚当能够支配地上的所有造物，这"地上的所有造物"等同于"地上各样行动的活物"。那么，既然是地上一切行动的活物，似乎就应当将人纳入可供支配的客体。但是，洛克考察了"地上各样行动的活物"的希伯来语，他认为"地上各样行动的活物"应当指代的是地上非理性的生物，因为对照《旧约圣经·创世记》第一章第24节经文："神说：'地要生出活物来，各从其类；牲畜、昆虫、野兽，各从其类。'"经过经文的对勘，那么"地上行动的各样活物"应当指代的是牲畜、昆虫和野兽，上

① John Locke, *Two Treatises of Government*, p. 157.

帝所赐予的可供支配的客体中并不包括人类。[1] 继续对勘《旧约圣经·创世记》第九章第2节的话，我们发现，诺亚及其儿子所得到的赐予也是一样的："凡地上的走兽和空中的飞鸟，都必惊恐、惧怕你们；连地上一切的昆虫并海里一切的鱼，都交付你们的手。"在这次赐予中，可供支配的客体也不包括人类，因下面的经文会加强这一点，因为其内容是"凡活着的动物，都可以作你们的食物，这一切我都赐给你们，如同菜蔬一样"，如果"活着的动物"包括人类，那么逻辑上推到极致就是被支配的人类也可成为君主的食物，这显然是荒诞的。[2]

那么，既然从经文的阐释中将人类排除出了支配的客体，那么在这种支配关系中，人类应该占有什么位置呢？人类应当是支配的主体，再次考察《旧约圣经·创世记》第一章第28节，我们发现，上帝赐予时所言说的对象是"他们"，而不是亚当一个人，是复数形式，而不是单数形式，上帝赐福的对象是"man"，但是不应该理解为亚当这个男人，而应当将"man"理解为集合名词，意指"全体人类"。有学者指出，洛克对此单复数形式的解释完全贴合希伯来语。[3] 这里的"全体人类"有着更为深厚的神学基础，因为"全体人类"意味着人类整体作为一个类别成为了支配低等造物的主体，人类这个类别在上帝所造的自然秩序之中还居于特殊的位置，如同《旧约圣经·诗篇》所说的那样，人比天使低，比其他动物高。人类之所以能够取得这样的位置是因为上帝是根据他的形象造的人，这里的经文根据是《旧约圣经·创世记》第一章第26节："我们要照着我们的形象，按着我们的样式

① John Locke, *Two Treatises of Government*, pp. 158 - 159.

② John Locke, *Two Treatises of Government*, pp. 159 - 161.

③ 参见此处拉斯莱特对此处的注释，Peter Laslett, *Two Treatises of Government*, p. 162, n. 1。

造人,使他们支配海里的鱼……"谁能够支配呢?是拥有上帝形象的人,因为上帝按照他的样式造人,把他造为理智的造物,从而能够支配。"上帝形象"存在之所,理智的本性必然是其一部分,而整个人类都拥有"上帝形象",这使得他能够支配低等的造物。[①] 也正是"理解"能够使人高于低等的造物,引起了洛克对"人类理解"进行研究的兴趣,他在《人类理解论》的开篇这样说道:"理解的研究是愉快而且有用的——理解既然使人高出于其余一切有感觉的生物,而且给人以高于这些生物的优势,并且对其加以支配,因此,理解这个题目确乎是值得研究的;只就理解的高贵性讲,我们也可以研究它。"[②]

形成支配的目的是为了使用,而使用只有在使用者知道使用的目的时才有可能,只有理性的造物才能够意识到目的之所以成为目的。而使用者支配外物有一个重要的前提,就是使用者首先对自己的行动能够进行自我控制和自我指导,也就是首先能够支配自己的行动,这是支配外物的重要基础。[③] 这要谈及自然法设计论证问题。自然的设计论证(design argument)涉及的核心问题是上帝创世的意图(design),上帝之所以创造万物,万物都会有其用途,而上帝让人分享了他的理性,理性成为专属于人的能力(faculty),上帝之所以专门赋予人以理性,必然也要让人发挥其用途,人"能够"运用理性指导自己的行动进行自我保存,而运用低等的造物供给自己使用就是理性指导人类自我保存的方法。[④] 人类"能够"意识到上帝的意图何以成

---

① John Locke, *Two Treatises of Government*, pp. 160 - 162.

② 洛克:《人类理解论》,关文运译,北京:商务印书馆 1983 年版,第 1 页。译文根据英文略有改动,参见 John Locke, *An Essay Concerning Human Understanding*, p. 43。

③ Annabel S. Brett, *Liberty, Right and Nature*, pp. 129,151,154.

④ John Locke, *Two Treatises of Government*, p. 286.

为意图。人类“能够”意识到上帝的意图何以成为意图，暗含着人类“应当”意识到上帝的意图何以成为意图，在这里“能够”暗含着“应当”，也就是如果人类有能力按照自然法的要求去做，那么人类就应当按照自然法的要求去做，这是针对人类中每一个人的要求，因为每一个人都分享了“上帝的形象”，因此在自然法的面前，每一个人都是平等的，这是讨论《政府论(下篇)》时还将详尽讨论的问题。

为了加强上帝赐予亚当单独一人支配权的论证，菲尔默必须对上帝将支配权赐予诺亚和他的儿子作出解释。如果使用文本对勘的方式，上帝对诺亚及其儿子的赐予恰好加强了洛克自己的论证，而使菲尔默的论证更加捉襟见肘。因为在菲尔默看来，诺亚是亚当唯一的继承人，洛克讽刺地说道，根据英格兰法律，所谓继承人(Heir)指的是长子继承人，他应当继承父亲所有的土地。[①] 按照菲尔默长子继承制的逻辑，应用文本对勘的方式，如果亚当享有私产支配权，诺亚作为亚当的继承人，应当原封不动地继承这种私产支配权，也就是说，《圣经旧约·创世记》第九章第2节赐予诺亚的权位(title)应当同第一章第28节赐予亚当的权位相同。然而，根据菲尔默的逻辑推下去，上帝的赐予似乎发生了两点重大的变化，一点是支配主体扩大了，上帝赐予了诺亚及其儿子支配权，另一点是支配的标的扩大了，原来亚当的赐予中没有明确言及动物，而诺亚及其儿子的赐予中却明确说：“凡活着的动物，都可以作你们的食物，这一切我都赐给你们，如同菜蔬一样。”对于支配主体扩大的问题，如果按照菲尔默自己的逻辑推下去的话，只能证明亚当没有所谓的私人支配权，因为长子

---

① John Locke, *Two Treatises of Government*, pp. 165 - 166.

继承制要求诺亚的支配权与亚当的支配权严格一致。① 菲尔默当然不能无视这样的经文，他对此的解释是，第一次的赐予给了亚当支配大地和一切造物的支配权，而第二次赐予是允许诺亚有将其他活物作为食物的自由，这里没有改变诺亚的权位，只是扩大了他的食粮。换言之，就是支配权的主体没有改变，仍然是诺亚一人，只是诺亚支配权的标的扩大了。②

根据经文对勘的方式，洛克当然同意支配权的主体没有改变，只是支配权的标的扩大了，但是《旧约圣经・创世记》第九章第 2 节和第 3 节的经文反而证明支配权的主体是全体人类，支配权的客体是低等造物，一则是经文明确说明这是诺亚及其儿子共同享有的权利，二则经文更加明确地呈现出这种以全体人类为主体、以低等造物为客体的支配权是财产权。《旧约圣经・创世记》第九章第 2 节有"连地上一切的昆虫并海里一切的鱼，都交付你们的手"一语，洛克认为，将标的交付到人手里是财产权明确的标志，因为这表示该人已经"占有"了该物。在古日耳曼法和古罗马法中都有将"交付"作为财产占有标志的制度，例如，古罗马法中的"traditio"。财产权最为明显的标志是《旧约圣经・创世记》第九章第 3 节："凡活着的动物，都可以作你们的食物，这一切我都赐给你们，如同菜蔬一样。"在洛克看来，人所"能够"享有的财产权权能中最为明确的标志就是，所有者对所有物的使用能够通过毁损该物的方式来体现，换言之，在洛克看来，财产权中所有者毁损所有物的处分权能成为了财产权最为极端但也最

---

① John Locke, *Two Treatises of Government*, pp. 165 - 166.

② John Locke, *Two Treatises of Government*, pp. 166 - 167. 比较 Robert Filmer, *Patriarchs and Other Political Works ofSir Robert Filmer*, ed. Peter Laslett, Oxford: BasilBlackwell, 1949, p. 64。

具标志性的表达方式。根据菲尔默所谓诺亚有使用其他活物作食物的自由，那么反推回去，就是亚当并不享有这样的自由，亚当所能享有的支配权非常贫乏，作为绝对君主，他想从羊群中取用羊羔果腹而不可得，这是菲尔默的逻辑所推出的一种极端情形。[①] 根据菲尔默的逻辑推出的另一种极端情形就是，既然臣民作为羊群，作为支配对象，亚当作为牧羊人，他当然可以吃掉作为支配客体的臣民。[②] 出现这两种极端情形的原因出自于菲尔默想混同财产权的支配权能和政治权力的支配权能的意图。菲尔默和洛克都会同意，财产权最为极端的表现形式是毁损财物的权能，这种处分权能也是财产权最为显著的标志，政治权力最为极端的表现形式是对臣民处以死刑的权能，这种权能也是政治权力最为显著的标志。[③] 但菲尔默的意图在于，将对臣民处以死刑完全等同于对财物的毁损，这是洛克所不能同意的，洛克的意图是要将财产权与政治权力区分开来，菲尔默的错误在于没有发现牧羊人所享有的支配权和所有者所享有的完全的财产权之间存在区分。菲尔默的这种错误还有更深层次的原因，他没有理解上帝作品模型（workmanship model），洛克将在《政府论（下篇）》论证人类如何获取私有财产，上帝作品模型是洛克财产权理论的重要根据。洛克更为关键的论据在于：

> 因为以人类之间的关系而论，人类虽然可以对造物的某些部分享有所有权，但作为天地的创造者和全世界唯一的主人和所有者的上帝而论，人类对生物的所有权只能是上帝允许过的

---

① John Locke, *Two Treatises of Government*, pp. 167 - 168.

② John Locke, *Two Treatises of Government*, p. 160.

③ John Locke, *Two Treatises of Government*, p. 268.

> “自由使用权”。所以，正如我们在这个地方所看到的，在洪水以后，人类的所有权可以被变更和扩大，以前不许可的用途现在也许可了。从上述的一切，我以为很显然亚当和诺亚都不享有任何“私产支配权”，即对其他造物排他性的财产权……①

人类当然是可以获取私有财产的，但必须注意这是针对何种关系而说的，在人与人的关系当中，人当然可以对低等造物进行私人占有，但在人与上帝的关系中，上帝作为天地的创造者，是整个世界的主和所有者，人是上帝的财产，人对造物所享有的财产权是他所允许的自由使用权，因此，上帝作为整个世界的最终所有者，当然可以任意扩大人类财产权的标的。② 上帝造物模型将在洛克第六章中反驳菲尔默的父权理论时得到更为详尽的展现，“上帝形象”理论只是其冰山一角。

对诺亚及其儿子接受上帝的赐予，菲尔默还有一层解释的意思。菲尔默认为，尽管诺亚的儿子和他一起接受了赐福，但最好将其理解为诺亚的儿子的支配权从属于诺亚的支配权，或者理解为诺亚的儿子将继承诺亚的支配权。如果要将支配权理解为诺亚的私产支配权，要么只能理解为诺亚现在享有最高的支配权，他儿子的支配权从属于他，要么理解为他的儿子将在未来享有这种支配权。对普通法专家菲尔默，洛克讽刺地说，菲尔默将儿子的支配权理解为了“地产归复权”(reversion)。③ 如果按照诺亚的儿子将会继承诺亚的支配权来理解，就意味着诺亚一个人享有支配权，他的儿子进行任何活动都

---

① John Locke, *Two Treatises of Government*, p. 168.
② John Locke, *Two Treatises of Government*, pp. 167 - 168.
③ John Locke, *Two Treatises of Government*, pp. 163 - 164.

必须征得他父亲的允许，恐怕连与妻子同房都要征得父亲允许，如果这样的话，那极端的情形就是人口凋零，而这和第四章开篇引用的《旧约圣经·创世记》第一章第28节经文是相矛盾的，因为上帝的要求是"要生养众多，遍满地面，治理这地"，在洛克看来，这经文所暗含的上帝意图是，艺术和科学的改善以及生活的便利。[①] 如果按照菲尔默的逻辑，让亚当僭越上帝的位置，成为主权者和整个大地的所有者，那么亚当对整个大地的所有权将带来他对他人生命、人格专断的、主权性的权威。最为极端的情形就是如果臣民不承认亚当的主权，遵从他的意志，他可以不给臣民食物，任意将其饿死。赋予某人利用他人对生活必需品的需要，而乘机享有任意毁灭他人的权力，这与上帝意图相违背。洛克认为，如下对上帝意图的理解更为符合理性："既然上帝吩咐人类生育繁衍，他自己就应该给予全体人类以一种利用食物、衣服和其他生活便利的权利——这些东西的质料上帝已为他们作了那样丰富的供应——而不应该使他们的生存从属于一个人的意志，这个人具有随意毁灭他们全体的权力，而他由于不比别人好些，往后因为贫乏和只靠微薄产业赖以为生，更有可能会强迫他们去从事苦役，而不会慷慨地给予他们生活便利以促进上帝吩咐人类'生育众多'的重大意图。谁要怀疑这一点，就请他把世界上的绝对君主制考察一下，看看在人民生活的便利成了什么样子，人口的繁盛成了什么样子。"[②]

他的意图是要人"生养众多，遍满这地"，为了达到他的意图，他会赋予人类全体获取生活必需品和其他生活便利的权利，这种权利

---

① John Locke, *Two Treatises of Government*, pp. 164 - 165.

② John Locke, *Two Treatises of Government*, pp. 169 - 170. 洛克：《政府论（上篇）》，第34页。译文根据英文略有改动。

是人类实现上帝意图的手段。上帝的意图不仅仅是赋予人获取生活必需品的权利，而且还有追求生活便利的权利，如何理解“便利”将会成为理解《政府论（下篇）》中建立政府动机的关键。笔者认为，“便利”似乎应当理解为满足生活必需之后的主观善。中译本遗憾地没有表现出洛克对生活必需品和其他生活便利的区分，笔者认为这一区分对洛克是重要的。因为进入《政府论（下篇）》的政治社会形成的讨论后，我们将会发现，洛克眼中进入政治社会的主要原因是自然状态的**不便**，人类在自然状态下是不能够便利地追求自己的主观善的，因为当每个人在自然状态下追求自己的主观善时，会发生冲突，但在自然状态下缺乏实证法、公正的法官及执行自然法的机构。[①] 根据菲尔默的理论，亚当是整个大地的所有者，那么其他人的食物、衣服等基本的生活需要都只能依赖于亚当，生活必需当然指人除此不能生存的需要，如果这种基本的生活需要被剥夺，他人将陷于非常紧迫的境地，而亚当利用他人的这种紧迫境地来建立政治权力，这是不正义的，在这样的财产权的基础上是不能建立政治权力的，因为洛克说：

> 所以一个人不能够基于土地的所有权或财产权而取得对别人生命的正当权力，因为任何有财产的人如果不肯从他的丰富财物中给予他的兄弟以救济，任他饥饿而死，这将永远是一种原罪，正如“正义”给予每个人以享受他的正直勤劳的成果和他的祖先传给他的正当所有物的权利一样，“仁爱”也给予每个人在没有其他办法维持生命的情况下以分取他人丰富财物中的一部分，使其免于极端贫困的权利。一个人如果乘人之危，利用拒绝

① John Locke, *Two Treatises of Government*, pp. 350 - 351.

> 拿出上帝要求他提供给贫困兄弟的救济的办法,强迫他成为自己的臣属,这种行为之不义,不亚于一个力量较强的人抓住一个较弱的人,主子气十足地逼他服从,拿着匕首对着他的咽喉,威胁他不当奴隶就是死亡。①

菲尔默想把财产权利和政治权力都统一到支配权(Dominion)的概念之下,同时具有管辖权和所有权的意思。② 洛克在前文初步区分了财产权利和政治权力,在这里洛克进一步强调,即便我占有所有的财产,我也不能要求一无所有者在政治上服从我,因为我在政治上对他没有管辖权(jurisdiction)。③ 洛克将在后文中论证,之所以要区分财产权利和政治权力,是因为两种权利的起源、目的和范围不同,这里洛克初步涉及了财产权利和政治权力的起源是不同的,正如上述引文所看到的,"正义"原则要求个人有权享有自己诚实劳动的成果,并且作为财产权的延伸,享有继承的权利,这符合"各得其所"的正义原则,财产权利的起源是劳动。而洛克在下一节中将初步提到,政治权力起源于同意:

> 纵使有人将上帝以其慷慨之手赐予他的祝福用到了相反的地方,纵使有人残酷不仁到那样的极点,这一切仍不能证明土地的所有权,即使在这个实例中,能给人以支配别人人格的权威,

① John Locke, *Two Treatises of Government*, p. 170. 洛克:《政府论(上篇)》,第 34 - 35 页。译文根据英文略有改动。

② Janet Coleman, "Dominium in Thirteenth and Fourteenth-Century Political Thought and its Seventeenth-Century Heirs: John of Paris and Locke," p. 76.

③ John Rawls, *Lectures on the History of Political Philosophy*, Cambridge, Massachusetts: The Belknap Press of Harvard University Press, 2007, p. 143.

而只有契约能够产生这样的权威。因为富裕所有者的权威和穷困乞丐的从属地位，并不是起源于主人对土地的占有，而是起源于穷人在宁愿做主人的臣仆而不想挨饿的情况下所表示的同意。①

至此，洛克完成了第四章开头的两个论点的论证：上帝没有赐予亚当支配其他人类的政治权力；上帝也没有赐予亚当占有其他一切造物的私产支配权。根据菲尔默的理论，财产权利和政治权力都统一于支配权的概念之下，政治权力建立在财产权利的基础上，因为上帝将其他一切造物赐给亚当作为私产支配权，别人非经他的授予、允许和继承，不得占有任何东西。② 在亚当的私产支配权的基础上，别人迫于生活之需，只能依赖于亚当。因为财产上依赖于亚当，在政治上不得不服从亚当，因此，人是不独立的，由于独立是自由的必要条件，因而人也是不自由的。又由于在财产占有上，其他人与亚当处于0比100的悬殊地位上，因而人也是不平等的。而洛克则借助“上帝形象”理论有力地反驳了菲尔默。人是按照上帝的形象造的，分有上帝的理性，是理智的造物，因而具有支配低等造物的能力，上帝是将低等造物赐给整个人类全体共有，而非亚当私人所有。③ 每个人因为具有理性能力，因而是自由的。④ 每个人都有理性能力，这一点每个人都是相同的，人类作为同一个类别共同接受上帝的赐予，因而是平等的。按照菲尔默的理论，不可能实现上帝“生养众多，遍布这地”

① John Locke, *Two Treatises of Government*, pp. 170－171. 洛克：《政府论(上篇)》，第35页。译文根据英文略有改动。

② John Locke, *Two Treatises of Government*, p. 156.

③ John Locke, *Two Treatises of Government*, p. 169.

④ John Locke, *Two Treatises of Government*, p. 308.

的重大意图，不可能实现人类追求**便利**的权利。菲尔默更深层次的错误在于没有理解“上帝作品模型”，只有上帝才是所有造物的所有者和主权者，所有者和主权者统一在上帝这里，人只能依赖于上帝，彼此之间是独立的，因而也是自由的，而在君主这里财产权利和政治权力是要区分开的，财产权利并不是政治权力的基础，亚当没有支配其他人类的政治权力。

4.2.3　亚当与夏娃

菲尔默论证亚当拥有主权的另一段重要经文是《旧约圣经·创世记》第三章第 16 节：“你必恋慕你的丈夫，你的丈夫必统治你”，菲尔默对此的解读为“这是政体的最初授与”，“最高的权力是落在父亲的身份上，并且只限于一种形式的政体，这就是君主制。”①

洛克自己对这段经文的解读首先是这样的，这些话是上帝对女人最严重不服从的诅咒，而亚当在这次不服从的过程中也做了夏娃的帮凶，同样受到了诅咒，只是亚当的诅咒比夏娃要轻，地位降得没有夏娃那么低，这是上帝在宣布他的判决，判决对亚当和夏娃的惩罚。让洛克费解的是，菲尔默怎么会这样理解：“……上帝在这个时候授予亚当以专权和特权，授与他以尊严和权威，提高他到享有支配权和君主权的地位……”上帝这里所做的判决是，在亚当和夏娃违反遵从神意的服从性义务后，亚当与夏娃应当承担起接受惩罚的法律责任，这是洛克在《自然法论文集》中对于义务的定义。② 洛克认为，很难将上帝宣布惩罚的判决理解成信托给亚当治理夏娃权力的判

---

① John Locke, *Two Treatises of Government*, p. 171.

② John Locke, *Essays on the Law of Nature*, pp. 183 - 184.

决。如果将上帝判决亚当靠劳动养活自己的惩罚理解为授与他特权，那么亚当这样的君主也太可怜了。“上帝命他做工来养活自己，似乎还只是把一把锄头交给他手里，让他去征服大地，而不是交给他一个王杖去治理地上的居民。”洛克再次强调上帝只是让亚当去征服大地和低等造物，他支配的客体是低等造物，而不是地上的其他人类。菲尔默对此的答复是，上帝对亚当的诅咒并不是对亚当一个人说的，而是把亚当作为全体人类的代表，因为堕落而有了原罪，接受上帝的诅咒。① 洛克再次运用了他字面解释圣经的解经方式，认为圣经字面上所用的是单数，是上帝针对亚当一个人说的，惩罚只是针对亚当一人，后代并不承担亚当的原罪。② 这里有两个问题需要在后面处理：第一，传统的基督教里，劳动被看作是亚当所接受的惩罚，是痛苦的，为何在《政府论（下篇）》第五章里成为私有财产权的来源，是需要仔细讨论的；第二，洛克实际上在这里对原罪问题提出质疑，传统的基督教里，死亡被看作是人类原罪所接受的永罚，而这里洛克似乎认为亚当所犯下的罪过由他自负其责，并不殃及后代。在《基督教的合理性》中洛克认为，亚当的后代继承亚当的不是原罪，而是有朽性。③

洛克当然不得不承认经文上称夏娃受亚当的统治，但是，洛克将夏娃受亚当的统治首先理解为对女人命运的预言，并不具有规范性的维度，洛克是这样说的：

> 如果我们依照这些话的原意把它们理解为专对夏娃说的

---

① John Locke, *Two Treatises of Government*, pp172 - 173.

② John Locke, *Two Treatises of Government*, p. 173.

③ John Locke, *The Reasonableness of Chritianity*, p. 106.

> 话，或通过她作为代表对一切其他女人说的话，那么它们至多也只与女性有关，其所包含的意思也不外是女人们通常对丈夫的服从，但是或者由于她自己与丈夫所定的条件或契约使她可以免去这种服从，那就不能说这里存在着法律，令妇女有义务服从他的，如同若有办法避免生育儿女的痛苦，也没有什么法律规定她非受这种痛苦不可，这也是上面所说的对她的同一诅咒中的一部分。①
>
> 据我看上帝在这段经文中并没有给予亚当以对夏娃的权威，也没有给予男子以对其妻的权威，而只是预言女人可能遭受的命运，即依照上帝的天命，他想要作出规定，使她必须服从她的丈夫，正如人类的法律和各国的习惯一般规定的那样，我认为世间这种规定是具有一定自然的基础的。②

如果我们记得《政府论(上篇)》第三章洛克对天命的理解，洛克将天命理解为未来发生的事实，③如果女人服从丈夫理解为一种天命的话，那么女人服从丈夫是一种事实，而不是一种规范。将女人服从丈夫的预言还原为“如果……那么……”的语言结构的话，是“如果女人结婚，那么她通常会服从她的丈夫”，女人承受生育儿女的痛苦可以做同样的还原，即“如果女人生育儿女，那么她通常会承受痛苦。”但这两个结构都是一种事实的结构，而不是一种规范的结构，即“如果女人结婚，那么她**应当**服从她的丈夫”，“如果女人结婚，那么她**应**

① John Locke, *Two Treatises of Government*, p. 173. 洛克：《政府论(上篇)》，第 38 页。译文根据英文略有改动。

② John Locke, *Two Treatises of Government*, p. 174. 洛克：《政府论(上篇)》，第 39 页。译文根据英文略有改动。

③ John Locke, *Two Treatises of Government*, p. 152.

当承受痛苦”，如果要产生规范性的维度，除非亚当是夏娃的创作者(author)，夏娃是亚当的作品，尽管夏娃是亚当的肋骨所造，但二人都是上帝的作品，上帝才是最终的创作者，作品模型才能产生权威(authority)，权威才具有规范性维度，因此，洛克这里说亚当对夏娃没有权威，男人对女人没有权威。上帝作品模型将在对第六章的讨论中得到更为充分的阐释。但是，洛克也为自己留了后路，女人对男人的服从是通常会发生的习惯，为很多国家的习惯所规定，那么这种规定还是有一定的自然基础，即男女的自然差异。因此，洛克又接着说：

> 如果说这话给予了亚当以任何权力的话，它只能是一种婚姻上的权力，而不能是政治权力——在家庭中丈夫作为财物的和土地的所有者而具有的处理有关私人事务的权力，以及在一切有关他们的共同事务上，丈夫的意志优于他妻子的意志；但不是对妻子有生杀之权的政治权力，对其他人就更谈不到了。①

综上所述，洛克反对将夏娃服从于亚当理解为“政体的最初授与”，主要基于三个理由：第一，亚当在堕落中是夏娃的共犯，上帝对亚当实行惩罚的判决，不能理解为上帝授与亚当权力的判决；第二，上帝对夏娃的诅咒是对女人命运的预言，既然是对事实的预言，那么不能将上帝的预言理解为具有规范性的法律；第三，即便将上帝的对女人必将承受生育痛苦的预言理解为法律，即便男人因此被上帝授

① John Locke, *Two Treatises of Government*, p. 174. 洛克：《政府论(上篇)》，第 39 页。

予权力，这种权力也只是婚姻权力，而不是政治权力，两者是截然分开的，第三点是最为重要的。到第五章，洛克基本完成了对菲尔默"亚当主权"问题圣经论证的批判，进入第六章后，洛克要开始完成菲尔默"亚当主权"问题自然论证的批判。

4.3 洛克对菲尔默自然论证的批判

进入第六章后，洛克开始对菲尔默"亚当主权"问题的自然论证展开攻击，如同《政府论(上篇)》第三章所看到的，菲尔默自然论证的基础是基于父亲的自然权利。[①] 菲尔默的主要论点是：首先，亚当基于"父亲身份"的自然权利而享有主权；其次，不光是亚当，连以后的父亲们，基于父亲身份的权利都具有对他们儿女的主权，这种儿女的服从是一切君主权威的根基。洛克认为菲尔默既然诉诸自然论证，就是在诉诸理性(reason)，那么我们当然期待他会为他上述的论点提供清楚和明确的理由(reason)，因为他在这里的探讨实际上是在探求君主权威的起源和原因(original and cause)。菲尔默似乎也给出了理由，他说，"每个人都是生而不自由的，他从一出生便成为生育他的父亲的臣民。"在菲尔默的逻辑里，只有亚当是被上帝创造出来的，而其他人都是亚当生育出来的，那我们就要进一步追问，亚当获得对儿女的主权的理由何在？菲尔默认为，理由在于亚当生育了儿女，为了进一步证明，他引用了格劳秀斯的资源："生育使父亲获得对子女的权力"。[②]

---

① John Locke, *Two Treatises of Government*, pp. 153 - 154.

② John Locke, *Two Treatises of Government*, p. 174. Cf. Filmer, *Patriarcha and Other Writings*, p. 226. Hugo Grotius, *The Rights of War and Peace*, p. 508.

格劳秀斯自己并没有对父权的范围给出界定，而且菲尔默所引用的这句话“生育使父母获得对子女的权力”与格劳秀斯自己对父权的理解并不是那么协调，正如有学者指出的，格劳秀斯所理解的父权是有限的权力，而不是绝对的权力，而这种权力的有限性首先来自其期限是有限的。格劳秀斯认为父权随着子女成长阶段的不同而有所不同，他主要将其分为三个阶段。第一个阶段，子女尚缺乏理性和培养理性的教育，类似于野兽，父亲因为对子女的权力主要是为子女自己的利益而产生的。第二个阶段，尽管子女已经达到了能够运用理性的年纪，但是在经济上尚依赖于父亲执掌大局的家庭。前两个阶段父亲权力较大，这主要表现为对子女财产的处分权，这源自于子女在理智上和经济上的依赖性。第三个阶段，子女搬出家庭，对自己的财产有了独立的处分权，但是基于自然的感情，父亲享有子女对其孝敬的权利，但这种孝敬的权利是非常有限的，已经不再享有对子女财产的处分权。因此，在格劳秀斯这里，父权在两种意义上是有限的，其处分权有时间限制，在子女完全独立后的第三个阶段，演变为孝敬的特权(previlige)，这种特权的性质本身就具有有限性。从格劳秀斯对父权的整个阐释来看，“生育使父亲获得对子女的权力”这句话在其整个父权体系中就显得非常地不协调，很难理解生育怎么会产生父亲要求子女绝对服从的道德权威。① 菲尔默将这句话突兀地抽出来，得出了与格劳秀斯父权体系背道而驰的结论，父权是最高的权力，像绝对君主对于他们的奴隶所享有的权力那样，是生杀予夺的绝

---

① Andrew Franklin-Hall, “Creation and Authority: The Natural Law Foundations of Locke's Account of Parental Authority,” *Canadian Journal of Philosophy*, Volume 42 Number 3/4, Septermber/December 2012, p. 258.

对权力。[1] 生杀予夺的权力涉及主权的标志问题，在菲尔默和洛克的眼中都是如此。[2] 菲尔默的意图是要等同父权与政治权力。那我们如果进一步追问生育给予父亲对子女生杀予夺的权力，其理由何在？洛克嘲笑菲尔默不擅长论证，自己没有给出理由，倒是别人为父亲所享有的绝对权力提供了这样的论证："儿女的生命和存在是从父亲来的，所以父亲享有对于他们儿女的生命的权力"，这是唯一可能作出的论证。但是，严格来说，儿女的生命不是父母赏赐的，而是上帝赐予的。儿女不是父母的财产，而是上帝的财产。对于上帝的财产，父亲没有理由主张权利。[3]

4.3.1　上帝作品模型

洛克对这一论证的回答分为两点：首先，凡是给别人东西者不一定因此就总有取回这东西的权利；第二，那些说父亲是给予他的儿女以生命的人们让君权思想弄昏了头脑，以致忘记了他不应该忘记的一个事实，即上帝是"生命的创作者和给与者"；我们只有依靠上帝，才能生活、运动和生存。[4] 洛克开始正式阐述他的"作品模型"(workmanship model)：

> 所谓把生命赋予不存在的东西，就是指一个有生命的造物把它的各部分形成起来，使之适合于它们的用途，并在把它们装配停当之后，将一个活的灵魂放入其中。能够这样做的人也许

---

① John Locke, *Two Treatises of Government*, p. 177.

② John Locke, *Two Treatises of Government*, pp. 236, 268.

③ John Locke, *Two Treatises of Government*, p. 178.

④ John Locke, *Two Treatises of Government*, p. 178.

真的可以有某些借口来毁灭他自己的作品。但是，有没有人竟然大胆和妄自尊大到这样的程度，认为自己可以做万能的主——只有万能的主最先和持续创造活的灵魂——不可理解的工作呢？只有上帝才能吹动生命的气息。如果有人认为自己就是这样一个良工，那么，请他把他所造的孩子身体上的各部分数一数，告诉我它们的用处和运行，有生命和有理智的灵魂是在什么时候开始进入这令人好奇的结构中的，感觉是从什么时候开始的，以及他所制成的这部机器是怎样进行思想和推理的。如果真是他所制作的话，在它坏了的时候，就请他去修理，或者至少要请他指出毛病是在什么地方。《诗篇》的作者说(《诗篇》第九十四章第9节)“造眼睛的难道自己看不见吗?”看看这些人的虚荣吧！单是一部分的结构已经足以使我们深信上帝是一个智力无边的创造者，因此，和他精工制造的作品一样，他显然有理由享受《圣经》上通常给与上帝的一种称呼，“我们的制作者上帝，我们的创造主”。因此，纵然我们的作者为了夸张他的“父亲的身份”起见，随意说“即使上帝自己对人类行使的权力也是基于父亲的身份的权利”，但是这种父亲的身份却是完全与地上父母的一切权位格格不入的；因为上帝之所以为主，在于他的确是我们一切人的制作者，而所有的父母却不能以儿女的创作者自居。①

这是洛克对“作品模型”相对完整的阐述。“作品模型”简单地理

① John Locke, *Two Treatises of Government*, p. 179. 洛克：《政府论(上篇)》，第44-45页。译文根据英文略有改动。

解就是一个主体拥有他所创造的作品，他是该作品的制作者(maker)、创作者(author)和所有者(proprietor)，而被创造出来的东西则是他的造物(creature)、作品(work)和财产(property)，他因为创造而享有对作品的支配和权威(dominion and authority)，他享有对自己作品的财产权。从以上的文本可以看出，上帝是人类的制作者、创作者和所有者，人类则是上帝的造物、作品和财产。这就出现了上帝与人类关系的讨论。而人类与自己通过劳动而产生的私有财产与此存在一定的关系。需要进一步追问的是，为什么制作者就享有对作品的财产权？他的权利来源是什么？

塔利的《关于财产权的话语》中对洛克的"作品模型"提供了详尽而具有启发意义的阐述，对他阐述的回顾有助于我们对上述问题的理解，但我们也必须指出他阐述中存在的问题。塔利追随洛克同时代的洛克作品翻译者巴贝瑞克(Barbeyrac)指出，首先，洛克的作品模型是其自然法理论的基础，其次，要理解洛克的作品模型需要先理解他对模态(modes)和关系的阐述，再次，洛克对实质本质的阐述为政治理论在知识上的优先性奠定了基础。[①] 所以，要理解洛克的"作品模型"需要简要地回顾洛克的认识论。首先需要解释的是"观念"(idea)一词，洛克将"观念"定义为"最足以代表一个人在思想时理解中所有的任何对象(object)"。[②] 洛克又将观念区分为简单观念和复杂观念。复杂观念包括三种：模态(modes)、实体(substances)和关系(relations)。模态所指的复杂观念是，这些复杂观念怎样组合成，并不含有自己存在的预设，它们只是实体的一些附性或性质，就如

---

① James Tully, *A Discourse on Property*, p. 7.

② 洛克：《人类理解论》，第5页。译文根据英文略有改动，参见 John Locke, *An Essay Concerning Human Understanding*, p. 47。

“三角形、感激心、暗杀”等等名词所指示的那些观念。而模态又分为简单模态和混合模态，简单模态只是同一简单观念的各种变化或各种组合，其中并没有混合其他观念，混合模态由几种不同的简单观念组合成复杂的观念。实体观念也是简单观念的组合体；这些简单观念的组合体代表着独立自存的一些独立的、特殊的事物；而且在这些事物中，那个预设或含混的实体观念，永远占着首要地位。关系观念则是由考究和比较各种观念得来。[①] 所谓定义，只是不过以一些同义字来指示另一个文字的意义。文字的意义既然只是应用文字的那个人用它们所表示出的那些观念。[②] 而概括性文字的得来，是因为它们被人作为概括的观念的标记。观念之所以成为概括的，乃是因为人们把它们从时间，空间的特殊情节，以及决定它们成为或此或彼的特殊存在的其他观念分离开。[③] 洛克又进一步将抽象观念分为三类：第一点，简单观念都是摹本(ectype)，都一定是相称的。第二点，实体观念虽然也是摹本，但是不相称的。复杂的实体观念也是摹本，不过是不完全的，不相称的。因为人的心智分明见到，它纵然尽力把任何实体的一些简单观念集合起来，它也不能确信，它所集合的那些观念确当于那个实体所含的一切观念。第三点，模态观念和关系观念都是原本，所以不能不是相称的。复杂的模态观念和关系观念，都是原本(archetype)，都是原型(originals)。它们不是摹本，不是照着真实存在的模型做成的，心智并不期望它们和一个模型相契合，精确的相

① 洛克：《人类理解论》，第131—132页。译文根据英文略有改动，参见 John Locke, *An Essay Concerning Human Understanding*, pp. 164 - 166。

② 洛克：《人类理解论》，第404页。译文根据英文略有改动，参见 John Locke, *An Essay Concerning Human Understanding*, p. 422。

③ 洛克：《人类理解论》，第392页。译文根据英文略有改动，参见 John Locke, *An Essay Concerning Human Understanding*, p. 410。

对应。[1]"除了实体观念,一切复杂观念都和事物互相契合——除了实体观念以外,我们的一切复杂的观念都是人的心智自己所造的原本(archetype),它们并不被认为是任何事物的摹本(ectype),也不以任何事物的存在为原型,而与之参照。"[2]塔利对抽象观念的分类忽略了简单观念是摹本这一条,直接讨论了复杂观念的两种分类,而且他遗落了讨论模态观念的《人类理解论》第二卷第三十一章第 14 节。[3] 但是,他仍然给我们理解洛克的作品模型以重要的指示,即从摹本和原本的分类入手。如洛克的文本所示,语言是对观念的表示,而抽象掉观念特定的时间、空间等特殊情节,就能和其他特殊观念区隔开,从而得到抽象观念,以现实中是否有其对应的存在为分类标准,抽象的观念可以分为摹本和原本,简单观念和实体观念都在现实中有对应的存在,但是简单观念与其存在是相称的,因为它所表示的不过是存在在人的心智中发生的力量(power)作用而产生的感觉,就像洛克写作的纸所产生的白色在心智中并没有这样的内在观念。而实体观念与其存在是不相称的,因为尽管心智可以将简单观念集合起来,但他不能确信他所集合起来的实体观念与其实际存在完全相称。因此,人类不可能对作为摹本的实体观念产生确定的知识,其结果是洛克认为对自然哲学不可能产生确定的知识。"人"的观念是这样的:"某种形相的观念如果同运动、思想、推理等等能力结合起来,

---

① 洛克:《人类理解论》,第 362—363 页。译文根据英文略有改动,参见 John Locke, *An Essay Concerning Human Understanding*, pp. 382 - 384。

② 洛克:《人类理解论》,第 556 页。译文根据英文略有改动,参见 John Locke, *An Essay Concerning Human Understanding*, p. 504。

③ James Tully, *A Discourse on Property*, p. 7.

加在实体观念上，则我们便有了寻常的人的观念。”[①]对于人的真正组成，我们人类是不清楚的，因此，他在驳斥菲尔默“生育产生政治权力”时才会说：“一个连自己的生命是由什么组成的都不知道的人，怎样可以认为他给予别人以生命呢？哲学家们虽经过孜孜不倦的研究，也对此感到茫然不解，解剖学家们在毕生的从事解剖并研究人类的身体之后，也承认他们对于人类身体的许多部分的结构与用途，以及整个说来生命是怎样起作用的这些问题一无所知。”[②]而模态和关系作为原本，在现实中没有存在，不以任何事物的存在为原型，是人的心智所造的，因此，人类对自己所造的东西应该有确定的知识，例如几何、政治、道德及法律等，政治理论相比于自然哲学的知识具有优先性。

洛克认为本质有两种含义：“第一，所谓本质可以当作任何事物的存在(being)看，而且物之所以为物，也就全凭它。因此，事物的内在组成(constitution)(这在实体方面往往是不能被人认识的)，就是可感性质所依托的，因此，它就可以称为本质。本质一词原义也正是如此的，这是由其字源就可以推知。因为本质 essentia 一词原义就是存在。”第二，“经院中因为忙于探究并辩论事类(Genus)和种相(Species)，因此，本质一词几乎失其原义。因此，‘本质’一词就不用于事物的实在的组成(constitution)，而几乎完全用于类和种的这种人为的组织。自然，人们也往常假设物种有其实在的组成(constitution)，而且我们也分明地知道，一定有一种实在的组成，然

① 洛克：《人类理解论》，第 132 页。译文根据英文略有改动，参见 John Locke, *An Essay Concerning Human Understanding*, p. 165。

② John Locke, *Two Treatises of Government*, p. 178. 洛克：《政府论(上篇)》，第 44 页。译文根据英文略有改动。

后共存的简单观念集合体才有所依托。不过我们分明看到，各种事物所以归在某某‘种相’下边，只是因为它们同那些种相所表示的抽象观念相契合，因此，事类或物种的本质，并不是别的，只是那些类名和种相所表示的抽象观念。普通所用的本质一词，多半指这种含义而言。这两种本质，我想一种正可以叫做实在的本质（real essences），另一种正可以叫做名义的本质（nominal essences）”。[①]“实在的和名义的本质，在简单的观念和模态方面是同一的，在实体方面是差异的，我们既把本质分为名义的和实在的两种，因此，我们可以进一步说，在简单观念和模态方面，它们永远是同一的，在实体方面，它们永远是差异的。就如空间被三条线所围后所成的形相，既是一个三角形的名义本质，也是它的实在本质，它不但是那个概括的名称所表示的那个抽象观念，而且也正是事物的本身存在，也正是事物的一切性质所依的那种本质，也正是那些性质完全不能离开地联合着的那种本质。不过说到我指上这个指环，则形成它的那一团物质便完全同三角形两样，在这方面，那两种本质是显然有别的。因为黄金的颜色，重量，可溶性，确定性，等等性质，所依靠的微妙部分的实在组成（constitution），才使那团物质成为黄金，使它有权利得到黄金的名称，这个名称就是黄金的名义本质所在。”[②]“混合模态的名称往往能指示它们的实在本质——由前所说的看来，我们还可以看到另一件事，就是，混合模态的名称（如果它们有任何确定的意义），往往能表示那些事类（或物种）的实在的本质。因为抽象的观念既是人

---

① 洛克：《人类理解论》，第 398—399 页。译文根据英文略有改动，参见 John Locke, *An Essay Concerning Human Understanding*, p. 417。

② 洛克：《人类理解论》，第 400—401 页。译文根据英文略有改动，参见 John Locke, *An Essay Concerning Human Understanding*, pp. 418－419。

心智的作品（workmanship），而不与实在存在的事物相参照，因此，我们假设那个名称所表示的，并没有别的，只是心智所形成的那个复杂的观念。而且那个事类（或种相）的一切性质，也就都依靠于这个观念，而且它们也都是由此所流出的。因此，在这类名称方面，实在的和名义的本质便合二为一。”①“每个物种的本质都是抽象的观念——每个物种所以能有其特有的性质，并且能和别的物种有别，原是因为它有它的尺度和界限；这种界限就是所谓的本质，这个本质就是附有名称的一个抽象观念；因此，这个观念中所包含的一切事物，都是那个物种所必需的。不过这个本质虽然就是我们所‘知道’的一切自然实体的全部本质，而且我们也以它来分类各个实体，可是我仍叫这种本质为名义的本质，以别于实体的实在组成。名义的本质，和物种的一切属性，都依靠于实在的组成，，因此，这种组成，如前所说，就可以叫做实在的本质。类如黄金的名义本质，就是黄金一词所表示的那个复杂观念，例如，就是一个色黄、量重，可熔，而且固定的物体。至于所谓实在的本质，就是那个物体的不可察觉的各个部分的组成，黄金的这些属性，以及别的属性，都依靠于此。这两种本质虽都是叫做本质，可是它们是很差异的，这在一看之下，就可以发现出来。”②

塔利在这里提出了非常有启示性的论点，因为洛克在上述的文本中将“原因”、“起源”等作为“实在本质”、“实在组成”的同义词使用，这种用法在十七世纪是非常频繁的，在“混合模态”和“关系”中，实在本质与其属性的因果关系就如同三角形的实在本质与其属性一

① 洛克：《人类理解论》，第 420 页。译文根据英文略有改动，参见 John Locke, *An Essay Concerning Human Understanding*, pp. 436－437。

② 洛克：《人类理解论》，第 422—423 页，译文根据英文略有改动，参见 John Locke, *An Essay Concerning Human Understanding*, p. 439。

样。原因解释了属性为何做如此的组成。[①] 洛克自己对原因和结果的理解是这样的："所谓原因，就是能使别的事物（简单的观念，实体或模态）开始存在的。所谓果就是由别的事物开始存在的。"[②]我们对洛克因果关系的理解，不能因为洛克使用了"开端"这一具有时间意味的词就认为是一种时间上前后相继的关系，洛克使用的"开端"与"原则"有相当的关系，指的是推论开始的起点。在十七世纪的时候，对因果关系的理解随着科学的发展有了全新的发展，在洛克同时代的皇家协会（Royal Society）成员亨利·奥登伯格（Henry Oldenburg）写给斯宾诺莎的一封信中，他曾经表示，事物的形式和性质最好能用机械的原则予以解释。他的这一表示需要澄清的是，在十七世纪新的实验科学中，对因果关系的解释不再是现在通常意义的时间上的前后相继，一个理论和现象的关系需要用"如果……那么……"的关系予以解释，而不是用"当……发生时，那么……"的关系进行解释，理论的解释变成了一种一般性的命题，人对自然界进行科学解释的方法变成了"假设-证明"（hypothetico-dedcutive）的方法。洛克的好友波义耳（Boyle）也说，要解释一种现象，我们必须清楚地展示一般的原因如何产生了命题中所假设的后果，解释和原因的发现被等同起来。原则是关于原因的陈述，现象就是结果，这是由于原因产生了结果，这种结果是原则能够成功解释的。这种因果关系转化为了"如果……那么……"的具有形而上学意味的关系。"解释之所以能成为成功的解释，是因为事物正如解释那样之所是。如果一种解释为真，

① James Tully, *A Discourse on Property: John Locke and His Adversaries*, Cambridge: Cambridge University Press, 1980, p. 20.

② 洛克：《人类理解论》，第 298 页，译文根据英文略有改动，参见 John Locke, *An Essay Concerning Human Understanding*, p. 325。

那么不仅所描述的现象在逻辑上跟随这一解释，而且现象本身就是解释所宣称的事物状态的结果。物理解释对原因的解释在这个意义上是形而上学的；不是通过在时间的先后顺序上让一个现象与另一个现象必然或不变地联系在一起，而是将所有现象作为真正特定事类的事物的结果联系在一起。”①人类对人的实在组成，即各个部分是如何组成起来是不可察觉的。因为，首先，人类对人的实体是不知道的，具体而言，是人类首先对运动、思想、推理等属性所附着其上的“人”这一实体是不知道的。其次，人类对运动、思想、推理等属性如何和人这一实体组合成“人”也是不清楚的。“……它们的各种特性所依靠的那种内在组成，我们是完全不知道的……在大宇宙的全部结构中和其各部分中，全知全能者的作品，远非世上最好问、最聪明的人所能了解，正如最伶俐的人的最妙机括远非理性动物中之最愚昧的人所能了解的一样，而且还更有甚于此者。因此，我们并不能以各种事物实在的本质，来归类它们，来命名它们，因为它们的实在本质远非我们所能发现所能了解的。一个人如果可以凭自己所不知的内在组成，来分类事物，则一个瞎子也可以凭颜色来归类事物。”②因此，洛克才会说，“所谓把生命赋予不存在的东西，就是指一个有生命的造物把它的各部分形成起来，使之适合于它们的用途，并在把它们装配停当之后，将一个活的灵魂放入其中。能够这样做的人也许真的可以有某些借口来毁灭他自己的作品。”③只有上帝才会明了将人的各个部分组成的原因和原则，只有他才明了“创造”的原则。洛克

① Grene Marjorie, Causes, *Philosophy*, 38,1963, pp. 151 - 159.

② 洛克：《人类理解论》，第 428 页，译文根据英文略有改动，参见 John Locke, *An Essay Concerning Human Understanding*, pp. 444。

③ John Locke, *Two Treatises of Government*, p. 179. 洛克：《政府论(上篇)》，第 44 页。译文根据英文略有改动。

对创造是这样界定的，"一种东西如果完全是新作成的，而且它的任何部分以前都不曾存在过，我们便叫这种东西为创造。"[①]而菲尔默所谈论的"生殖"是另外一种因果关系，洛克说，"一件事物所由以造成的各个分子如果都是以前存在过的，可是由先前分子所组成的那个事物本身，如果以前并没有存在（如这个人、这个卵、玫瑰、樱桃等类），这就形成另一种事物的起源……这一类的事物的起源又可以分为三项：第一为生殖(generation)，第二为制作(making)，第三为变化(alteration)。""一种实体如果是在自然的寻常途径中由内在的原则所发展出的，可是在发展前，又先受了外面的主力或原因，而且它的作用也是由我们所察觉不到的一种途径往前进行的，这就叫做生殖。"[②]人的实体、人的各个组成部分在上帝创造之前是不存在的，人的存在是上帝无中生有创造出的结果，然而生殖所组成的部分却是先前已经存在的，它在发展前已经受到了外面的主力或原因，上帝在发展前已经对人的本质和各个组成部分做好了规定，给这令人好奇的结构吹入了理智和活的灵魂。[③] 上帝作为无限理智者，在创造的过程中非常明了自己创造的意图，然而，相比于上帝的创造，人的生殖却是受激情本能驱使的非理智活动，因此，洛克说：

> "但是，假令人类有制作自己儿女的技巧和能力，那也不是一件十分简单的作品，以致可以设想他们能够在没有意图的情况下就被造出来。当生儿育女的时候，在一千个父亲中，有那一

① 洛克：《人类理解论》，第298页，译文根据英文略有改动，参见 John Locke, *An Essay Concerning Human Understanding*, pp. 325。

② 洛克：《人类理解论》，第298页，译文根据英文略有改动，参见 John Locke, *An Essay Concerning Human Understanding*, pp. 325。

③ John Locke, *Two Treatises of Government*, p. 179.

个除了满足他当时欲望外还有什么更长远的思想呢？上帝以他的无限智慧，把强烈的性交欲望安置到人类的体质之中，以此来绵延人的族类，而人类这样做时却大都并没有这项意图，而且生育儿女还往往与生育者的意愿相违反。诚然，有欲望和意图要有儿女的人们只是儿女存在的偶因，他们在意图并希望生育儿女时，对于儿女的创造所做的事情一点也不多于希腊神话中丢卡利翁和他的妻子向后抛掷石子来创造人类所费的力气。”①

随后，洛克将他的论证往后退了一步，他说即使承认菲尔默的理论，父母制作了儿女，因而享有对儿女生杀予夺的绝对权力，也会得出菲尔默所非常不愿看到的结论，即母亲享有与父亲一样对儿女的支配权。如果从菲尔默的前提出发，纯粹从“身体”的角度来考虑父母与儿女的关系，即纯粹考虑儿女是父母的骨血，儿女从母亲的身体而来，母亲十月怀胎，同样与儿女的生育有着直接的关系：“因为，任何人也不能否认，母亲长时间在自己的身体中以自己的血肉供给儿女营养，她纵然不取得更大的权力，至少不能否认她与男人有平等的权力。”再进一步的推论就是，儿女身体的组成自娘胎始，即儿女的组成是由母亲的身体提供质料，并由母亲提供质料所组成的形式。“很难想象，当父亲一经完成他的那份生育行为之后，理智的灵魂就会立刻进入那个尚未成形的坯胎之内。”②（强调的符号为笔者所加）在上文我们已经看到，父亲在生育时受到的是非理智的情欲的推动。因

① John Locke, *Two Treatises of Government*, pp. 179 - 180. 洛克：《政府论（上篇）》，第 45 页。译文根据英文略有改动。

② John Locke, *Two Treatises of Government*, p. 180. 洛克：《政府论（上篇）》，第 46 页。译文根据英文略有改动。

此，父亲生育时的非理智活动很难被认为是一个赋予儿女理智灵魂的活动。如果菲尔默接受这个推论，那么父母针对儿女而言就享有平等的绝对权力，即平等的主权。洛克通过归谬的方法，从菲尔默的前提出发，得出了两个令菲尔默不能接受的理论，第一是男女享有了平等的权利，这与夏娃服从于亚当的理论相违背，第二是同时有两个主体享有了主权，即父亲和母亲。而在菲尔默看来，主权作为最高权力，只能由一个人享有，君主制作为唯一的政体，是最贴合主权理论的，君主(monarchy)中 mono 的部分就是指单独一人。① 这与菲尔默的根本原则是完全违背的。这两个荒谬的结论来自菲尔默生育理论前提中更为深层的问题：纯粹从身体的角度来理解父亲与儿女的关系，忽视了"理智的灵魂"这一人类最为重要的标志，下面对诺齐克理论的检讨同样从人拥有理智的灵魂这点来予以切入。

诺齐克将洛克的主要论证概括为，只有他控制和理解制作过程的各个部分，一个主体才能够拥有他所制作的东西。他对洛克认为父母不能拥有孩子的论证提出了挑战。根据洛克的标准，向地里播散种子并浇水灌溉的人，并不能拥有他所种植的树，因为他并不控制和理解制作过程的各个部分，真正控制和理解这一过程的是上帝。那么，洛克就会面临论证上的窘境，他在《政府论(下篇)》中明确论证劳动能够确立财产权，根据同样的标准，要么认为，上帝是最终的所有者，人类一无所有，要么认为，父母生殖儿女和人类劳动出产产品是一样的制作过程，都能对产品拥有所有权。②

对此如果做初步回答的话，则首先可以认为，诺齐克没有注意到

---

① Sir Robert Filmer, *Patriarcha and Other Writings*, p. 135.

② Robert Nozick, *Anarchy*, *State*, *and Utopia*, Cambridge: Blackwell Press, 1974, pp. 287 - 288.

洛克对“生殖”与“制作”的区分，洛克对“制作”的界定是：“原因如果是由外面来的，那么结果的产生，也是由明显各部分的显著的分离或配合来的，这就叫做制作。”[①]但是，诺齐克更严重的挑战在于，如果洛克再加上一个论证，“‘即使上帝自己对人类行使的权力也是基于父亲的身份的权利’，但是这种父亲的身份却是完全与地上父母的一切权位格格不入的；因为上帝之所以为主，在于他的确是我们一切人的制作者，而所有的父母却不能以儿女的创作者自居。”[②]父母自己也是被拥有的对象，自己不能拥有儿女，那么同样的模式推而广之，则一切的造物都是上帝拥有的客体。[③] 这里所出现的问题就是，人如果被拥有，那么，《政府论（下篇）》第五章中洛克说“人对自己的人格拥有财产权”[④]又作何理解？塔利所提出的上帝作品模型要受到同样的挑战，他必须处理好上帝拥有人和人拥有自己的关系，当然，这是后文所需要重点解决的问题。塔利虽然在第一章搭建好了笔者上文所运用的解释框架，但遗憾的是，他自己在解释此处《政府论（上篇）》第六章第 51 节到 54 节的文本时，却没有让自己所搭建的解释框架发挥作用，而是将上帝是人类的作者从而拥有财产权作为自明的真理而予以接受。[⑤] 而且塔利更为致命的错误也在于其第一章搭建解释框架时，似乎对实在本质和名义本质在何种意义上是同一的，在何种意义上是差异的，区分得尚不够细致，从而导致他认为国家形成后的财产权是人造权利的错误。

---

① 洛克：《人类理解论》，第 298 页，译文根据英文略有改动，参见 John Locke, *An Essay Concerning Human Understanding*, pp. 325。

② John Locke, *Two Treatises of Government*, p. 179.

③ Robert Nozick, *Anarchy, State, and Utopia*, pp. 287 - 288.

④ John Locke, *Two Treatises of Government*, p. 287.

⑤ James Tully, *A Discourse on Property*, pp. 57 - 59.

一切造物都是上帝财产权的客体，那么很难区分出收获的庄稼和生育的儿女之间的区别。如果要回应诺齐克的批评，我们需要重新回到洛克关于人类分有“上帝形象”的讨论。“谁能够支配呢？是拥有上帝形象的人，因为上帝按照他的样式造人，把他造为理智的造物，从而能够支配。”[①]上帝作品模型要结合上帝形象理论才能完全理解洛克的真意。地里收获的庄稼和生育的儿女的区别是，人是理智的造物，诺齐克的处理方式将庄稼和儿女的关系完全平面化了，但洛克自己说人是比天使低，比其他造物高的造物。人类之所以处于在天使和动物之间的位置，是因为人是有理智、有身体的造物，天使有理智的灵魂，但是没有身体，其他造物有身体，但是它们的灵魂却不是理智的。上帝作为无限的理智者，赋予人类以理智，不是没有意图的，他的意图是要让人受理智的指导，“人应当受理智的指导”，人类应予以服从的规则，即人应当受到自然法，也就是理性法的指导，[②]当我们说人是有身体的、有理性的造物时，我们指的是人要服从于法。[③] 理性的权威来自上帝的权威(authority)，上帝赋予了我们这种能力，我们有义务去运用这种能力。[④] 这就涉及自然法的指导力问题和规范性维度，这正是下文洛克所要着力批判菲尔默的习惯论的关键所在。

---

① John Locke, *Two Treatises of Government*, pp. 160 - 162.

② John Locke, *Two Treatises of Government*, p271. 洛克：《政府论(下篇)》，第4页。

③ 洛克：《人类理解论》，第506页，译文根据英文略有改动，参见 John Locke, *An Essay Concerning Human Understanding*, pp. 516。

④ Ruth W. Grant, “John Locke on Custom's Power and Reason's Authority,” *The Review of Politics* 74(2012), p. 618.

4.3.2 理性与习惯

除了生育之外，还有人会找另外一条论证路径去证明父权是生杀予夺的绝对权力，这就是习惯。在历史上存在着遗弃和售卖自己儿女的实践，而这成为了父亲对儿女拥有处分权的又一个标志。但是习惯上如此，不证明习惯具有规范性。我们按照菲尔默的逻辑推论下去，笔者将其还原为“如果事实如此，那么应当如此”的结构，照此推论，秘鲁人中存在的养肥孩子来吃的习惯就将成为规范。① 本来秘鲁人养肥孩子来吃的例子是非常极端的个例，个例就说明它的发生具有相当的地域局限性。如果我们还记得《政府论（上篇）》第五章中洛克对夏娃服从亚当问题的分析，②我们就会发现，洛克对此的理解是“如果女人结婚，那么她通常会服从他的丈夫”，这只是在事实上会通常发生的，在很多国家都存在这样的习惯，这只说明其发生是有规律的，但有规律不证明规律应当成为规范，这是洛克所要强调的。那么以洛克对女人服从丈夫问题的分析来对照这里秘鲁存在的个例，就更加证明秘鲁存在的这种个例不能够成为规范，因为尽管这种个例在其族群的范围内是被普遍接受的，但超出其族群的范围则丧失了普遍性，女人服从丈夫比秘鲁存在的个例在世界范围内更具有普遍性，但它终究是一种习惯，尚且不能成为规范，秘鲁的个例就更加不能成为规范。重要的问题是，习惯法相比于自然法而言始终具有特殊性，因为自然法与普遍的人性密切相连的，最关键的一点在于人都普遍地具有理性。

---

① John Locke, *Two Treatises of Government*, pp. 181 - 182.

② John Locke, *Two Treatises of Government*, pp. 173 - 174.

理性把一个人提高到差不多与天使相等的地位，当一个人抛开了他的理性时，他的杂乱的心智可以使他堕落到比野兽还要远为残暴。人类的思想比恒河的沙还多，比海洋还要宽阔，假使没有理性这个在航行中指示方向的唯一的星辰和罗盘来引导，幻想和情感定会将他带入许许多多奇怪的路途。想象总是不停地活动着，产生出形形色色的思想来，当理性被抛到一边时，人的意志便随时可以做出种种无法无天的事情来。在这种状态下，在这条路上走得最远的人就会被众人视为最适宜于领导的人，并且一定会得到最多的附随者。当风尚一旦确立起来，当愚昧或狡黠开始，习惯就会使之神圣化，违背或怀疑它，就要被人目为大胆或疯狂。一个以公平无私的态度来考察世事的人，将会看出世界上一些国家中有那么多的宗教、政府和习俗就是以这种方式成立和继续下来的，因此他也就不会对于盛行在人世间的这些习俗予以重视，倒是有理由认为那些因顺从自然而生存得很好的非理性的和没有教养的栖居者所在的山林，比起那些在他人榜样的权威之下逾越常规而自称文明和有理性的人们所居住的都市和宫殿来，更适合于作为我们行为与生活的典范。如果先例在这种情况下足以确立规则，我们的作者也许能够在圣经中找到儿女被父母献祭的例子，这就发生在上帝的子民中。《诗篇》的作者告诉我们：流无辜人的血、就是流自己儿女的血，把他们献祭迦南的偶像。但是，上帝并不以我们作者的规则审判，不允许实践的权威讳反他正义的法，否则，就如同《诗篇》接下来所说的，那地就被血污秽了，所以耶和华的怒气，向他的百姓发作，憎恶他的产业。他们孩子的被杀，虽然成为风尚，但却被上帝判为无辜的血，所以在上帝看来，是犯了谋杀的

罪过，就如同他们献祭偶像犯了拜偶像的罪过一样。[①]（着重字体为笔者所加）

我们因为有理性，所以被提高到了和天使差不多相等的位置，但是因为我们有身体，所以我们比天使要低，但如果我们不能够让我们的意志听从理性的指导，甚至走向极端，完全抛弃理性，那么我们就会堕落到比野兽还低的位置，因为野兽尚且知道虎毒不食子，[②]洛克举出秘鲁养肥孩子来吃的例子就向我们说明这点。之所以会出现这样极端的例子，是因为秘鲁人没有运用上帝所赋予的理性作为自己行为的指导，也就是洛克所说的将理性作为唯一的星辰和罗盘。洛克所说的“唯一的”，指的是以自然法作为最高的和终极的标准，他所说的“星辰和罗盘”指的是自然法的指导力，自然法作为最高的标准涉及的是习惯背后的合理性问题（rationality）。任何道德原则的提出，人们都可以合理地问其所以然的理由。[③] 关键不在于事实上已经形成了什么样的习惯，而在于自然法对习惯的合理性具有指导作用，习惯是否走偏方向，是要参照自然法所给出的方向，自然法作为标准的意义正在于此。而习惯一旦走偏了方向，不具有合理性，自然法又会发挥评判习惯效力的作用。例如，“孝敬父母”[④]是英国的习惯，它

---

① John Locke, *Two Treatises of Government*, pp. 182 - 183. 洛克：《政府论（上篇）》，第 48 页。译文有很大一段遗漏，现根据英文版补齐。

② John Locke, *Two Treatises of Government*, p. 180.

③ 洛克：《人类理解论》，第 28 页。参见 John Locke, *An Essay Concerning Human Understanding*, p. 68。

④ 我们需要注意，洛克自己区分“孝敬父母”和“服从父母”两种义务，两种义务是发生在人生的不同阶段，前者是人已经成年，出于父母当年的养育之恩，儿女孝敬父母，洛克并不否认这一点，而后者是在人尚未成年时，出于人理智尚不成熟，因此需要父母的指导。

之所以合理是因为符合感恩的自然法箴规，[①]秘鲁人养肥孩子来吃的习惯之所以不合理，不符合理性，是因为它违反了上帝要人类保存自己后代的意图，也就是自然法"保存后代"的箴规。[②] 洛克自己的话更能澄清这段文本：

> 一个人如果没有理性来信仰，则他也许会爱好自己的幻想；可是他并不是在找寻真理，服从制作者的（Maker——指上帝，笔者），因为制作者所以给他以那些分辨的能力，正是要使他应用它们，免于错误的。人如果不能尽其所能来应用这些能力，则他有时虽然也许会遇到真理，可是他之所以得以不谬，只是由于偶然。我虽不知道，偶然的幸运是否能辩护他那种进行方法的不合规则，不过至少我确信，他对于自己所陷入的过错是要负责的。在另一方面，一个人如果能应用上帝所赐的光明和能力，并且诚心用自己所有的那些帮助和能力，来发现真理，则他已经尽了理性动物的职责，而且他纵然求不到真理，他也会得到这里的报酬；因为一个人如果不论在什么情形下都要依照自己的理性来指导信仰或不信仰，则他已经指导好自己的同意，安置好自己的同意了。另一个人如果行事与此相反，他就触犯了自己的光明，误用了上帝赋予他的能力……[③]

---

① John Locke, *Essays on the Law of Nature*, pp. 136 - 139. John Locke, *Two Treatises of Government*, pp. 207 - 208.

② John Locke, *Two Treatises of Government*, pp. 181 - 182.

③ 洛克：《人类理解论》，第 687 页，译文根据英文略有改动，参见 John Locke, *An Essay Concerning Human Understanding*, pp. 687 - 688 及 Ruth W. Grant, "John Locke on Custom's Power and Reason's Authority," pp. 618 - 619。

为了更好地贯通文本脉络，我们现在可以回到《政府论（上篇）》第三章第18节和第19节的讨论了。[①] 菲尔默说，亚当一经创造就是君主，但他不是事实上的君主，而是习惯上的君主。实际上，菲尔默也是在自然法的指导力和强制力的层面讨论问题。他说："政府的强制力是出现在原罪之后的，因为强制预设某种无序，无序不存在于无辜的状态，而政府的指导力却是人性所要求的，由于没有政府的权力，公民社会是无法想象的。"[②]（着重号为笔者所加）尽管，菲尔默同样是在自然法的指导力的层面上谈论问题，但是，菲尔默所要做的是在神法的层面上混同自然法和神圣实证法，按照他的逻辑，只有亚当一个人是创造的作品，只有他一个人分享了上帝的形象，只有他是理性的，他成为君主既是神圣实证法的赐予，也是自然法的要求，他接受自然法的指导，并就自己所犯的罪过向上帝负责，自然法的强制力在原罪之前是不发挥作用的。而在实证法的层面上，菲尔默的努力则是使习惯具有规范的效力，即使规范具有权威。如果将父亲生育儿女理解为一种可能性，那么，其结构就是"如果父亲生育儿女，那么，他通常会成为统治者"，在菲尔默的话语里，亚当如此，诺亚如此，亚拉伯罕也如此，正因为亚当、诺亚和亚拉伯罕都如此，"如果父亲生育儿女，那么，他通常会成为统治者"就会转化为"如果父亲生育儿女，那么他应当成为儿女的统治者"的规范结构。在菲尔默的逻辑里，这种转化的产生，也就是习惯规范效力的取得，这需要如下三个要素：如果父亲通常因为生育而成为儿女的统治者，那么，这个"通常"就会被菲尔默理解为一种规律，这是习惯发生规范效力的第一个

---

① John Locke, *Two Treatises of Government*, pp. 153 – 154.

② Sir Robert Filmer, *Patriarcha and Other Writings*, p. 145.

要素。第二个要素则是共同体中成员的普遍接受，并且对自己的行为产生约束力。第三个要素是共同体中的成员以此习惯作为评价他人行为的标准，这就意味着共同体的成员不但认为习惯对自己具有约束力，而且对他们的同胞形成约束力。但是，一定会有人追溯习惯效力的最终来源。正如洛克在《自然法论文集》里所提到的，如果说儿女服从父母是一项传统，那么追溯这项传统的最终来源时总会找到一个起点，而这个起点就是这项传统的创作者。如果这项传统的第一位创作者是向世界颁布这项习惯法，那么他就是通过神谕的方式来指导人类，或者是通过神圣的福音给人类启示，通过启示所颁布的法是神圣实证法。① 在菲尔默的眼里，亚当通过上帝的赐予而获得了对其他造物（包括人类）的支配权，这是上帝神圣实证法的颁布，而且通过生育而获得了对后代进行支配的自然权利，这是自然法的规范。正是在这个意义上，自然法和神圣实证法获得了统一，两种法合起来只对亚当一个人发生指导的作用。从理论上而言，后代的君权都来自对亚当君权的继承，后代君主的权威来源是长子继承权。但事实上，如果亚当君权的那位传人因为年代久远，已经无人知晓这位真正的传人是谁，那么臣民服从君主的习惯就会成为传统，并且开始具有规范效力，成为君主权威的来源。但是，洛克要区分神圣实证法和自然法，因为两种法的颁布方式不同，神圣实证法的颁布方式是启示，而自然法的颁布方式是通过理性获知。② 在洛克眼里，尽管上帝既是神圣实证法的创作者，也是自然法的创作者，但是毕竟两种法都是以不同的方式进行颁布的，启示是超乎理性的，超乎理性是指超乎

---

① John Locke, *Essays on the Law of Nature*, pp. 131 - 132.

② John Locke, *Second Tract on Government*, in *Political Essays*, ed. Mark Goldie, Cambridge: Cambridge University Press, 1997, p. 63

了人类理解的范围，人类不可能对其获得确定性的知识，连可能性的知识也不能获得。而上帝的存在则是合乎理性的，能够进行证明，并且是道德知识确定性的基础。上帝既然以不同的方式颁布神法，必然有其意图，理性与启示并不是对立的关系。① 菲尔默居然认为亚当的生育能够取得对儿女的绝对权力和权威（authority），这就相当于认为亚当是儿女的创造者、创作者（author）、支配者和所有者。可是，只有上帝才拥有将创造者、支配者和所有者身份完全合一的绝对权利，菲尔默却想将创造者、支配者和所有者的权利完全统一到亚当身上，这是把亚当一个人抬到了类神（god-like）的位置上，这就是在人间造偶像，在新教看来是巨大的罪过。这种造偶像的罪过是菲尔默将习惯神圣化的结果，如果循着菲尔默的思路走下去，任何习惯只要某个共同体内认同，都可以成为规范，那么秘鲁养肥孩子来吃的习惯自然也能被当作规范，但这却违反了上帝要人类自我保存的绝对命令。② 菲尔默的习惯论很容易将“自我保存”这样的绝对命令变为“如果……那么应当……”的假言命令，从而使其相对化。菲尔默理论的另一个问题是由于认为亚当只对上帝一个人负责，其含义就是亚当这位绝对君主成为偶像，即使他可以任意妄为，犯下再大的过错，也只会接受上帝来世的审判，自然法的强制力只能在来世发挥作用，而洛克所要做的正是让自然法的强制力在此世就要发挥作用，这正是洛克在《政府论（下篇）》中“自然法执行权”的深意所在。③

洛克要批驳菲尔默的接下来的论据是，从圣经十诫中的第五诫

---

① 洛克：《人类理解论》，第 688 页，译文根据英文略有改动，参见 John Locke, *An Essay Concerning Human Understanding*, p. 687。Ruth W. Grant, “John Locke on Custom's Power and Reason's Authority,” pp. 618 - 619。

② John Locke, *Two Treatises of Government*, pp. 204 - 205.

③ John Locke, *Two Treatises of Government*, pp. 271 - 276.

论证父权与主权的同一性："为确证王权是自然权利，我们看到在十诫中训诫人们服从国王的条律是'孝敬你的父亲'一语来表达的；虽然有许多人认为，只有抽象意义上的政府才是上帝的命令，但除了父权之外，他们却拿不出任何东西来证明《圣经》中的任何这种命令；因此，我们看到在十诫中上帝用'孝敬你的父亲'一语来教人服从更高者，这样，不独是政府的权力和权利，而且连统治权的形式和承担这一统治权的人格，全是上帝的命令了"。①

在菲尔默看来，父亲所享有的主权是上帝的命令，上帝命令他的子民服从更高者，这个更高者既是指父亲，也是指主权者，父亲和主权者都包含在更高者的意义中，上帝的命令不仅指出了应当存在政府，而且指出了统治权的安放之所，即谁来承担统治权，谁来承担统治权的问题决定了政体的形式，承担统治权的人格者是谁？就成了主权的根本问题。承担统治权的人格者是谁作为主权的根本问题，菲尔默和洛克在这点上并没有争议。② 但是，根据菲尔默自己对主权的理解，主权是不可分的，那么怎么理解"孝敬你的父母"呢？菲尔默的解经在洛克看来是非常怪诞的，因为圣经的文本上明明写的是"孝敬你的父母"，而菲尔默只截取了"孝敬你的父亲"，如同洛克所嘲讽的那样，为了使臣民顺利接受他的幻想，菲尔默就像谨慎的医生一样，为了让病人吞下难以下咽的腐蚀性药液，他要混进其他的液体，

① John Locke, *Two Treatises of Government*, p. 184. 洛克：《政府论(上篇)》，第49页。译文根据英文略有改动。比较 Sir Robert Filmer, *Patriarcha and Other Writings*, 1991, p. 144。在菲尔默的文本中，"Honour thy Father"应当被译为"孝顺你的父亲"，含有顺从、服从的意义，但洛克显然想将其变为"孝敬你的父亲"，只有尊敬的义务，没有绝对服从的义务。

② John Locke, *Two Treatises of Government*, pp. 218, 354.

从而能够稀释这种药液。[①] 菲尔默不是出于理性和启示追求真理，而是出于党见，像希腊神话中的普罗克洛斯忒斯（Procrustes）一样，为了使论述达到自己的目的，任意歪曲、裁剪圣经文本。洛克对此的初步反驳可以举出圣经中很多的例子来证明孝敬的对象不仅仅有父亲，而且有母亲，比如殴打、诅咒父母的当被处死。“整本圣经既常把父亲和母亲联在一起，我们因此可以断言他们从自己的儿女那里应受到的孝敬，是一种平等的、属于他们两人的共同权利，既不能由一人完全独占，也不能有一人被排除”。[②] 如果按照菲尔默的逻辑，有生杀予夺的权力是主权的标志，不但殴打、诅咒父亲的当被处死，而且殴打、诅咒母亲也当被处死，这就意味着不但父亲有神圣不可侵犯的主权，而且母亲也有神圣不可侵犯的主权。而在菲尔默看来，主权作为最高权力，只能由一个人享有，君主制作为唯一的政体，是最贴合主权理论的，君主（monarchy）中 mono 的部分就是指单独一人。[③] 这又再次和菲尔默的主权理论相违背了。

父亲与母亲相对于儿女具有平等的权利，其原因除了洛克所列举出的种种圣经证据外，还有如前所述的，根据菲尔默的生育理论进行推论，其结果也是父亲和母亲具有平等的权利，因为儿女不但是父亲的骨血，还是母亲的骨血。当然，我们也看到，菲尔默对此是有答复的，他认为，父亲“在生育中是较高贵和主要的能动者，因而享有对女人的主权”。菲尔默这里又借用了亚里士多德的资源。而这一回答恰恰是洛克想要的。洛克说，他同意，“享有这种‘孝敬’的资格是由自然赋予父母的，是一种基于他们曾生育儿女而归他们享有的权

① John Locke, *Two Treatises of Government*, pp. 145 - 146.
② John Locke, *Two Treatises of Government*, pp. 184 - 185.
③ Sir Robert Filmer, *Patriarcha and Other Writings*, p. 135.

利，上帝在许多次明白的宣告中，确认了他们享有这种权利。”洛克也同意，“像父亲(我想添加上‘和母亲’的字样，因为上帝是把父母联结在一起的，不要有人把他们分开)的权力这样一种来源于上帝或自然的授予和礼物，人类较低级的权力不能加以限制，也不能制定同它们抵触的任何法律。”[①]菲尔默既然借用了亚里士多德资源，那么他的意图就是要求助于自然与理性。洛克在父亲受“儿女孝敬”的权利来自自然这一点上是真心赞同菲尔默的[②]，既然父亲受儿女孝敬的权利来自自然，那么就是属于自然法的范围，则其内容和形式不能被人法和人类的政治权力所改变。但是，洛克又做了更远的推论，母亲同样是生育的能动者，她也享有受儿女孝敬的自然权利，这同样也是人法和人类的政治权力所不能改变的。那么，如果洛克退一步，同时从菲尔默主权是绝对而且专断的权力的前提出发，进一步可以推论的就是，既然父亲享有绝对而且专断的权力，那么他就可以不让儿女孝敬他们的母亲，父亲就可以运用自己的政治权力解除儿女孝敬母亲的自然权利，根据这一推论，则人的政治权力可以改变上帝赋予人类的自然权利，菲尔默的理论又再次出现了人对神所处位置的僭越。

如果继续按菲尔默的逻辑来考察父亲与儿子以及祖父与孙子的关系的话，甚至会出现菲尔默更不愿意看到的状况：叛乱的发生。我们继续从菲尔默认为父亲享有绝对而专断的政治权力出发，如果父亲的儿子再生育了儿子，那么，我们可以继续追问，祖父是否能够凭借其绝对的政治权力解除孙子对其父亲的孝敬？根据菲尔默政治

---

① John Locke, *Two Treatises of Government*, p. 186. 洛克：《政府论(上篇)》，第51—52页。比较 Sir Robert Filmer, *Patriarcha and Other Writings*, 1991, p. 192。

② John Locke, *Two Treatises of Government*, p. 383.

权力的绝对性，祖父是可以解除父亲享有孙子孝敬的自然权利的。但是，菲尔默自己也承认，孝敬父亲乃是父亲所享有的自然权利，而且这种自然权利是不能被人类的政治权力和实证法所改变的、所限制的。这就出现了代际之间的权力交接的矛盾，出现了祖父对父亲所享有的政治权力与父亲对儿子所享有的自然权利之间的矛盾，根据菲尔默自己的理论，祖父对父亲的政治权力是绝对权力，父亲对儿子的自然权利也是绝对权利，祖父的绝对权力和父亲的绝对权利相遇的时候，必然会发生矛盾。而且矛盾更尖锐的爆发在于，如果祖父享有绝对的政治权力，父亲也享有绝对的政治权力，两种绝对的政治权力必然发生冲突，这时不但会有两个主权者的出现，而且会出现多个主权者。更深层次的症结在于菲尔默自己的生育理论。根据菲尔默自己的生育理论，生育是父亲产生对儿子自然权利的基础，生育不但产生了儿子在家庭内部孝敬自己父亲的自然义务，而且还同时产生了儿子对父亲服从的政治义务。父亲有生育的能力(power)，这种能力如果理解为一种潜能(potential)，只要父亲生育了儿女，根据菲尔默的理论，他的这种能力(power)就会从潜能(potential)转化为对儿女现实的绝对权力(power)。理论上，每个人都有做父亲的潜能(当然这要排除那些不孕不育者，生育是自然的、正常的状况，不育则是对这种自然状况的偏离)，亚当因为生育而产生对该隐和亚伯的自然权利，而这种自然权利又是对该隐和亚伯的政治权力的基础。该隐和亚伯也会生育儿女，而且事实上也生育了儿女，那么他们各自也应当因为生育而享有对儿女的自然权利，并且自然权利是他们各自的政治权力的基础。当该隐和亚伯同样基于生育的自然权利而获得政治权力的时候，就会出现父子之间政治权力的冲突。“于是，亚当根据父亲的自然权利，对他的一切后裔，都拥有绝对无限的权力，而在同时，他的儿子们根据同一的权利，对于自己的后裔也有绝对的无限的权力……让一种'绝对的、无限的'甚至是'不可限制的权力'，去从属于另一个权力，显然是矛盾到无以复加的事情。"[①]并且，如前所述，根据菲尔默的生育理论进行推论，母亲也会享有与父亲平等的自然权利，在此基础上产生政治权力。那么单就亚当、夏娃及该隐、亚伯的家庭结构中就会出现这样的状况，在亚当和夏娃作为第一代父亲和母亲的层面上，就出现了两个主权者，该隐和亚伯生育儿女后又会出现四个主权者，而且该隐和亚伯的儿女还会再生育，这样呈几何级数增长的话，就会出现有多少父亲，就有多少主权者，如果再算上母亲的话，就会有翻倍的主权者，如此一来，就会彻底颠覆菲尔默所谓单一的最高君主的主权理论。[②] 因为每个男人都有成为父亲的潜能，每个女人也有成为母亲的潜能，因此，不但是每个男人有成为主权者的潜能，而且每个女人也都有成为主权者的潜能，结果是每个人都有成为主权者的潜能。本来，菲尔默的君权神授理论认为上帝不但指定了应当存在政府，而且也指定了政体的形式，更指定了谁来承担统治的人格，但是，根据他的生育理论进行推论，每个人都有可能来承担这个人格，"这个'父亲的身份'除了把世界上一切合法的政府推翻、摧毁，并代之以动乱、暴政和篡位以外，是没有任何别的用处的"。[③]

菲尔默理论最深层的问题出在，没有区分父权和政治权力，认为政治关系是一种自然的关系，政治权力的来源是自然。洛克前文批

---

① John Locke, *Two Treatises of Government*, p. 192.

② John Locke, *Two Treatises of Government*, p. 188.

③ John Locke, *Two Treatises of Government*, pp. 192 - 194. 洛克：《政府论（上篇）》，第 58—60 页。译文根据英文略有改动。

评菲尔默的习惯论，正是要重新审视自然与习惯的关系。洛克不仅仅是在批判菲尔默的习惯论，而且对“孝敬你的父母”里包含有政治服从义务的批判，也是对当时一种流行见解的反动。诚如拉斯莱特在脚注中指出，洛克此处不单单是在拒斥菲尔默的原则，而且是在攻击基督教、尤其是新教的一项传统。这项传统的代表之一是路德，他在评注十诫中第五诫“孝顺你的父母”的基础上发展了他整个关于政治权威的理论。[①] 而且加尔文也将“孝顺你的父母”阐释为政治服从义务：“这条命令人服从更高者的箴规，是对堕落人性的极端厌恶，人类顽劣的向上爬的欲望很难会承认服从。这条箴规提供了服从更高者的例子，而这些更高者在自然上最好的效果是令人亲近，至少不会引人反感；因为这条箴规能够更容易地纠正我们的心智，并让我们的心智倾向于服从的习惯。”[②]我们稍微考察一下当时的背景，就能更加深入地了解为什么“孝顺你的父母”会是政治服从义务的来源。诚如肖谢特(Gordon J. Schochet)所指出的，在家庭中学会孝顺父母在十七世纪的英格兰是政治社会化的重要过程，毕竟当时社会上大约有百分之九十的人是文盲，他们接受教育的方式不可能通过文字阅读，而只能通过口传的方式。而在基督教的社会，最重要的口传方式莫过于教士的“教理问答”(catechism)，“教理问答”是通过一系列问答的方式向普通民众说明圣经中的道理。而在斯图亚特王朝，教士们会将“孝顺你的父母”解释为政治服从义务，服从君主就像服从自然的父亲一样，这样的“教理问答”方式得到了詹姆斯一世和查理一世

---

① Peter Laslett, *Two Treatises of Government*, p. 187, n. 1.

② David James Foster, “John Locke's Critique of the Bible in the First Treatise of Government,” University of Toronto doctoral dissertation, 1991, p. 214.

的大力推崇。[①]

菲尔默、路德和加尔文都相信人的原罪，相信政治的强制力是原罪之后的结果。但是，他们也非常清楚，政治不能光靠强力来实现，光用强力来约束人堕落的本性是不够的，还需要教育和说服的作用，因此，家庭教育就成为了政治化的第一个环节。尤其是对菲尔默来说，从家庭到国家，是一个自然的过程，家庭是不自足的，家庭要成长为国家，就像一颗种子终究要长成大树一样。政治的起源来自家庭，有着自然的基础，这个基础就是男女要结成家庭，并生养后代。而对人服从习性的培养则是一个习惯的过程，只有从小在心智中播下服从更高者的种子，从小养成服从父亲的习惯，将来长大才会服从政治上的更高者，如果人能从小养成服从的习惯，他就会习惯成自然，即所谓“习惯是第二自然”。但是，在洛克看来，这样则是人没有运用理性能力进行审视的后果，他只知道服从，却不知道服从父亲和服从统治者是不同的，他之所以不知道服从父亲和服从统治者之间的差异，是因为他根本没有运用他的理性能力去反思服从的理由，理由和理性毕竟是同一个词：reason。正如洛克自己所说：

> 确实，我们牢牢抱有的关于正当和德性的意见绝大部分是在我们毫无防备的年龄、在我们尚属幼弱的年龄，默然潜入我们的心智当中，这时我们还没有能力对其形成判断或注意到他们如何潜进来。正是与我们日夜相伴的父母、教师及其他人将这些如何恰当生活的意见灌输给我们，很可能因为他们自己也受

---

① Gordon J. Schochet, “Patriarchalism, Politics and Mass Attitudes in Stuart England,” pp. 413 - 441.

到以相同方式灌输的相同意见的影响，他们认为这是善的和幸福的生活所必不可少的意见。[①]

我们重新回顾上述文本，可以看出，父母家庭教育的意见也会是传统习惯和公共意见作用的后果，菲尔默的习惯论会将社会上的公共意见当作评价他人行为的标准，并且这种标准在某个特定的群体内是不容置疑的，有洛克所说的自我神圣化的倾向，这种自我神圣化的倾向是意见想取代"原则"的尝试。"孝敬父母"是斯图亚特王朝流行的意见，而养肥孩子来吃，则是秘鲁社会流行的意见。如果都在意见的层面上予以审查，则很难说"孝敬父母"的习惯就比秘鲁吃人的习惯更优越，因为意见是在同一层面上的。真正让"孝敬父母"的习惯比秘鲁吃人的习惯更为优越的，是因为它合理(rational)，"孝敬父母"的合理性(rationality)来自背后有自然法"感恩"原则的支撑，[②]而秘鲁吃人习惯不合理，是因为它违背了自然法"保存后代"的原则。[③] 而菲尔默将习惯神圣化的做法是让意见取代了原则的位置，让习惯法的作者——僭越到了自然法的作者——上帝的位置。菲尔默甘心于流行意见的作用，还有一个根源就是本章开头洛克所抨击的他的党派性，而这种党派性出于教育使然和私利的驱动，让人丧失了反思的能力：

他们决心服从某一党派，只是因为他们受了那种教育或有

① John Locke, *Essays on the Law of Nature*, pp. 142 - 143. 洛克：《论自然法则》，徐健等译，上海：华东师范大学 2014 年版，第 136 页。

② John Locke, *Essays on the Law of Nature*, pp. 136 - 139. John Locke, *Two Treatises of Government*, p. 312.

③ John Locke, *Two Treatises of Government*, pp. 206 - 207.

那种利益。他们在那里，会如军队中的兵丁似的，只是依照他们领袖的指导，来表现自己的勇敢和热忱，却不来考察甚或不知道自己所为之斗争的主义是什么样的，一个人的生活既然表示出他对于宗教，并不认真关心，那么我们有什么理由想他会绞尽脑汁来寻思自己宗教中的教条，并且费心来考察各种教条的根据呢？他只服从自己的领袖，准备好自己的手和舌来捍卫公共的立场，并且在能擢升自己并在那个社会中保护自己的人面前，邀得宠信就是了。①

4.4　小结

在第六章里，洛克批判了菲尔默对亚当主权的自然论证。菲尔默对亚当主权的自然论证是从父权的角度出发的，主要有三方面的论据：生育、买卖儿女的习惯及圣经十诫中的第五诫"孝顺你的父母"。菲尔默最主要的论据是父亲生育了儿女，儿女的生命是父亲赋予的，因此对儿女享有生杀予夺的主权。对于菲尔默最主要的论据，洛克也用了他最为有力的论证：上帝作品模型予以应对。上帝是人的制作者(maker)、创作者(author)和所有者(proprietor)，而被创造出来的人则是他的造物(creature)、作品(work)和财产(property)，他因为创造而享有对作品的支配和权威(dominion and authority)，他享有对自己作品的财产权。只有上帝才有资格将主权和财产权统一在自己身上。菲尔默将主权和财产权统一到亚当的身上就是对上帝位

① 洛克：《人类理解论》，第720页，译文根据英文略有改动，参见 John Locke, *An Essay Concerning Human Understanding*, p. 719 及 Ruth W. Grant, "John Locke on Custom's Power and Reason's Authority," p. 620。

置的僭越，在人世间，没有一个人能够处于统一主权和财产权的绝对支配地位，这种非支配地位是平等的重要障碍。而且，人类分享了“上帝的形象”，这意味着上帝赋予了每个人以理性的灵魂，因为每个人都有理性的能力，“人能运用理性”蕴含着“人应当运用理性”的规范性维度，这是上帝作品模型中上帝意图的要求。买卖儿女的习惯和“孝敬你的父母”都是流行的习惯，必须经过理性的反思和检视，否则这些习惯就有自我神圣化的危险，习惯的权威就会挑战自然的权威，习惯法的作者——人就会僭越自然法的作者——上帝的位置。洛克在这一章中暗含着政治不能起源于自然的深意，他不认为从家庭到国家是一个自然发展的连续过程。如同我们前面看到的，洛克作为哲学家，要探寻自然法的起源，而“原则”有起点的意思，探寻自然法的起源就是要探寻自然法的原则，自然法的原则在洛克看来是自然之光——理性加上感觉经验，人通过感觉经验和理性的共同作用能够认识到上帝是自然法的立法者，而且上帝关心人类的事务。[①] 但是，政治的起源却不是来源于自然，而是来自人的同意，政治关系是人造的关系，所以他在《政府论（下篇）》里要重新检讨政府的起源、限度和目的。

---

① John Locke, *Essays on the Law of Nature*, pp. 147 - 159.

第五章　洛克对 *dominium* 概念的构建

在对《政府论(上篇)》前六章的疏证中,我们已经看到,洛克论证了,亚当并不凭借父亲身份的自然权利或上帝的实证赐予,而享有对孩子的权威或对世界的支配,就像菲尔默所佯装论证的那样。[①] 洛克同样论证了,父权和政治权力是相互区分的。具体而言,就是:

> 执政官对于臣民的权力,同父亲对儿女的权力、主人对仆役的权力、丈夫对妻子的权力及主子对奴隶的权力,是能够区别开来的。由于这些不同的权力偶然集中在同一个人身上,如果我们在这些不同的关系下对他考究的话,这就可以帮助我们分清这些权力彼此之间的区别,说明一个国家的统治者、一个家庭的父亲和一条船的船长是不相同的。[②]

洛克的上述这段话中很重要的一个词是"关系"。菲尔默的错误在于用最后一种"主子和奴隶"的关系统合了其他四种关系,也就是说,主子(dominus)对奴隶形成的支配关系(*dominium*)被当作了政

① John Locke, *Two Treatises of Government*, p. 267.

② John Locke, *Two Treatises of Government*, p. 268. 洛克:《政府论(下篇)》,第 2 页。译文根据英文略有改动。

治统治关系、家庭中父子关系、夫妻关系、主仆关系的实质。进一步言之，菲尔默的意图是将家庭中所存在的父子之间、夫妻之间及主仆之间业已存在的等级制关系作为政治统治关系的原始模型，从儿女对父亲的服从义务、妻子对丈夫的服从义务及仆人对主人的服从义务推导政治上“命令与服从”的关系。如同我们前面已经看到的，菲尔默自认为是在追随柏拉图，他确信一个大家庭和一个小城邦之间在种相(specie)上并没有区别，所存在的区别只是大小程度上的不同(multitudine et paucitate)。[①] 菲尔默持有这样的看法，还有更深层次上的考虑，他如此考虑的重要前提是认为人与人之间的区别不是程度上的，而是种相(specie)上的。因此，他认为统治者和被统治者是完全不同的种相，两者间有不可跨越的鸿沟，他自然会同意柏拉图关于统治者和被统治者之间是牧羊人与羊群、船长与水手的关系。[②] 统治者作为牧羊人和船长不可能下降到羊群和水手的地位，羊群和水手也不可能上升到牧羊人和船长的地位，就像柏拉图所划出的金质的人、银质的人及铜铁的人形成的等级秩序一样，如果羊群和水手胆敢僭妄到牧羊人和船长的位置，结果就是“铜铁当道，国破家亡”。

然而，洛克不是这样认为的，一个国家的统治者与一条船的船长是相互区别的，船长不再处于完全支配整条船的位置，其他的水手对这条船的航向也有发言权，当船长严重偏离航向时，水手不但有权纠偏，甚至有权反抗：“在这种情况下，他不会不设法自寻出路，如果他相信他所坐的船的船长会把他和船中的别人都载往阿尔及尔去遭受奴役，其时他操舵前进，纵然因逆风、船漏及船员和粮食的缺乏暂时

---

① Sir Robert Filmer, *Patriarcha and Other Writings*, p. 17.

② John Locke, *Two Treatises of Government*, p. 268.

被迫改道，但是一旦风向、天气以及其他情况许可时又立即坚决转回原道。”[①]这段文本是洛克讨论政府解体的前奏，也是系统讨论反抗权的前奏，它意味着水手不但对航向有发言权，而且拥有最终的发言权，因为船长只是受了水手的信托而行使航船，如同父亲只是受了儿女默认的信托而抚养儿女。其意在告诉我们，船长是从水手中产生的，牧羊人是从羊群中产生的，不再有什么牧羊人，只有领头羊。而洛克这样认为的依据在于，人和人之间是平等的，人与人之间的差别是程度上的不同，人类是否能够认识种相，洛克对此是存在疑问的。夫妻之间的关系是平等的，父子之间的关系是平等的，人与人之间的关系是平等的，如果要建立命令-服从的不平等的政治关系只有经过个人自己的同意。[②] 而且这种平等是自然的平等，这种平等的关系是自然的关系，政治关系因为是根据人的意志而形成的，因此，是一种人造的关系。下面我们就进入洛克关于平等的讨论。

5.1 平等

5.1.1 相似与平等

菲尔默的理论代表着习惯的力量，是当时社会流行的观念，而且正如我们在前文看到的，在一个文盲率高达百分之九十五的社会，普通的百姓更加熟悉的生活是菲尔默笔下的由夫妻、父子、主仆所组成的典型斯图亚特家庭，从“孝顺你的父亲”出发来向百姓宣扬政治服从的义务不能说没有市场，菲尔默多少道出了普通百姓生活背后的

① John Locke, *Two Treatises of Government*, p. 405. 洛克：《政府论(下篇)》，第 133 页。

② John Locke, *Two Treatises of Government*, p. 330.

道理。洛克的平等观念则如萨托利所说的那样，是一种反抗的理念。菲尔默的思想多少代表着社会的主流，而洛克的思想则逆流而上。正如唐宁所说："不平等是容易的，由于它所要求的不过是随波逐流，但平等是困难的，因为它要逆流而上。"[①]下面，我们还是从洛克对平等最为著名的论述开始看洛克是如何逆流而上的：

> 这也是一种平等的状态，在这种状态中，一切权力和管辖权都是相互的，没有一个人享有多于别人的权力，极为明显，处于同一种相和同一等级的造物既毫无差别地生来就享有自然的一切同样的有利条件，能够运用相同的能力(faculties)，就应该人人平等，不存在从属或臣服关系，除非他们的主和主人应该以某种方式昭示他的意志，将一个置于另一个人之上，并以明确的指定赋予他以不容怀疑的支配权和主权。[②]（着重号为笔者所加）

拉斯莱特在脚注中提醒我们，洛克所说的人人平等用的是"应该"，"应该"意味着这是一个规范层面的陈述。[③] 那么，如果我们进一步追问，洛克认为"应该人人平等"的基础何在呢？这段文本初看之下，洛克似乎将他的平等观念建立在了人与人之间相似的基础上。如果我们从自己的日常经验出发，也就是从事实出发，似乎马上就可以对洛克进行反驳。首先，日常经验告诉我们，人与人之间是存在巨

---

① Giovanni Sartori, *The Theory of Democracy Revisited*, Chatham, New Jersey: Cahtham House Publishers, Inc., 1987, p. 337.

② John Locke, *Two Treatises of Government*, p. 269. 洛克：《政府论（下篇）》，第3页。译文根据英文略有改动。

③ Peter Laslett, *Two Treatises of Government*, p. 269, n. 1.

大差异的，例如性别，但是差异似乎并不能马上确立人与人之间的高低之分。那么为了进一步反对洛克，我们再进一步深入下去，我们同样看到，人与人之间的能力是有高低之分的，有的人禀赋好些，有的人禀赋差些，如果普通人之间禀赋的差距还不是那么明显，那么天才与傻子的极端例子可以略作说明。如果将天才理解为禀赋高于普通人的人，而将傻子理解为禀赋低于普通人的人，那么，天才和傻子的差距应该比天才与普通人的差距及普通人与傻子的差距要大得多。我们之所以可以做出这样的高低之分，是因为我们选定了普通人作为比较的标准，正是因为选定了比较的标准，天才与傻子的比较才有可能。如果将普通人这一标准做一个类比，普通人就好比货币出现之前的特殊等价物，特殊等价物的出现才使得商品之间的比较成为可能，但特殊等价物的抽象程度还是不够的，因为它仍然使比较停留在了非常具体的层面，如果要使比较精确，还需要货币这样的一般等价物，需要货币的单位(unit)，有了单位之后，才可能精确度量天才与傻子之间到底有多大的差距。再做另一种类比，普通人就好像普通法中理性人(reasonable man)的角色，他作为标准是作为一个具有普通理性的人，但理性人这一标准还不够抽象，更加抽象地是能够深入到理性人背后的理性标准，如果有了理性的单位之后，才有可能精确度量天才与傻子之间理性的差别有多大。如果要从性别之间的差异推导出性别之间的差距，就必须确立性别之间比较的标准，例如能力的标准。我们通常会观察到，男性在体能上一般要胜于女性。如果以体能作为标准，那么狮子的体能似乎比男性还要更胜一筹，但没有人会认为狮子比男性更高等，这是因为在寻找确定人与人之间高低的标准时并不以体能这一属性作为相关的标准，而是以理性这一属性的高低作为相关的标准。如果要从性别的差异推导出理性的差距，那么需要证明男女之间的理性高低程度与性别具有相当的相关性。也就是说某些人因为其特有属性（理性）比他人更加高超而具有了更高的优势，并且他应当凭借这种优势取得政治上的支配地位，即他取得政治上的支配地位在道德上是可接受的，即“他事实上理性比别人高”推导出“他应当在政治上取得支配地位”。我们总结一下反对者可能提出的意见，反对者首先会否认洛克的前提，认为人的理性能力是有差异的，进而认为这种差异会带来人与人之间的差距，进一步通过这种差距证成某些人应当取得政治上的支配地位，这是一个从事实推出规范的推理过程。

那么，我们看洛克可能做如何的答复：

> 虽然我在前面说过（第二章），所有的人生来都是平等的，却不能认为我所说的包括所有的各种各样的平等。年龄或德行可以给一些人以正当的范例地位。高超的才能和特长可以使另一些人处于一般人的水平之上。出生可以使一些人，关系或利益使另一些人，尊敬那些由于自然、恩义或其他方面的原因应予尊敬的人们。凡此种种都与所有人们现在所处的有关管辖或支配的主从方面的平等相一致的。这就是与本文有关的那种平等，即每一个人对其自然的自由所享有的平等权利，不受制于其他任何人的意志或权威。①

马修·克莱默（Matthew Kramer）认为，反对者会在我们上述推

① John Locke, *Two Treatises of Government*, p. 304. 洛克：《政府论（下篇）》，第 34 页。

理的基础上进一步反驳洛克,认为洛克赋予了人类某些属性的相似性太多的重要地位,从而掩盖了人类之间存在的巨大差异。但是,在克莱默看来,承认不承认人与人之间所具有的相似性这一前提都无关紧要,即使承认洛克认为人与人之间能力的相似性大于差异性的前提,洛克关于平等的推理仍然是错误的,因为他犯的是他的反对者一样的错误,即从事实推导出规范。洛克的错误在于从不具有规范性的人类之间的相似性推导出了规范性的人类之间的平等对待。"从人在长处和能力上的大致相似,他【洛克】得出的结论是,人在道德上也是相似的,因此没有人能够非经同为能动者的同胞的同意,就恰当地控制他……他将焦点集中于人类行动者可以观察到的关键特点的相似性上。他从他的观察得出了人类生活的普遍规范……即使一个人持有人所有能力大致一样的观点,他也肯定能够拒绝相信洛克的推论,人类在相互交往中自治的权利和特权应当是一致的。"①

克莱默指责洛克从人与人之间事实上的相似,推出了规范性的平等观念,犯了自然主义的错误。但是,沃尔德伦认为,这是克莱默强加给洛克的错误。根据克莱默的逻辑,洛克还会再做如下的推论,即如果上帝赋予人类某种相关的描述性的属性,这种属性使得他们的差异性大于相似性,洛克就会得出人与人之间在规范意义上不平等的结论。沃尔德伦认为克莱默的主要错误在于没有注意到如下两者的区分:某种描述性的陈述(a 拥有属性 D)蕴含着某种规范(a 应当以方式 P 得到对待)与 P 对 D 的随附性。所谓"随附性",是指如果要区别对待 a 和 b,那么 a 和 b 之间必须存在着其他的某种差异,a 与

① Matthew Kramer, *John Locke and the Origins of Private Property*, Cambridge: Cambridge University Press, 1997, pp. 38 - 43.

b之间在规定性上的差异随附前述差异而产生。如果P随附D,并且我们也没有意图建立二者间的蕴含关系,那么必须以其他的方式来解释他们之间的关系。我们必须能解释为什么a拥有属性D、而b没有属性D这一事实,是以方式P对待a、而不以P对待b的理由。如果b要与a得到同样的对待,随附性并不要求他们之间享有描述性的属性。随附性所要求的只是解释为什么是b应当得到与a同样的对待,而c却不应当得到与a同样的对待,b与c之间必然存在着某种差异,而这种差异是具有相关性的。如果我们说b应当得到与a同样的对待,而不是c,我们预设的是a与c之间也存在着某种差异,这种差异同样是具有相关性的。a与c具有相关性的差异,b与c也具有相关性的差异。非常可能的是,a与c之间的差异和b与c之间的差异是一样的,那么可以间接地推出a与b具有某种程度的共同性。总而言之,克莱默的主要错误在于,混淆了D蕴含P的蕴含关系和P随附D的随附关系。① 从相似来考虑平等比较困难的话,有学者提出了另外的解释路径。洛克在《政府论(上篇)》说过,人是比天使低,比其他动物高的造物。② 那么,能否从洛夫乔伊(Lovejoy)"存在的巨链"(The Great Chain of Being)角度去理解洛克的平等观念呢?③

5.1.2 种相与平等

邓恩是从宇宙论的"存在巨链"角度去考虑洛克的平等问题:因

① Jeremy Waldron, *God, Locke, and Equality*, pp. 69 - 71.

② John Locke, *Two Treatises of Government*, p. 160.

③ Arthur O. Lovejoy, *The Great Chain of Being: A Study of the History of an Idea*, Cambridge, Massachusetts: Harvard University Press, 1964, pp. 228 - 229.

为人类处于造物主所创造的宇宙秩序中的一个环节，属于同一个等级和同一个种相，因此，在这个等级内部和这个种相内部是平等的。[①] 从"存在的巨链"角度去考虑洛克的平等当然也有文本的支持。首先的文本支持就是上述的"处于同一种相和同一等级的造物既毫无差别地生来就享有自然的一切同样的有利条件，能够运用相同的能力(faculties)，就应该人人平等，不存在从属或臣服关系"。[②] 其次，如同我们在解读《政府论(上篇)》第四章第25节到第30节时注意到，洛克似乎也是从种相的角度去考虑人与其他动物以及人与人之间的关系。我们看到，洛克解读《旧约圣经·创世记》第一章第28节的上帝的赐予时，将其他动物作为赐予的客体，是将其作为了其他的种相，而人类能够作为支配其他动物的主体，是因为他分享了上帝的形象，被上帝造为能够支配其他动物的同一种相。[③] 复次，洛克的《人类理解论》有更加详实的文本依据，似乎是在说"存在的巨链"的问题：

> 在全部有形的世界内，我们并看不到有裂口或罅隙，因此，在我们以上的那些灵物的种相，或者比在我们以下的那些可感的物质的种相还要多。由我们往下数，都是循序渐进，一线相承的，因此，每一推移所差的都很小。有些鱼是生有羽翼的，它们常到空界；有些鸟是住在水中的，它们的血亦如鱼一样冷，而且它们的肉味也相似，因此，虔诚的人们在食鱼日(如天主教星期

---

① John Dunn, *The Political Thought of John Locke*, pp. 89, 121.

② John Locke, *Two Treatises of Government*, p. 269. 洛克：《政府论(下篇)》，第3页。译文根据英文略有改动。

③ John Locke, *Two Treatises of Government*, pp. 158 - 162.

> 五就是一个禁食日，在那一天只食鱼，而不食肉)，竟然也可以食它们。又有些动物，同鸟和兽都相近，因此，它们就成了一种中间物，两栖类可以把水陆两种动物连合起来；海豹可以在陆中和水中居住，海豚也有豚的热血和脏腑；至于一般所宣传的人鱼，则更不用说了。有些动物的知识和理性，也同一些所谓人者一样。而且动植物两界是很有联络的，所以你如果把最低的动物和最高的植物相较，则你几乎看不出其间有什么大的差异。如是一直进到最低级最无机的物质部分，我们都可以看到，各个种相都是连合在一块的，而且其差异几乎察觉不到的。我们如果一考察造物者的无限智慧和能力，则我们正有理由思想，各个造物的种相也应该循着渐次的等级由我们一直上升到无限的完美程度，正如各个物类渐次由我们往下降的一样，因为这正适合于宇宙的庄严的和谐，适合于这位建筑家的伟大设计和无限善意。如果我们这种推测可靠，则我们正可以相信，在我们以上造物的种相，比在我们以下的种相，正该还多；因为我们在完美的程度方面离上帝的无限存在之距离，比我们离最低下的而且接近于零的那些事物之距离还要更远。①

但是，沃尔德伦认为，如果再深入考察洛克在《政府论》中的表述和《人类理解论》中的表述时，我们却会发现两者间存在着矛盾：在《政府论》中洛克似乎认为人因为是处于同一种相的地位，人类因为本质相同，因而应当得到平等的对待，而《人类理解论》第三卷第六章

① 洛克：《人类理解论》，第430—431页，译文根据英文略有改动，参见John Locke, *An Essay Concerning Human Understanding*, pp. 446－447。

的考察却显示出，洛克认为，人类对实在的本质并不能够认识，种相是人类自己任意的构造，如果从种相出发来论证平等，平等的基础将会是动摇的。①

我们讨论洛克的作品模型时，曾经讨论过实在本质与名义本质，现在要再次回到这个讨论。洛克认为，“普通的实体名称往往表示物种——普通的实体名称，也同别的概括的名词一样，所表示的都是物种。”“每个物种（或种相）的本质都是抽象的观念——每个特定的物种所以能有其特有的组成，并且能和别的物种有别，原是因为它有它的尺度和界限；这种界限就是所谓本质，这个本质就是附有名称的一个抽象观念；因此，这个观念中所包含的一切事物，都是那个物种所必需的。不过这个本质虽然就是我们所‘知道’的一切自然实体的全部本质，而且我们也以它来分类各个实体，可是我仍叫这种本质为名义的本质，以别于实体的实在组成。名义的本质，和物种的一切属性，都依靠于实在的组成，因此，这种组成就可以叫做实在的本质。”然而，实在本质是由物体的不可感觉的各个部分组成的。相反，我们对名义本质的组成却是可知。②“……它们的各种特性所依靠的那种内在组成，我们是完全不知道……在大宇宙的全部结构中和其各部分中，全知全能者的作品（workmanship），远非世上最好问、最聪明的人所能了解，正如最伶俐的人的最妙机括远非理性动物中之最愚昧的人所能了解的一样，而且还更有甚于此者。因此，我们并不能以各种事物实在的本质，来归类它们，来命名它们，因为它们的实在本质远非我们所能发现所能了解的。一个人如果可以凭自己所不知的内

---

① Jeremy Waldron, *God*, *Locke*, *and Equality*, p. 65.

② 洛克：《人类理解论》，第 422—423 页，译文根据英文略有改动，参见 John Locke, *An Essay Concerning Human Understanding*, pp. 438 - 439。

在组成，来分类事物，则一个瞎子也可以凭颜色来归类事物。”[1]由于实在本质完全超出了我们的理解能力，因此，就不能够凭借实在的本质来对事物进行分类，从而划出种相。但是这并不意味着我们不能够划出种相，对实在本质的无知只是不能够对种相进行确定的分类。但是人类对名义的本质却是可知的。“不过我仍然觉得，要说人们分类它们时所依据的种相的界限，是由人制造的，那也是正确的，因为各种名称所区分的各个种相的本质，如前所证明的，只是由人所制造的，很少与它们所从出的事物的内在本质互相适合。因此，我们可以正确断言，这种事物的分类法完全是人的作品（workmanship）。”[2]

沃尔德伦分析道，如果人类不知道上帝如何划分种相，种相的划分只是人类自己的作品，那么也就意味着人类会对种相划分产生不同的意见，因为种相的划分不是以自然为确定的基础，而是以约定。那么有人可以将黑人划分进人的种相，也有人可以将黑人划分出人的种相，还有出现怪胎情况的话，只要有人主张将怪胎划进人的种相，就有人主张将怪胎划出人的种相。那么何种人应当享受作为人的种相而应当享有的待遇，何种人不享有这样的待遇，就会出现相当大的争议，如果奠定在种相的基础上来讨论平等观念，那么洛克的平等观念将会是动摇不定的。但是，洛克的反本质主义的怀疑论，实际上也为平等观念打开了一扇门。[3]

---

① 洛克：《人类理解论》，第 428 页，译文根据英文略有改动，参见 John Locke, *An Essay Concerning Human Understanding*, p. 444。

② 洛克：《人类理解论》，第 447 页，译文根据英文略有改动，参见 John Locke, *An Essay Concerning Human Understanding*, pp. 462。

③ Jeremy Waldron, *God, Locke, and Equality*, pp. 63 - 66.

5.1.3 法与平等

我们如果重新回到相似性的讨论，沃尔德伦需要问的就是人与人之间什么样的相似性是相关的，能够在支持洛克所想要的平等观念上起到举足轻重的作用。而且，这种能力上的相似性和平等对待之间是随附的关系，而不是蕴含的关系。沃尔德伦认为，洛克自己提供了答案，这种相似性就是“人都是理性的有体物”：

> 道德是可以解证出的——根据这种理由，我可以说，道德学和数学一样，也是可解证的。因为道德学的文字所表示的事物的实在本质，是可以完全知道的，而且各种事物之相符或不相符，也是确乎可以发现出的——这正是完全的知识所依据的。人们或者会反驳说，在道德学中，我们不止应用模态的名称，而且也应用实体的名称，因此，在这方面，也会发生起混淆来。不过这种反驳是不合理的。因为在道德的话语中，我们并不十分注意实体的各种属性，如人们所假设的那样。就如我们说，“人是服从于法的”，则我们所谓人，只是说他是一个有体的、有理性的造物。至于那个造物的实在本质或别的性质，在这里，我们并不思考它们。因此，在自然主义者方面，他们虽然可以争辩，在物理的意义下，一个儿童或一个易子，是否是人，可是这个问题并与道德学上所谓人不相干，因为道德学上所谓人，是一个永不变的观念，是一个有理性、有体的存在。因为纵然是一个猴或其他造物，只要他能应用理性来了解概括的标记，并且由此在概括的观念方面推演出结论来，则他就是服从于法，而且纵然同别的

人的形相不同，可是他在这种意味下，也不能不说是一个人。①

但是，就算认为“理性的有体物”是人之间具有相关性的属性，理性程度不同的问题马上又会回到我们的面前，那么，如何处理这一问题呢？沃尔德伦认为，不如借用罗尔斯属性范围（range property）的概念解释，哪些东西因为是有理性的有体物，而能够被划进人的范围。② 不妨用行政区划的例子予以说明，沃尔德伦用的是纽约的例子，这里为方便说明，就用北京的例子。海淀区属于北京，延庆县尽管离北京非常远，但在行政区划上仍然属于北京，廊坊离北京没有延庆那么远，但是，被划出了北京，因此，这就存在一个划入北京的边界问题。同样，什么属性能够成为进入人这一范畴的门槛就成为现在的问题。沃尔德伦认为，洛克提供的理性中的抽象能力是人区别于动物的重要标志，人能从经验中抽象出概括的观念，这就是洛克提供的人类平等的门槛。③ 正是抽象能力使人能够推理出上帝的存在，而且推理出上帝给他颁布了指导他行为的法——自然法。“这种法的内容也许对每个人的理性不是都可以得到的，但是，每一个在此门槛之上的人都有能力将这种法的观念与通过信仰和上帝实际命令的东西联系起来，而且每个在此门槛之上的人因而会用这种智力去遵循和遵从上帝的命令。申而言之，他能够将自己抽象地思考成一种具有时间延续性的存在，思考成今天犯了原罪明天就向全能上帝负责

---

① 洛克：《人类理解论》，第 506—507 页，译文根据英文略有改动，参见 John Locke, *An Essay Concerning Human Understanding*, pp. 516 - 517。

② Jeremy Waldron, *God, Locke, and Equality*, p. 77.

③ Jeremy Waldron, *God, Locke, and Equality*, p. 78；比较 A. John Simmons, *The Lockean Theory of Rights*, p. 82。

的同一种存在：总而言之，他至少能将自己思考成是一个人格者。”①

5.1.3.1 自然法面前的平等

沃尔德伦在这里向我们指出了理解洛克平等观念的重要方向，即从法面前人人平等来考虑，这里的法是指自然法。但是，我们从上文所引用的文本可以看到，沃尔德伦这里将人类的抽象能力与通过信仰和启示所知道的上帝命令联系了起来，这样来说的话，就混淆了自然法和神圣实证法的关系，这个错误也是菲尔默所犯的，而两种神法之间的区分是洛克一直强调的，因为两者的传布方式非常不同——自然法靠理性，神圣实证法靠启示。同时，沃尔德伦并未在人(man)与人格者(person)之间做出区分，这正是我们要进一步深入下去的地方。

5.1.3.1.2 法的一般性与平等

我们在前文考察过“自然法”作为法所应该具备的特征——一般性或普遍性，这种一般性或普遍性正是平等所要求的，而法恰恰能够符合这种要求，这也是为什么沃尔德伦要以抽象能力作为平等的门槛，因为通过抽象能力概括出一般性的观念，才可能达到普遍性的程度。关于抽象能力与法的一般性的关系，需要进一步用前面一般等价物的例子予以说明。我们都知道，数学是最具抽象性的学科之一，能区分出“5 只羊”与“5”这个数，是小孩子具备抽象能力的体现。我们在年幼时都有这样的体验，我们可以轻松地理解 5 只羊、5 条狗、5 个手指头，但是要让我们进行抽象地加减运算时，我们一定要张开手掌，来数一数手指头，这是因为，我们还无法从“5 个手指头”中抽象出 5 这个数字。更进一步说，在我们小的时候，把 5 只羊与 5 条狗的

① Jeremy Waldron, *God, Locke, and Equality*, pp. 79 - 80.

价值直接进行比较,得到的都是特殊的、模糊的结论。但是,如果我们借助一般等价物,则 5 只羊的价值被一般等价物衡量,而 5 条狗的价值也被一般等价物衡量,我们就抽象出了一种衡量的尺度,这种尺度实际上就是法。这种尺度所衡量出的结果可以适用于全体,因而是一般的;可以精确地测量出价值大小,因而是精确的。因此,沃尔德伦才会抽象出法的存在,作为平等的能力门槛。

正如萨托利对平等标准的区分,"同等地适用于全体"和"同等地适用于相同的情况"。[①] 法面前的平等对应的是"同等地适用于全体"的情况,"适用于全体"符合法的一般性特征,这就要求它不是针对个别情况而设定。正如卢梭所指出的,法律可以规定特权,但不能规定将特权具体地赋予给谁。因为尽管法律规定了特权,但它仍然是为谁能够享有特权设定了相关的标准,特权可以说是特别法,但是特别法仍然会受到一般法的指导。[②] 如果以法的形式出现,谁享有特权,谁不享有特权,应该是有标准可循的,但正如我们前面所看到的,菲尔默直接将自然法与神圣实证法相混淆,直接指定亚当及亚当的后裔为支配权的享有者,虽然菲尔默以法的名义讨论问题,实际上菲尔默将这一指定完全变成了针对个别情况的特别命令,与法的一般性特征相抵触。洛克指责菲尔默对谁是亚当继承人莫衷一是,他无法给出一条继承规则。[③] 卢梭特权的例子也许已经给人以不平等的感觉,但是就法普遍地适用于每一个人而言,这一点却是平等的。卢梭的例子从法赋予权利这一角度向我们展示了法的一般性特征,然而

---

① Giovanni Sartori, *The Theory of Democracy Revisited*, p. 348.

② 拉兹:《法治及其德性》,郑强译,载夏勇主编:《公法(第二卷)》,北京:法律出版社 2000 年版,第 93 页。

③ John Locke, *Two Treatises of Government*, pp. 218 - 222.

我们还可以用法施加惩罚的角度来说明法的一般性特征。萨托利举了一个施加惩罚的极端例子，在一个国家可以规定非常严苛和非常不公的法律，但是立法者不可能通过“砍掉所有人头颅”的法律，因为如果坚持法律的一般性特征的话，“砍掉所有人头颅”这一法律不但适用于臣民，还适用于立法者自己。[①] 这条实证法之所以让人感觉如此极端，纵使再不公平的统治者也不会颁布这样的法律，是因为这严重违背了“自我保存”的自然法命令。[②] 统治者不会不理性到将其臣民全部毁灭，如果统治者再把自己搭上就更加疯狂了。洛克认为自然法是实证法效力的基础，如果自然法不具有约束力，实证法也不会有约束力。[③] 虽然在人与人的关系中，人可以因为实证法而享有不同的权利和义务，国王有自己的特权，臣民却相应地无权利，父母有自己的特权，儿女却相应地无权利，但是，洛克提出：“……绝对的自然法诫命平等地约束着世上所有的人，无论是国王还是臣民，贵族还是平民，父母还是孩子，希腊人还是野蛮人，皆一视同仁。没有哪个民族或者哪个人会如此毫无人性，野蛮到背离自然法，而不受这些法锁的约束。”[④]在洛克看来，自然法之所以是普遍的，是因为：

> 首先，我们不能说有些人天生自由到完全无须服从这一法律，因为自然法不是因势乘便而创制出的私人法或实证法，而是一项牢固、永久的道德规则，理性在宣示和维系它，这一事实深深地扎根于人性的沃土中。因而，除非人的天性（human

---

① Giovanni Sartori, *The Theory of Democracy Revisited*, p. 349.

② John Locke, *Two Treatises of Government*, p. 271.

③ John Locke, *Essays on the Law of Nature*, pp. 188 - 189.

④ John Locke, *Essays on the Law of Nature*, pp. 197 - 198. 洛克：《论自然法则》，第 165 页。译文根据英文略有改动。

> nature)被改变,否则这一法律不能被修改或废止。事实上,人性和自然法之间存在着一种和谐,只要是现在合理的,合乎人理智本性的,就永远是适当的。理性在哪里都宣示同一种道德规则。因此,既然所有人天性上是理智的,既然自然法与理智之间是和谐的,而这一和谐可为自然之光知晓,那么可以得出:世上所有具理智禀赋者,均应受该法约束。①

人的自然天性是理性的,这种理性的天性应当符合自然法,两者之间存在一种和谐关系。我们结合沃尔德伦的分析,就可以理解"这种和谐关系是由自然之光发现的"这句话了:自然之光是理性和感觉经验的共同作用,我们看到周遭的事物运行是有规律、有法则的,它们有自己的法,那么作为分有"上帝形象"的人也会有自己的法,自然法对人类的管辖权是普遍的。② 这种法的立法者不能是低于我们的造物,也不能是我们自己,只能是高于我们的造物者——上帝,这位立法者是关心人类事务的。③ 上帝既然赋予人类理性的能力,有他自己的意图,就是要让人认识到自己的内部组成,意味着自己负有义务——应运用自己的理性能力。④ 当然,正如前文所指出的,人不可能认识到自己的实在组成,也就是实在本质,但是人却能对自己的道德义务有所认识,形成确定的知识。这种道德知识就如同数学知识一样,是确定的。三角形的三角之和等于两个直角之和,这一几何知

① John Locke, *Essays on the Law of Nature*, pp. 198 - 199.

② John Locke, *Questions concerning the Law of Nauture*, trans. Robert Horwitz, Jenny Strauss Clay and Diskin Clay, Ithaca: Cornell University Press, 1990, pp. 96 - 97.

③ John Locke, *Essays on the Law of Nature*, pp. 145 - 159.

④ John Locke, *Essays on the Law of Nature*, pp. 199 - 200.

识是根据三角形定义的性质(nature)得到的，就如同人能够从人的天性(nature)得到确定的道德知识一样。[①]

洛克还给出了自然法具有普遍性的第二条理由，自然法义务永远是不会被废除的，服从于自然法的人类无法改变自然法，上帝也不希望如此。自然法和人性处于唇齿相依的关系中，但并不是说上帝不能重新创造新的人类，赋予人类新的能力，他完全有能力把人造成其他样子，例如没有眼睛，没有理性，但是，他一旦把人造成有眼睛、有理性的样子，就是希望人睁眼去看，用理性去思考，上帝不是不能这样做，而是不愿这样做。[②]

5.1.3.2 法的形式性与平等

我们看到，洛克在谈论自然法的效力问题时，又谈到了上帝意志，实际上洛克将上帝意志当作了自然法的最终效力来源，也就是自然法效力的形式因。萨托利同样也提醒我们，"同等地对待全体"不但涉及法律的一般性特征，而且也涉及法律的形式性特征。法律的形式和法律的形式性质(formal nature)组成了法律之所以成为法律的德性。这里的要点在于，只有规范具有形式的程式时，命令的接受者才被当作是自由的能动者(agent)得到对待。[③] 洛克自然法理论很大的特点在于，不但强调自然法"自然"的一面，而且强调自然法作为"法"的一面，开始突出自然法所具有的形式性。[④] 这里我们将讨论自然法的意志论和理智论的关系。洛克将自然法的义务区分为"效果"

---

① John Locke, *Essays on the Law of Nature*, pp. 199 - 200.

② John Locke, *Essays on the Law of Nature*, pp. 200 - 201.

③ Giovanni Sartori, *The Theory of Democracy Revisited*, p. 353.

④ D. A. Lloyd Thomas, *Locke on Government*, London: Routledge, 1995, p. 15. Li Meng, "Power and Goodness: Leibniz, Locke and Modern Philosophy", The University of Chicago Doctoral Dissertation, 2008, p. 280.

约束力和“限定性的约束力”(即划分界限的约束力)。“‘效果’约束力是所有义务的首要原因,它是义务的形式因来源,即至高者的意志。我们有义务这样做,是因为我们的主宰者意愿我们这样做。‘限定性’约束力(或划分界限的约束力)规定了我们义务与责任的模板和尺度,它仅仅是至高者意志的宣告,而这一宣告我们又别称为法律。我们确实因全能的上帝意志就受上帝约束,但只有他的意志得到宣告,才能为我们的义务和服从依据划定界限,因为除非立法者以某种方式公布了他的意志,让我们知晓,否则我们不受任何约束。”①而洛克此话的出处来自桑德森,桑德森的话更有助于阐明洛克的观点:

> 应当理解的是,法律的效果建立在立法者的意志和权力之上。因此,以恰当的话来表述,与其说立法者的意志和权力是法律“效果”约束力的原因,还不如说立法者的意志和权力是法律约束力的效力因。既然如此,法律能被表述为而且常被表述为“限定的”约束,这样来表述义务就是以形式因的方式表述;因为每个人被约束的时候,他的行为方式就是在遵循规定,就好像匠人在完成作品时接受事先定好的模板指导。②

我们注意桑德森的最后这句话,它又涉及了制作者、制作模型与作品的关系,也就是上帝作品模型。人如果作为制作者想要完成作

---

① John Locke, *Essays on the Law of Nature*, pp. 184 - 187. John Locke, *Questions concerning the Law of Nauture*, pp. 208 - 211. 中译文参照洛克:《论自然法则》,第159页。洛克:《自然法论文集(续)》,李季璇译,《世界哲学》2012年第2期,第154页。

② John Locke, *Questions concerning the Law of Nauture*, p. 209, n. 87.

品，他会在心中先有一个想要完成的作品的形式、作品的模板，然后再根据模板来完成自己的作品。在这里，“规范”的意义是从模具的意义上去谈的，模具规定好了所要制作的作品的界限，同样，“规范”也规定好了人行为的界限。那么现在的问题是，“匠人”的模板是从哪里来的？“形式”是从哪里来的？这就需要思考自然法的形式与上帝的关系，持有自然法意志论观点的话，会认为自然法的形式是上帝赋予的。这就涉及了上帝作品模型。自然法意志论的观点认为，在上帝创造之前，不存在任何作品模板，上帝的创造行为不可能遵循任何模板，模板的出现正是上帝意志的结果。洛克修改了桑德森的某些说法，是为了和其意志论的观点更加符合，上述引用的文本也显示出，洛克将至高者的意志作为了法的最终原因和形式因，这就说明洛克持有的是自然法意志论的观点，认为自然法的形式是由上帝赋予的。当然，洛克也注意到，自然法作为“法”还有一个特征，就是“划定界限”。“划定界限”意义更多的是与希腊 nomos 的概念相关联。Nomos 最初的含义就是划定土地的界限。施米特对 nomos 与土地划定界限的关系进行过非常精彩的说明。他认为大地是法的母亲，大地从三个方面标志着法与正义的根：第一，大地母亲的子宫内本身就孕育着尺度，这个尺度就是人在大地上辛苦劳动，将从大地上得到收获。大地本身就孕育着正义的内在尺度。[①] 我们在前面已经看到，洛克也是从这个意义上来谈论正义的。他将正义定义为“给予每个人以享受他的正直勤劳的成果和他的祖先传给他的正当所有物的权利”。[②] 我们在后面还会看到，上帝将大地赋予人类，也赋予了人类

① Carl Schmitt, *The Nomos of the Earth*, p. 42.

② John Locke, *Two Treatises of Government*, p. 170. 洛克：《政府论（上篇）》，第 34 页。

获取私有财产的方式——理性，财产的尺度就是根据人们的劳动，土地的占有也适用劳动这一尺度。[①] 第二，人类通过对大地的划界，使归于个人所有的东西变得显明易见。第三，人类也通过维持划界的标志，维持了法作为公共秩序的标志。[②] 我们从上述洛克自然法论文的文本看到，洛克是将"划定界限"理解为规定义务和责任的模板和尺度。我们需要注意的是，当洛克从"划定界限"的角度来谈论自然法作为"法"的性质时，关注的重点是自然法的颁布方式——理性。洛克早期做过法的分类：神法、政治法、兄弟法和私人法所划分的依据是法的创作者。神法内部划分的依据是法的颁布方式。我们进一步申明的话，法的创作者的划分依据是从命令发布者的角度考虑问题的，而法的颁布方式的划分依据则是从命令接收者的角度考虑问题。[③] 我们在这里再次看到，就效力而言，上帝的意志是自然法效力的主要原因，是上帝的意志赋予了自然法以形式，人类的理性只是自然法的次级原因，为自然法提供了尺度，但人类理性这一尺度是由上帝赋予的。现在我们可以来看《政府论(下篇)》中的上帝作品模型的论述了：

> 自然状态由自然法统治，约束着每一个人：而理性，也就是自然法，教导着全人类，尽管他们有意志，但是需要查询自然法，人们既然是平等和独立的，任何人就不得侵害他人的生命、健康、自由或财物。因为既然人们都是全能和无限智慧的制作者的作品，既然都是唯一享有主权的主人的仆人，奉他的命令来到

---

① John Locke, *Two Treatises of Government*, pp. 286,292,295.

② Carl Schmitt, *The Nomos of the Earth*, p. 42.

③ John Locke, *Second Tract on Government*, pp. 63 - 64.

这个世界,从事于他的事务,他们就是他的财产,是他的作品,他们的存在是凭他的喜恶,而不是凭借彼此之间的喜恶。我们既赋有同样的能力,在同一自然的统一体内共享一切,就不能设想我们之间有任何从属关系,可使我们有权彼此毁灭,好像我们生来就是为他人所用,如同低等造物生来就是供我们所用一样。①

我们看到,洛克在这里把"理性"等同于"自然法",但是,我们结合上述的分析,人类的理性是上帝赋予的,上帝是根据自己的形象造的人。我们再次回到《政府论(上篇)》第四章第 30 节关于"上帝形象"所做的讨论。弗莱彻(Fletcher)对"上帝形象"的讨论更有助于我们对平等问题的理解。

弗莱彻重新翻译了《旧约圣经·创世记》第一章第 26 节:

"上帝说,我们将按我们自己的形象,按我们的样式造人【亚当】,他们将对海里的鱼、空中的鸟并地上的野兽和各类爬虫享有支配权。所以上帝照上帝自己的形象造了人,上帝照上帝的形象造了它,上帝造了男女,上帝造了他们。"②

弗莱彻之所以要重新翻译这段文本,是因为他认为希伯来文的原文存在着模糊性,需要通过英译予以澄清。最令人困惑的是,上帝到底是造了一个存在,还是造了两个存在。尤其是最后一句,单数和复数的运用显得非常模糊,先是说上帝造了"它",后来又说上帝造了"他们",弗莱彻说为了审慎起见,他将希伯来文 oto 翻译为"it(它)",

---

① John Locke, *Two Treatises of Government*, p. 271. 约翰·洛克:《政府论(下篇)》,第 4 页。译文根据英文有较大改动。

② George P. Fletcher, "In God's Image: The Religious Imperative of Equality under Law," *Human Rights Review*, January-March 2002, p. 91.

而不是"him(他)",以表示这个词在性别上具有中立性。[①] 弗莱彻这里解经所遇到的问题,洛克也同样遇到了。我们在前面对《政府论(上篇)》的解读中看到,洛克将"man"理解为集合名词,同样包括了男性和女性。[②]

当然,当我们进入《旧约圣经·创世记》第二章的时候,问题也随之出现了。《旧约圣经·创世记》第二章是我们熟悉的亚当与夏娃的故事,上帝造了亚当,亚当需要一个帮手,于是上帝又抽取亚当的肋骨造了夏娃。而且第二章的故事还告诉我们,上帝造亚当的质料是从泥土而来的,"亚当"(Adam)在希伯来语里本身就是"泥土"的意思。第二章的故事有两点是值得我们注意的:第一,根据弗莱彻的解读,亚当的质料来自泥土,夏娃的质料来自亚当,似乎他们的质料先前就存在了;第二,根据这一章的故事,人类似乎有两个起源,即亚当和夏娃,而夏娃又是亚当骨中的骨,肉中的肉。[③] 再加上菲尔默所运用的《旧约圣经·创世记》第三章第 16 节夏娃因原罪而必受丈夫支配的故事,似乎能够支持菲尔默的父权制论述。这里的第一点更为关键,也是第二点的原因,因为第一点没有强调创世记第一章始终强调的点:上帝的无中生有(God creates *ex nihilo*)。[④] 我们看到第一章的故事所要强调的是上帝在创造亚当时没有模板也没有形象来指引他构建亚当的原材料。第一章故事开篇所强调的意志论最为关

---

① George P. Fletcher, "In God's Image: The Religious Imperative of Equality under Law," p. 91.

② John Locke, *Two Treatises of Government*, pp. 161 - 162.

③ George P. Fletcher, "In God's Image: The Religious Imperative of Equality under Law," p. 91.

④ George P. Fletcher, "In God's Image: The Religious Imperative of Equality under Law," p. 92.

键:“上帝说,要有光,就有了光。”(《旧约圣经·创世记》第一章第 3 节),当然第一章的故事也是洛克所希望的出发点。有人会反对说,上帝的形象不也是形象吗?可是,关键问题在于上帝的形象是人类无法去界定的。如同我们已经论证的,自然法的形式、模板与尺度是上帝意志的结果。“上帝从无中创造了我们,如果他乐意,他也能意愿我们重新归于无:因而,我们服从于他,是完全正当的,绝对必要的。”①

5.1.3.3 平等武装的自然法执行权

既然我们是上帝的财产,那么,我们似乎还可以提这样的问题:既然是财产,人的价值是多少呢?既然是财产,可不可以像本章开头那样,将普通人作为特殊等价物,或者将理性作为一般等价物来换算人与人之间的价值大小呢?这个问题就是人与人之间的价值是否可以公度。② 如果要进行公度,那么理性是个合适的尺度,来丈量每个人的价值。可是,如同我们已经看到的,理性这一尺度是上帝赋予的,在上帝的面前,我们都是处于财产的地位,处于被丈量的位置。如果上帝拿着理性这一尺度进行丈量,认为某些人比其他人更有价值,那么,他可以通过明确的意志宣告,来指定某些人处于支配地位和主权者的位置。③ 但是,上帝并没有做这样明确的宣告。在人与人之间的关系中,没有人有资格拿着理性这一尺度去衡量他人的价值。因此,人作为上帝的财产在彼此眼中是无价的,人与人之间的价值是不可以公度的。因此人作为上帝的财产,没有资格毁损自己或他人:

---

① John Locke, *Essays on the Law of Nature*, pp. 186 - 187.

② 刘海川,“霍布斯论平等”,《云南大学学报(哲学社会科学版)》,2014 年第 6 期。

③ John Locke, *Two Treatises of Government*, p. 269.

> 正因为每一个人有义务保存自己，不能任意退出他作为人的地位；所以基于相似的理由，当他的自我保存不成问题时，他就应该尽其所能保存其余的人类，而除非为了惩罚一个罪犯，不应该夺去或损害另一个人的生命以及一切有助于保存另一个人的生命、自由、健康、肢体或其他好处。[①]

如果有人要侵犯他人的生命、自由、健康、肢体，甘心退出作为人的地位，被侵犯者该当作何处理呢？“凡流人血的，他的血也必被人流”，洛克将其作为重大的自然法，这条自然法让该隐深信无疑，人人享有毁灭这种罪犯的权利，所以在他杀死兄弟之后喊道：“凡遇见我的必杀我”，这是早就这样明白地镂铭人心的。[②] 流人血者之所以其血也必被人流，是因为上帝造人，是照自己的形象造的。上帝的形象意味着这种形象与这个形象的原本有着某种重要的关系，人类分有了与创造宇宙者具有密切关系的终极价值。[③] 人平等地享有报复侵犯者的权利，洛克这里体现着“以眼还眼、以牙还牙”的《旧约圣经》精神。当然，拉斯莱特这里也指出，洛克这里似乎又把自然法作为了镂铭人心的知识。[④] 这似乎与他《人类理解论》和《自然论文集》里批判天赋知识(innate doctrine)的观点不符。如同我们前面已经看到的，天赋知识实际上是一种不虑即知的道德知识，是一种道德直觉主义，在洛克看来，人们的错误往往是把从习惯中所获知识错误地当作是

---

① John Locke, *Two Treatises of Government*, p. 271. 约翰·洛克：《政府论(下篇)》，第4—5页。译文根据英文略有改动。

② John Locke, *Two Treatises of Government*, p. 274.

③ George P. Fletcher, “In God’s Image: The Religious Imperative of Equality under Law,” p. 93.

④ Peter Laslett, *Two Treatises of Government*, p. 274, n. 1.

天赋知识，从习惯中获得的知识和天赋知识的共同之处是他们都把这种知识当作理所当然的知识，没有运用自己的理性对这种知识进行反思。“凡流人血的，他的血也必被人流”作为一条自然法知识，初看之下，符合我们的正义直觉，就与“以眼还眼、以牙还牙”一样。我们可以设想这样的日常生活情况，当巴黎 2015 年 11 月 13 日遭恐怖袭击时，很多人感到义愤。法国总统宣布对恐怖分子无情打击，这个“无情”是基于恐怖分子“无情”的屠戮，这符合“以眼还眼，以牙还牙”，我们对此很能理解，因为感到义愤的我们觉得这是必要的手段。实际上，我们感到义愤，是因为我们心中有某种正义感，但是，正义感始终是种感觉，如果我们只停留在正义感的层面，则我们会把它作为某种天赋的东西，但是却没有通过运用理性对这种感觉进行反思，就是没有追问为何“以眼还眼，以牙还牙”是对的。如果我们进一步追问，洛克会告诉我们，因为人要自我保存。当然，从自我保存出发的理性是一种进行计算的理性，别人侵犯我，我却坐以待毙，这是一种失算的行为，这与《新约圣经》的“别人打我的左脸，将右脸也伸过去”的隐忍教导截然不同了。同时，洛克还会告诉我们，人还要保存全人类，这个层面的理性需要考虑他人。从自我保存和保存全人类出发，洛克发展了“自然法执行权”的奇怪学说，他认为每一个人都拥有自然法的执行权，在拥有自然法执行权这一点上，每一个人也都是平等的。[①]“自然法的执行权”既然是法的执行权，就预设了自然法的判断。也就是说，如果有人对自己使用暴力，每个人都可以使用暴力予以回击，也就是“以眼还眼、以牙还牙”，但如果是单纯的使用暴力进行报复，仅仅是一个事实问题，还不涉及规范的维度。洛克更要说的

---

① John Locke, *Two Treatises of Government*, p. 271.

是，人不但能够使用暴力回击，而且有权使用暴力回击，使用暴力回击是正当的，这意味着人在这个时候以自然法为尺度对自己的报复行为进行了判断，人在进行判断的时候不仅仅是从自我保存的立场出发，对侵犯者过往的罪行进行报复，而且还可能从保存人类的立场出发，对将会出现的侵犯者予以震慑。因此，洛克说人与人之间的权力是相互的，所谓权力是相互的，意味着如果别人对我使用暴力，我也可以用暴力予以回击，洛克还说，人与人之间的管辖权是相互的，意味着我可以判断自己对侵犯者使用暴力是否正当。正是人与人之间相互的管辖权使得报复有了规范性的维度。当然，洛克也意识到了，如果每一个人自己判断自己的报复行为，就意味着自己是自己案件的法官，因此，洛克自己说这是一种奇怪的学说。① 洛克在《政府论(下篇)》第二章第5段的阐述更有利于澄清这个问题：

> 明智的胡克认为，人类基于自然的平等本身如此明显且不容置疑，因而把它作为人类互爱义务的基础，并在这个基础之上建立人们相互之间应有的种种责任，从而引申出正义和仁爱的重要准则。他的原话是：
>
> “相同的自然动机是人们知道有爱人和爱己的同样的责任；因为，既然看到平等的事物必须使用同一尺度，如果我想得到好处，甚至想从每个人手中得到任何人灵魂深处所希望得到的那么多，则除非我设法满足无疑地也为本性相同的他人所有的同样的要求，我如何能希望我的任何部分的要求得到满足呢？如果给人们他们欲望所厌恶的东西，一定会在所有方面使他们不

① John Locke, *Two Treatises of Government*, p. 272.

快，如同我在这情况下也会不快一般。所以如果我为害他人，我只有期待惩罚的痛苦，因为毫无理由要别人对我比我对他们表现更多的爱心。因此，如果我要求本性与我相同的人们尽量爱我，我便负有一种自然的义务对他们充分地具有相同的爱心。从我们和与我们相同的他们之间的平等关系上，自然理性引申出了若干人所共知的、指导生活的规则和教义。”《宗教政治》第一卷。①

约瑟夫森(Josephson)对上述文本的解读仅仅抓住了洛克的“动机”和“欲望”等关键词，认为洛克明里引用胡克，实际上是在颠覆胡克的传统学说，洛克所谓的“平等”指的是在欲望面前的平等，也就是说人与人之间有相似的“自然动机”，有相似的欲望，这种欲望的相似性使得人与人之间是平等的。而且，洛克所谓要平等地对待他人，并不是因为互爱的义务，而是出于自利的动机，人的自我保存要求人保存他人，这个论证将人与人之间的平等与人的动机和计算联系在了一起。② 当然，约瑟夫森说洛克在人与人之间的平等与人的自利动机与理性计算联系在了一起，这是正确的。洛克上述的话里又再次提到了正义，而洛克对正义的界定是：“给予每个人以享受他的正直勤劳的成果和他的祖先传给他的正当所有物的权利”。③ 这意味着，人在进行付出时对回报有期待。他会进行计算，如果他的付出和他的

① John Locke, *Two Treatises of Government*, p. 270. 约翰·洛克：《政府论(下篇)》，第 3—4 页。译文根据英文略有改动。

② Peter Josephson, *The Great Art of Government: Locke's Use of Consent*, University Press of Kansas, 2002, pp. 29 - 32.

③ John Locke, *Two Treatises of Government*, p. 170. 洛克：《政府论(上篇)》，第 34 页。

回报不对等,他会感到不正义和不公平。人人都要回报,前提是人人都要有所付出,就像在契约这种特殊的法律交易中,必须要有对价,有对价才是一种正义的对等关系。人人都有这种相似的自利动机,这没有错,但这并不是全部。约瑟夫森的错误在于将保存人类的自然法要求全部还原成了自我保存的自然法要求,但是,洛克在文本中并没有将"保存人类"完全还原为"自我保存"的证据。相反,洛克坚持"自我保存"与"保存人类"是两条并行的自然法要求。洛克的上述文本说,人有相同的厌恶,如果侵害他人,将会面临惩罚的痛苦,如果惩罚纯粹是从自我保存的自利动机出发,是很难具有规范性维度的。洛克将一个人合法地伤害他人称为惩罚。[①] "合法的"说的正是惩罚的规范性。洛克将自然法的执行权区分为两种权利:"……一种是人人所享有的旨在抑制相类罪行而惩罚犯罪行为的权利;另一种是只属于受到损害的一方的要求赔偿的权利……受害人基于自我保存的权利,拥有将罪犯的物品或劳役取为己用的权力,正如人人基于保存人类并为此作出一切理性行动的权利,拥有惩罚罪行并防止罪行的再度发生的权力一样。"[②]

我们举一个例子来说明洛克对这种两种权利的划分。在自然状态下的 a、b、c 三人,c 侵犯了 a, a 基于自我保存的权利,可以要求 c 损害赔偿,并且对 c 进行报复。不宁唯是,a 基于保存人类的权利,能够惩罚 c,惩罚的目的不仅仅是自利动机,而是对相类的罪行进行抑制和震慑。而且不但 a 享有惩罚 c 的权利,b 也享有惩罚 c 的权利,b 的惩罚权主要来自保存人类的权利。当然,约瑟夫森可以反对说,b

---

① John Locke, *Two Treatises of Government*, p. 272.

② John Locke, *Two Treatises of Government*, pp. 273 - 274. 洛克:《政府论(下篇)》,第 7 页。

对c的惩罚可以同样基于自利动机,他担心c将来会对自己实行相类的罪行。但是需要注意两点:第一,洛克的自我保存与保存人类的视角还是不尽相同,自我保存是完全从自我出发的视角,而保存人类有些类似于休谟“公允旁观者”和哈特“局外人”的视角。自我保存的理性纯粹是出于自我利益计算的理性,洛克自己所称的保存人类的行动是理性行动,就说明这种理性与自我利益计算理性有所不同;第二,动机和目的是有所区分的,自利当然是重要的动机,但作为动机的自利与作为目的的自我保存还是有所区别,同时与作为保存人类的目的也有所区别。动机推动我去行动,是我行动的起点,但目的是我所要达致的终点。我出于自利的动机去行动,自我保存就是我的目的,在如何达成我的目的上,我需要运用我的理性进行计算、权衡,哪一种方式是达成这一目的的最好手段。理性经过权衡之后,会给行动提供最佳的行动理由。如果纯粹是达到自我保存的目的,那么推至极端,完全可以在某些情况下将他人作为自己达到自我保存目的的工具,即作为满足自己快乐的工具。但是,我们在前面已经看到,洛克认为人是上帝的财产,而且是无价的财产,人除了能够为上帝的喜乐之外,并不能成为其他任何人满足自己快乐的工具。洛克说,赔偿和限制是惩罚的两种仅有的理由,而赔偿是为自我保存的目的,限制则是为保存人类的目的,我们在文本中看到,洛克认为两种理由是不同的理由,两种目的是不同的目的。①

对于洛克恢复《旧约圣经》中“以眼还眼、以牙还牙”的精神还有一点重要的说明,就是洛克的“自然法的执行权”是将自然法的强制力放到了每一个人手中,让自然法的强制力得以在此世实现。约

① John Locke, *Two Treatises of Government*, pp. 272 - 274.

翰·邓恩认为洛克的平等观念体现着《新约圣经》的精神:"当我们要就人类所享有的种相身份来谈论平等造物的规范性维度时,耶稣基督(和圣保罗)也许没有在《政府论》中亲自出现,但他们的出现却不可忽视。"[①]但是,正如克莱默所正确指出的,《新约圣经》中耶稣和圣保罗认识到了不平等制度的现实性,更多地是教导臣民要温顺,在此世的不平等是为了来世的平等。而洛克所要的不是来世的平等,而是此世的平等。[②] 我们可以再将克莱默的结论往前推进一步。洛克的平等体现着"流人血的,其血也必被人流"的自然法诫命,每一个人都平等地武装有"自然法的执行权","自然法的执行权"主要来自自然法的强制力。自然法的指导力和强制力分别对应着义务性服从自然法的责任和接受自然法惩罚的法律责任。义务性服从自然法的责任主要是指接受理性的指导。当没有遵循理性的指导时,接受惩罚的自然法责任将会发挥作用,也就是自然法的强制力将会发挥作用。有接受自然法惩罚的责任就意味着有自然法的惩罚权利,当然,这样的惩罚权威最终来源是上帝,上帝的这种权威是不需要证成的,因为上帝才是自然法的作者。[③] 但是,人作为有理性的自然法的接收者对侵犯者施以自然法的惩罚时,接受自然法惩罚的责任与自然法的执行权的关系更为复杂,因为正如哈特指出的,a 有自然权利,并不意味着 b 有对应的自然义务,a 必须为 b 的自然义务提供道德证成的基础。[④] 洛克为此给出的理由是自我保存和保存人类。但是,自然法强制力在此世实现,并不意味着其神学基础不重要,毕竟执行权只是执

---

① John Dunn, *The Political Thought of John Locke*, p. 99.

② Matthew Kramer, *John Locke and the Origins of Private Property*, p. 39.

③ John Locke, *Essays on the Law of Nature*, pp. 182 – 183.

④ H. L. A. Hart, "Are There Any Natural Rights?"pp. 79 – 83.

行权,执行权总需要授权,最终的权威总要对执行情况如何进行问责。因此,洛克说,每个人作为自己良知的法官,最后要在末日审判时向上帝负责。[①]

5.2 自由

我们将在接下来的讨论中看到,洛克在讨论自由时,也总是将自由与法联系在一起。我们先看他在《政府论(下篇)》中对自由的一些界定:

> 那是一种完美的自由状态,他们在自然法的范围内,按照他们认为合适的方法,决定他们的行动和处分他们的财物和人格,而无需得到任何人的许可或听命于任何人的意志。[②]
>
> 人的自然自由,就是不受人间任何更高者的约束,不处在人们的意志或立法权威之下,只以自然法作为他的准绳. 处在社会中的人的自由,就是除经人们同意在国家内所建立的立法权力以外,不处于其他任何立法权力之下;除了立法机关根据对它的信托所制定的法律以外,不受任何意志的支配或任何法律的限制。所以,自由并非像罗伯特·菲尔默爵士所告诉我们的那样:"各人乐意怎样做,高兴怎样生活就怎样生活,而不受任何法律束缚的那种自由。"(《关于亚里士多德〈政治学〉中政体形式的几点评论》,第55页)处在政府之下的人们的自由,应有长期有

① John Locke, *Two Treatises of Government*, p. 282.

② John Locke, *Two Treatises of Government*, p. 269. 约翰·洛克:《政府论(下篇)》,第3页。译文根据英文略有改动。

> 效的规则作为生活的准绳，这种规则为社会一切成员所共同遵守，并为社会所建立的立法机关所制定。这是在规则未加规定的一切事情上能按照自己的意志去做的自由，而不受另一个人的反复无常的、事前不知道的和专断的意志的支配；如同自然的自由是除了自然法以外不受其他约束那样。①

洛克集中谈论哲学意义上的自由是在《人类理解论》第二卷第二十一章"能力"(power)。对这一章的自由概念以及洛克享乐主义的讨论，将会有助于我们对自由与法的关系的理解，因此，对这一章进行解读是值得的。

5.2.1 能力、意愿与意志

首先需要澄清的一点是，洛克这里所用的能力(power)同时有两层含义：第一是能量，如，火融化金子的能力；第二指人的体力和智力。"能力"(power)是我们由感觉和反省得来的简单观念之一。一方面，我们意识到自己能够思想，而且能够任意运动自己静止的肢体，另一方面，我们也通过感觉，感觉到自然物体互相产生的各种结果。② 一方面，人的心智通过感觉注意到外界事物中的简单观念随时都有变化，另一方面，人的心智通过反省自身中所经过的东西，观察到观念的持续变化。于是，人的心智就根据持续观察到的得出结论，在将来，同样的能动者还会以同样的方式在同样的事物中发生同样

---

① John Locke, *Two Treatises of Government*,. pp. 283 - 284. 约翰·洛克：《政府论(下篇)》，第 15 页。译文根据英文略有改动。

② 洛克：《人类理解论》，第 96—97 页，译文根据英文略有改动，参见 John Locke, *An Essay Concerning Human Understanding*, p. 131。

的变化，一种事物有简单观念被变化的可能性，另一事物则有产生变化的可能性。通过感觉和反思的作用，人就得到了能力的观念。① 因为有的事物有主动变化的可能性，有的事物有被动变化的可能性，于是，洛克又对能力进行了区分，能引起变化的能力是主动能力，接受变化的是被动能力，例如火有融化金子的主动能力，金子有被融化的被动能力。上帝作为创作者只有主动能力，物质只有被动能力，洛克的兴趣是既有主动能力，又有被动能力的人，并且是如何得到能力的观念。洛克这一章关心的主题是自由问题，自动能力是自由的一个必要条件。②

能力包含着某种关系，行动的关系或变化的关系。③ 物体（body）并没有给我们提供主动能力的清楚明白的观念，我们更多地需要反思自己心智的运行。由于所有能力都与行动相关，并且洛克将行动划分为思想和运动，因此洛克要考究思想能力和运动能力的清楚明白的观念从哪里来，物体无法提供思想能力的观念，只能由反思提供。物体同样无法提供运动从何开始的观念。例如，我们观察到一个静止的球被球杆击打，由静止变为运动，但这只是一种被动的变化，静止的球只是将运动的球杆的运动传递下去，我们无法从对外物的观察中得到主动能力的观念。④

但是，如果我们反思自身心智的运行，就会发现只要我们有运动

---

① 洛克：《人类理解论》，第 204 页，译文根据英文略有改动，参见 John Locke, *An Essay Concerning Human Understanding*, p. 233。

② 洛克：《人类理解论》，第 204 页，译文根据英文略有改动，参见 John Locke, *An Essay Concerning Human Understanding*, p. 234。

③ 洛克：《人类理解论》，第 205 页，译文根据英文略有改动，参见 John Locke, *An Essay Concerning Human Understanding*, p. 235。

④ 洛克：《人类理解论》，第 206 页，译文根据英文略有改动，参见 John Locke, *An Essay Concerning Human Understanding*, p. 235。

的意愿，有运动的思想，我们就能运动静止身体的各个部分，人的心智通过反省自身的作用才能得到清楚明白的主动能力观念。[①] 人的心智中有两种主动的能力——意志和理解。这两种能力之所以是自动的，是因为仅仅通过思想或心智中偏好的指令作用、命令作用，人就能够主动开始或停止、继续或终结心智的行动和身体的运动。洛克对意志（will）下了定义："人的心智中有这种能力，所以它可以在任何特殊的情节下，命令自身考究某种观念，或不考究某种观念；并且偏向于身体某些部分运动，而让其他部分静止，或者偏向于某些部分静止，而让其他部分运动。"[②]洛克细致地区分出了意志和意愿（willing），意愿是指意志的施展，通过意志的施展来指导某些特殊的行动或停顿某些特殊的行动。[③] 如果行动的停顿或展开都是来自人心智的指令或命令，那么这种行动就是意愿行动（voluntary），如果人行动的展开不伴有心智思想的作用，则是非意愿行动（involuntary）。[④] 洛克细致区分意志和意愿具有重要的意义，因为这为他后文谈论对欲望的悬搁问题提供了基础，如果不区分出意志施展的过程，欲望的悬搁就没有位置。洛克对理解的定义是知觉，包括三种知觉：对心中观念的所有知觉、对符号意义的知觉及对各种观念的联系、矛盾、契合的知觉。[⑤]

---

① 洛克：《人类理解论》，第 206 页，译文根据英文略有改动，参见 John Locke, *An Essay Concerning Human Understanding*, p. 235。

② 洛克：《人类理解论》，第 207 页，译文根据英文略有改动，参见 John Locke, *An Essay Concerning Human Understanding*, p. 236。

③ 洛克：《人类理解论》，第 207 页，译文根据英文略有改动，参见 John Locke, *An Essay Concerning Human Understanding*, p. 236。

④ 洛克：《人类理解论》，第 207 页，译文根据英文略有改动，参见 John Locke, *An Essay Concerning Human Understanding*, p. 236。

⑤ 洛克：《人类理解论》，第 207 页，译文根据英文略有改动，参见 John Locke, *An Essay Concerning Human Understanding*, p. 236。

通常，人们又会把意志和理解称为官能(faculty)，如果人们只是在洛克上述能力的意义上使用这两个词，那么他们被称为官能是恰当的。可是，如果有人认为意志和理解是人灵魂中的实际存在(real Beings)，就会出现一系列的问题：意志是灵魂中起命令作用的更高的官能。意志是否受理解的指令涉及意志是否自由的问题。从而也引出了自由和必然性的问题。[①]

洛克对自由下了一个定义："一个人如果有一种能力，可以根据自己心智的偏好和指导，来思想或不思想，来运动或不运动，则他可以说是自由的。""所谓的自由观念就是，一个能动者有一种能力按照自己心智的决定或思想，实现或停顿某种特殊的行动。在这里，行动的实现或停顿必须在能动者的能力范围之内，倘如不在其能力范围之内，倘如不在其意愿的范围之内，则他便不自由，是受了必然性的束缚。"总而言之，自由是按照心智的指导行动或不行动的能力。思想、意愿和意志是自由的必要不充分条件。[②] 洛克举了几个例子来说明思想、意愿和意志是自由的必要不充分条件。例如，前面所举的球受球杆击打的例子，没有人会认为球是一个自由的能动者，因为它没有思想，没有意愿，没有意志。但是有了思想，有了意愿，有了意志，也并不一定有自由。又如，一个人掉入河中，他有思想和意志，并且他有不掉入河中的意愿，但他没有能力阻止自己掉入河中。再如，一个熟睡的人被抬入一间屋中，醒来后发现屋中的人正是他渴望见到的，但屋门已锁，他没有能力出门。见到他想见的人，当然符合他的

---

① 洛克：《人类理解论》，第 207 页，译文根据英文略有改动，参见 John Locke, *An Essay Concerning Human Understanding*, pp. 236 - 237。

② 洛克：《人类理解论》，第 208—209，252 页，译文根据英文略有改动，参见 John Locke, *An Essay Concerning Human Understanding*, pp. 237 - 238，282。

意愿,但是他仍然没有自由。因为,"自由并不是属于意愿或偏好的一个观念;人们在有能力依据心智的选择和指导,来做一件事或不做一件事时,才有所谓自由。我们的自由观念的范围,正同那个能力的范围一样大,并不能超过这个范围。"①与意愿行动相反的是非意愿行动,而不是必然性,必然性的相反概念是自由。必然性是指,"任何事物如果完全缺乏思想,没有能力,按思想的指导,来实现或阻止任何运动。"洛克又将必然性做了区分:强迫(compulsion)和限制(restraint)。强迫是指有意愿的能动者任何行动的开始或继续与其心智的偏好相反,也就是说能动者不愿行动,而被迫行动。限制是指行动的阻止或停止与能动者的意愿相反,也就是能动者意欲行动,而被迫停止行动。② 自由同样不属于意志,因为自由是一种能力,意志同样是一种能力。"至于意志就是能这样作用的一种官能。不过这个官能实际只是人心智的一种能力,它可以决定自己的'思想',来产生,来继续,来防止任何动作(当然在可能的范围以内)。因为我们不得不承认,任何主体只要有一种能力来思想自己的动作,只要能选择它们的或进行或停止,那他就有一种名为意志的那种官能。因此,意志不是别的,只是这样一种能力。至于自由,则是另一种能力,人们在此,可以按照自己心理的真实选择,亦就是按照他们的意志,来实现或阻止任何特殊的动作。"③自由只能属于能动者,而不能属于意志,因此,如果问"意志是否是自由的",就如同在问一种能力是否有

① 洛克:《人类理解论》,第 208—209 页,译文根据英文略有改动,参见 John Locke, *An Essay Concerning Human Understanding*, p. 238。

② 洛克:《人类理解论》,第 211 页,译文根据英文略有改动,参见 John Locke, *An Essay Concerning Human Understanding*, p. 240。

③ 洛克:《人类理解论》,第 212 页,译文根据英文略有改动,参见 John Locke, *An Essay Concerning Human Understanding*, p. 241。

另一种能力，如同在问唱歌的能力是否有跳舞的能力，这样提问没有意义。[①] 正确的提问方式为“人是否是自由的”。[②]

对于“意志自由”这一说法的否定多少让人想起了霍布斯。但如同李猛所指出的，霍布斯的自由行动是自然运动，可以将自由运用于物体(body)。洛克的自由观念更多指涉的是心智。[③] 这一点也可以得到洛克自己说法的印证。洛克在与他密友、荷兰抗辩派(Remonstrants)神学家菲利普·凡·利姆伯奇(Philippus Van Limborch)关于“论能力”这一章的通信中肯认了此点，自由不仅指外部的行动，也包括思想的活动。[④] 洛克的《论宗教宽容：致友人的一封信》本是写给利姆伯奇的。[⑤] 1700 年 5 月，不懂英文的利姆伯奇收到了科斯特(Coste)翻译的《人类理解论》。由于“论能力”这一章所论的自由问题对抗辩派十分要紧，利姆伯奇随即与洛克展开通信予以讨论，讨论的结果是，洛克修改了“论能力”一章的第 71 节，并对相

---

① 洛克：《人类理解论》，第 211—214 页，译文根据英文略有改动，参见 John Locke, *An Essay Concerning Human Understanding*, pp. 240 - 244。

② 洛克：《人类理解论》，第 214 页，译文根据英文略有改动，参见 John Locke, *An Essay Concerning Human Understanding*, p. 244。

③ Li Meng, “Power and Goodness: Leibniz, Locke and Modern Philosophy”, The University of Chicago Doctoral Dissertation, 2008, pp. 208 - 209.

④ John Locke, Letter 2925, to Philippus Van Limborch, *The Correspondence of John Locke*, Vol. 7, ed. E. S. de Beer, Oxford: Oxford University Press, 1982, p. 327.

⑤ 利姆伯奇所属的抗辩派反对预定论，主张宽容，强调人在现世过虔敬而有德的生活，与主张预定论、不宽容的加尔文宗相对抗，抗辩派中的阿米尼派反对原罪论，洛克也持有此种主张。抗辩派的介绍及洛克与利姆伯奇的相识，参见 E. S. de Beer, *The Correspondence of John Locke*, Vol. 2, Oxford: Oxford University Press, 1976, pp. 648 - 650; John Marshall, John Locke, *Toleration and Early Enlightenment Culture: Religious Intoerance and Arguments for Religious Toleration in Early Modern and Early Enlightenment Europe*, Cambridge: Cambridge University Press, 2006, pp. 418 - 482。

应章节进行了改动。①

5.2.2 心智的驱动者——不安

接下来的问题是：什么决定了意志？② 洛克认为，最正确妥当的回答是，人的心智决定了人的意志。如果人们还不能满足于这个回答，那么可以进一步追问：什么能够促动人的心智。洛克会继续回答说“人的心智所以要继续其状态或动作，动机就在于他所感到的当下的满足；他所以改变的动机总是在于一种不安，因为只有一种不安可以使我们变换自己的状况或采取一种新的行动。促动人的心智使它发生行动的，不安是它的最大的动机。这种作用为简便起见，我们就叫它做意志的决定。”③洛克接下来会把不安等同于欲望。人们常常会把欲望和意志相混淆。他首先要做的工作是区分欲望和意志，否则，追问什么决定意志，洛克的回答是欲望决定意志，而欲望又被混淆于意志，就相当于说意志决定意志，这就变成了毫无意义的回答。欲望与意志的区别连利姆伯奇也没搞清楚。利姆伯奇在第一封信中赞同洛克对于意志自由的看法，不能说意志自由，只能说人的自由。④ 利姆伯奇这样理解意志和欲望：

---

① 洛克与利姆伯奇讨论的信件号分别是 2281、2925、2953、2979、3010、3043、3055、3192 和 3200，John Locke，*The Correspondence of John Locke*，Vol. 7，ed.，E. S. de Beer，Oxford：Oxford University Press，1982，pp. 268 - 278，325 - 330，363 - 372，402 - 412，448 - 465，501 - 505，518 - 521，679 - 681，690 - 695。

② 洛克：《人类理解论》，第 219 页，译文根据英文略有改动，参见 John Locke，*An Essay Concerning Human Understanding*，p. 249。

③ 洛克：《人类理解论》，第 219 页，译文根据英文略有改动，参见 John Locke，*An Essay Concerning Human Understanding*，p. 249。

④ Philippus Van Limborch，Letter 2881，to Locke，*The Correspondence of John Locke*，Vol. 7，ed. E. S. de Beer，Oxford：Oxford University Press，1982，p. 274.

接下来您探讨了一个主要问题，是什么促使人们这样做或那样做。我自己这么理解：吸引人的东西是一种宜人的善或快乐；另一方面，人闪躲的是恶；就此而言，人所意欲的就是他视作宜人的东西，他所闪躲和逃离的就是他视作恼人的东西。[①]

洛克认为利姆伯奇混淆了意志与欲望：

当您说"人所意欲的就是他视作宜人的东西"时，恐怕您混淆了意志和欲望。处理这个主题的绝大部分学者都混淆了这两者，这么做不说对真理有害，至少是不够精确。窃以为，欲望指向的才是宜人的东西，而意志指向的只是我们的行动，而且就停在我们行动前的最后一步……渴望【*Cupido*】是因缺乏善而促动的激情；而意愿则是意志或灵魂的行动，以命令人们施展其能力。渴望和意愿是不同的灵魂活动，渴望是对某种东西的热望【*cupit*】，因而它决定或命令，必须有所行动，渴望和意志因此而得以分开，只有分开两者，人类意志的问题才搞得清楚。[②]

洛克认为意志与欲望相互区别，是因为当一个人反省他心智中所经过的东西，也就是当他的意志发挥作用时，意志的能力所关注的只是我们自己的行动，意志是行动前的终点，它停在那里不再前进

① Philippus Van Limborch, Letter 2881, to Locke, *The Correspondence of John Locke*, Vol. 7, ed. E. S. de Beer, Oxford: Oxford University Press, 1982, p. 275.

② John Locke, Letter 2925, to Philippus Van Limborch, *The Correspondence of John Locke*, Vol. 7, ed. E. S. de Beer, Oxford: Oxford University Press, 1982, pp. 327 – 328.

了。意愿是意志形成之前的心智决定过程，在这个过程中努力产生、维系或停止任何行动，而这种努力被认为是心智的能力。而欲望作为动机，是促动意愿发生作用的动力，发生在意愿形成之前。洛克举了一个欲望和意志相反的例子，来说明两者是两个独立的过程。例如，朋友 a 找我去说服 b，但我并没有说服 b 的意愿，又感到 a 的朋友之情实在难以推却。我尽管还是进行了说服 b 的行动，但由于这与我不想说服 b 的意愿相违背，最后我没有说服 b。在这个例子中欲望和意志是朝着两个相反的方向。①

在区分意志和欲望之后，洛克可以定义不安了。不安是一种当下的欲望，而欲望就是人的心智对善的缺乏的不快，包括身体上的痛苦和心智上不安定的状态。因为相对于痛苦而言，这种当下缺乏的善对人的心智是一种安慰，在得到这种安慰之前，在达到这种善之前，人的心智始终处于一种不安定的状态，也就是一种欲望善的状态。洛克对人的欲望又进行了更为细致的划分，一种欲望是脱离痛苦的欲望，也就是对缺乏的消极善的欲望，另一种欲望是对积极善的欲望，脱离痛苦的欲望要大于对积极善的欲望。②

洛克之所以要区分消极善和积极善，是因为他要强调不安是人类行动的唯一动力，最大的积极善并不能够决定意志。最大的积极善决定人的意志，是当时的普遍的看法，而且洛克在《人类理解论》第一版中持有这样的观点：

---

① 洛克：《人类理解论》，第 220 页，译文根据英文略有改动，参见 John Locke, *An Essay Concerning Human Understanding*, pp. 249 - 250。

② 洛克：《人类理解论》，第 221 页，译文根据英文略有改动，参见 John Locke, *An Essay Concerning Human Understanding*, p. 251。

> 尽量减少痛苦，增加更大快乐，本身就是一种善，增加痛苦，减少快乐，本身就是恶，这一原则决定了我们的选择，挑起我们的偏好。善，只有更大的善才能决定意志。①

洛克的朋友威廉·莫里纽克斯（William Molyneux）却对洛克这版中自由问题的讨论提出了一些疑问。1692 月 9 月洛克给莫里纽克斯去信询问对《人类理解论》一书的看法。1692 年 12 月 22 日给洛克的回信中，莫里纽克斯这样写道：

> 下一个我对你的讨论寄予厚望的地方是自由与必然性问题的讨论。整个讨论思路在你的书中看来似乎如此精致，以至于自由与必然性的大问题似乎消失了。因而，你似乎将所有的原罪都归咎于我们的理解，或是我们的良知，而不是归咎于我们意志的堕落。你的说法似乎对人要求有些高了，一个人应当得到谴责，是因为他本应更好地发挥理解能力，但他却没有这样做。②

莫里纽克斯的疑问实际上涉及的是意志软弱的问题。莫里纽克斯暗指，洛克对这个问题的处理不够精细。生活中，我们没有尽到某些义务，其实原因是复杂的。有的可能是因为我们理智上没有认识

---

① John Locke, *An Essay Concerning Human Understanding*, pp. 250 - 251, n. 1；又见 Gideon Yaffe, *Liberty Worth the Name: Locke and Free Agency*, Princeton: Princeton University Press, 2000, p. 34。

② William Molyneux, Letter 1579, to John Locke, *The Correspondence of John Locke*, Vol. 4, ed. E. S. de Beer, Oxford: Oxford University Press, 1979, pp. 600 - 601. Antonia Lolordo, *Locke's Moral Man*, Oxford: Oxford University Press, 2012, p. 36.

到，没有理解到。有的可能是我们认识到了，但是仍然无法做到，即意志软弱。例如，早起这件事，有的人没有早起，是还没有理解早起的好处，但很多人没有早起，是理解了早起的好处，却没有足够的意志力早起。但是，如果是因为没有吃早餐的饥饿，则更容易驱迫人早起。洛克在新版里自己举了一个酒鬼的例子，酒鬼明明知道，酗酒有损健康，消耗财富，尤其在他酒瘾没有上来的时候，但是当他的酒瘾使他陷入一种巨大不安的时候，这种不安的状态仍然驱使酒鬼拿起了酒杯，尽管他在心中默念这是最后一杯，但是他总是会一犯再犯。洛克发现，欲望在促动意志时，比最大的积极善更能直接决定意志，并且正是这种不安促进连续不断的意愿行动。[①] 如果一个处于清贫的人安于清贫，他对此并不感到不安，那么他就没有动力改变自己清贫的状态，但是如果他不仅仅是清贫，而是赤贫，甚至是处于吃不上饭、濒临饿死的状态，他一定会因为这种巨大的不安而改变自己的状态。所以洛克说：

> 全知的制作者，既然明悉我们身体的组成，而且知道什么能决定意志，所以他就使人发生了饥渴的不安，以及其他种种自然的欲望，使它们适时发动起来，以此促进并决定人们的意志，使他们自我保存，维系种相。[②]

如果对于最大的积极善的冥思就能决定人的意志，造物主让人

---

① 约翰·洛克：《人类理解论》，第 223—224 页，译文根据英文略有改动，参见 John Locke, *An Essay Concerning Human Understanding*, pp. 253 - 254。

② 约翰·洛克：《人类理解论》，第 222 页，译文根据英文略有改动，参见 John Locke, *An Essay Concerning Human Understanding*, p. 252。

类有这些自然的痛苦,就会显得多余。最大的积极善只有让人对这种善的缺乏感到巨大的不安时,才会对人的意志起作用。如果我们想要追寻这种最大的积极善,我们第一步先要摆脱当下的痛苦。最大的积极善对我们而言是相对遥远的目标,而摆脱当下痛苦的不安却是促进我们下一个行动的直接动力。① 不安和痛苦是当下的,而积极善的缺乏则较远。一般而言,暂时不存在的东西不会发生影响。当然,人们可以反对说,人可以通过对积极善的反思,而使它呈现于人的心智,变成当下的存在。那么,如果积极善要决定意志,它所必须达到的要求就是,能够激起人对它的欲望,并且有规则地、恒常地决定人的意志,使人发生连续不断的行动。但是,当下缺乏的积极善始终是未来发生的事,这意味着它可能发生,可能不发生,并不是必然的。实际上,可能的积极善不会时时抓住意志。而不安却是人们当下就能感受到的,并且是最容易感受的。②

但是,摆脱痛苦只是通向幸福的第一步而已。不安总是伴随着欲望,不安说明人对当下的不满,人毕竟对未来还有远见。尽管幸福不会成为人行动的动机,但它会成为人行动的目的。人是恒常地追求幸福的,我们感到多大的不安,就说明我们缺乏多大的幸福,我们知道当下的情况不是永久的,所以不论现状有多令我们满足,但如果我们运用自己的远见,我们的欲望也会随着我们的远见而延伸,并且同时促动我们的意志。③ 在谈论幸福之前,洛克再次对什么最终决定

---

① 洛克:《人类理解论》,第 224 页,译文根据英文略有改动,参见 John Locke, *An Essay Concerning Human Understanding*, p. 254。

② 洛克:《人类理解论》,第 224—227 页,译文根据英文略有改动,参见 John Locke, *An Essay Concerning Human Understanding*, p. 254 - 257。

③ 洛克:《人类理解论》,第 227 页,译文根据英文略有改动,参见 John Locke, *An Essay Concerning Human Understanding*, p. 257。

意志趋向下一个动作进行了检讨,也就是哪一种不安是起到决定性作用的。这种不安是最为紧迫和最有可能驱除的不安。这种不安包括两个方面,一是这种不安具有脱离它的必要性,二是这种不安具有脱离的可能性。①

李猛提出,不安在驱动意志中的核心作用,反映了洛克一种独特的享乐主义。通常的享乐主义版本都是追求快乐的享乐主义,而洛克的版本却是没有快乐的享乐主义,或者说是摆脱痛苦的享乐主义。与伊壁鸠鲁式追求宁静的享乐主义不同,洛克版本的享乐主义是躁动的(kinetic)享乐主义。之所以会躁动,是因为摆脱痛苦是幸福的第一步,但仅仅是第一步而已,追求幸福容不得一丝的痛苦,只要没完全摆脱痛苦,人就无法止息。因而,人需要不停地劳动。洛克的享乐主义是劳动的享乐主义。②

5.2.3 自由的真义

5.2.3.1 悬搁欲望的满足

那么,如果有人进一步追问,是什么驱迫欲望的呢?洛克会回答说,是幸福,而且只有幸福是驱迫欲望的唯一动力。1693 年 8 月,洛克在出版第二版《人类理解论》之前,曾回信给莫里纽克斯概述新版中的观点:

> 我的《人类理解论》就快出新版了……我将其概括如下:自

① 洛克:《人类理解论》,第 227—228 页,译文根据英文略有改动,参见 John Locke, *An Essay Concerning Human Understanding*, pp. 257 - 258。

② Li Meng, "Power and Goodness: Leibniz, Locke and Modern Philosophy", The University of Chicago Doctoral Dissertation, 2008, pp. 191 - 205.

由是按照心智的指导行动或不行动的能力。至于我们所谓的意志,也是一种能力,指导我们在具体情况下运动官能来运动或静止。决定意志的是某些当下的不安,它决定我们的意志发生动作、变化,意志又进而决定我们一系列自愿的行动;不安就是欲望,或者至少可以说不安常伴着欲望。欲望则总是被恶驱迫着,驱迫着飞离于恶:因为完全免于痛苦,是幸福必要的一部分……不过这种贪求幸福的普遍欲望,虽然恒常地、不变地发生作用,可是任何特殊欲望的满足可以暂时悬搁,暂时不决定意志,使它发生以后的行动;因为我们可以先仔细考究,我们所欲望的这种貌似的好事,是否为我们真正幸福的一部分,是否与我们的幸福互相契合。在考察之后,判断所得的结果,就是最后能决定人的,因为所谓的人自由,就是他的自由不被别物所决定,而只受判断指导的欲望的决定。[①]

洛克所突出的观点,是欲望满足的悬搁。这一段文字被完整地照录到了新版的《人类理解论》"论能力"这章的第 71 节中。[②] 有意思的是,莫里纽克斯在洛克这封信之前写就的一封信里,讨论的是洛克出版的新书《教育漫话》,他说洛克对孩子欲望的满足太过严苛,应该

---

① John Locke, Letter 1655, to William Molyneux, *The Correspondence of John Locke*, Vol. 4, ed. E. S. de Beer, Oxford: Oxford University Press, 1979, p. 722. Li Meng, "Power and Goodness: Leibniz, Locke and Modern Philosophy", The University of Chicago Doctoral Dissertation, 2008, p. 213.

② 洛克:《人类理解论》,第 252—253 页,译文根据英文略有改动,参见 John Locke, *An Essay Concerning Human Understanding*, pp. 282 - 283. 上述文字的翻译参照了关文运先生的译本,但关文运先生没有翻出悬搁的意思。

允许孩子表达无害的欲望。[①] 洛克则在这封回信里认为，不能孩子想要什么就给什么，否则他们就会变本加厉地汲汲于自己所想要的东西，他们应学会节制自己的欲望。[②] 这和现代教育当中，不及时满足孩子欲望的理念不谋而合。而这种教育方式，实际上就是教会孩子悬搁欲望的满足，这是培养孩子成长为自由人的第一步。对大人而言，要得自由，也必须学会悬搁欲望的满足。有的学者指出，劳动就是一种延迟欲望满足的方式。[③]

幸福和苦难是相反的概念，并且都表示极端的情形。最大程度的幸福是我们所能享受到的最大快乐，最大程度的苦难是我们所能遭受的最大的痛苦。而最低程度的幸福，是离痛苦最近的一种安慰，而且是当下所不可或缺的一种快乐，离开它，我们便不能安心。[④] 我们需要注意的是，首先，最低程度的幸福是一种当下的快乐，而且是一种逃离现在的痛苦、就能够得到的快乐，因此这样的快乐摆在痛苦人眼前的话，给了人们脱离现在痛苦、得到当下快乐的可能性，而且这样的可能性也促使人们得不到这样的快乐就誓不罢休，也加强了不安的紧迫性。这种最低程度的幸福离痛苦是最近的。在这里需进一步讨论洛克的享乐主义。他用快乐和痛苦来定义善与恶。在《人

---

① William Molyneux, Letter 1651, to John Locke, *The Correspondence of John Locke*, Vol. 4, ed. E. S. de Beer, Oxford: Oxford University Press, 1979, pp. 713-714.

② John Locke, Letter 1655, to William Molyneux, *The Correspondence of John Locke*, Vol. 4, ed. E. S. de Beer, Oxford: Oxford University Press, 1979, p. 720.

③ Li Meng, "Power and Goodness: Leibniz, Locke and Modern Philosophy", The University of Chicago Doctoral Dissertation, 2008, p. 205；比较王楠：《劳动与财产——洛克思想研究》，第 8,52 页。

④ 洛克：《人类理解论》，第 228 页，译文根据英文略有改动，参见 John Locke, *An Essay Concerning Human Understanding*, p. 258。

类理解论》第二卷第二十章处，洛克曾经定义过善与恶的概念。所谓善是指："能够引起（或增加）快乐或减少痛苦的东西；或者它能够保持我们现在占有善的状态，或是恶的缺乏的状态。"所谓恶是指："能产生（或增加）痛苦或能减少快乐的东西；或者它就是剥夺了我们的快乐，或者给我们带来痛苦。"[①]进入第二十一章后，洛克对快乐和痛苦问题进行了更加详尽的讨论，对快乐和痛苦的程度进行阐述，从而得到了幸福和苦难的概念。

洛克在这里仍然面临着一个问题，既然他在前面费尽移山心力地论证欲望是意志的唯一动机，那他怎样过渡到幸福是欲望的唯一动力呢？洛克仍然承认，如果我们观察自己或他人，会发现任何小的痛苦都会促使我们行动来消除它，可是，尽管可见的较大的善所引起的欲望相比于脱离痛苦的欲望表面上看更为伟大，但它对意志的推动却不如脱离痛苦的欲望更为有力。洛克继续了前文的论证，这是因为所有的痛苦都构成了我们当下苦难的一部分，而所有缺乏的善现在尚没有构成我们当下幸福的必然部分，也没有构成当下苦难的一部分。某些善尽管表面看来很伟大，而且也为人承认，但如果他不将其作为自己幸福的必然部分，他也会对这种善漠然置之，而如果他将这种善作为他所恒常追求的幸福，那他是将这种幸福作为了其幸福的必然部分。洛克举例说，例如，对知识的追求是一种善，对感官需求的满足也是一种善。一般情况下，以知识为其追求目标的饱学之士不会将美食作为其追求的善，而一个伊壁鸠鲁主义者也不会以知识作为其追求的善，这是因为他们都没有将对方的需求作为自己

---

① 洛克：《人类理解论》，第 199 页，译文根据英文略有改动，参见 John Locke, *An Essay Concerning Human Understanding*, p. 229。

幸福的一部分。但是,如果饱学之士受到饥饿的折磨,他就会将食物作为自己缺乏的善予以追求,并从中得到安慰,如果伊壁鸠鲁主义者因为想讨好倾慕知识的情人,他也会以知识作为自己缺乏的善予以追求,并从中得到安慰。在此世中通常的情况是,当下的不安消除之后,我们得到了当下中等程度的善,我们就往往为此而感到安慰。如果我们连续得到了中等程度的快乐,我们更容易满足于当下的现状。我们耽于现状,就容易居安不思危,居荣不思辱,这种缺乏远见的状况往往会让我们陷入更大的苦难当中。现实中,总是有新的不安来促动我们的意志,让我们采取行动。人生中的不安包括由生活必需而引起的不安和我们所幻想出来的不安,生活必需所引起的不安包括饥、渴和劳动的疲劳,幻想出来的不安包括风尚、先例和教育让人们对荣耀、权力和财富的欲望。一种行动刚刚被意志决定完成了,随后马上就有另外一种不安来促动我们继续劳作。如果我们只是出于这种不断被不安促动的情况下,幸福的考究就很难成为我们行动的重要部分,因为我们只是疲于奔命地逃脱痛苦。但是,人毕竟是有远见的动物,他经过适当的考究后,会发现这样疲于奔命是一种只顾眼前、罔顾未来的状态,他不能只实现短期的目标,他应当有更为长期的目标。因此他对未来的善进行考究后,有能力对这些善的程度进行排序,根据一定的比例来促动欲望,这些善就会顺着次序来决定意志追求它们。①

虽然大部分情况下,我们行动都是受到欲望的驱迫,但是情况并不总是如此,诉诸经验的话,我们发现人并不只是处于不安驱动下疲

---

① 洛克:《人类理解论》,第 229—232 页,译文根据英文略有改动,参见 John Locke, *An Essay Concerning Human Understanding*, pp. 259 - 263。

于奔命的状态，我们能考虑长期的目标，我们之所以能考虑长期目标，是因为人的心智有一种悬搁欲望的能力。这种悬搁(suspend)欲望的能力是指，人的心智能够暂缓行动，不急于满足欲望，不急于实现欲望，因此，它可以自由地考究那些欲望的对象，自由来考究他们的各个方面，自由来把它们同别的物象互相比较。在洛克看来，人的这种悬搁的能力正是人的自由的源泉。[①] 悬搁能力这一概念出现之后，我们可以理解洛克在前文细致区分欲望、意志和意愿的深意了。欲望在意志之前，促动意志开始进入意志施展的过程，也就是意愿，意志的形成则是意愿的终点。正因为意志施展是一个过程，悬搁才有时间来干预欲望，影响意志的最终形成。意志在最终被决定、行动做出之前，通过悬搁欲望，我们才有机会来检讨、审视和判断我们所要做的事情的善与恶。我们通过这样的检讨，我们才能判断出我们所将要做的事情，是否是我们在追求幸福的过程中，我们所能够履行的义务，我们能够履行这样的义务，也说明我们应当履行这样的义务。这样，不但不是限制自由，减少自由，反而是促进了自由，加强了自由，因为我们通过自己的判断来决定，正是自由的目的和功用所在。自由的目标，正是在于我们所选中的善。如果我们不承认在意志的决定过程中，我们受到自己判断的指导，那我们等于是在说，一个人所意愿和行动的目标并不是他在意志形成过程中所意愿的。因为如果他选择了当下的行动，说明他更偏向于当下的行动，而这正好说明在意志的形成过程中，他在几种选择之间进行了检讨、考察和比

① 洛克：《人类理解论》，第 233 页，译文根据英文略有改动，参见 John Locke, *An Essay Concerning Human Understanding*, p. 263。

较，最后得出结论：当下的行动是更好的。[①] 我们人类的判断有时会有失误，我们毕竟有时会限于短视，为了避免这种状况，“悬搁任何欲望，使它不一直决定我们的意志，一直使我们立刻行动。这就是所谓的静立(standing still)；在这里，我们是不曾充分相信我们所应走的道路的。所谓检讨就是查询指南。在检讨之后，意志的决定作用就是所谓遵循指南的指导。一个人如果有能力，按照那种决定作用的方向，来行动或不行动，他就是一个自由能动者。”[②]

5.2.3.2 漠然自由问题

在《人类理解论》“论能力”一章对自由的讨论行将结束时，洛克谦逊地说：“在一起初我就恐怕书中论人类自由的这一章不免有些错误，而且在初版以后，有一位很明智的朋友，亦疑其中有些错误，只是他不能指示出特殊的地方来。”[③]他实际上是在回应两位朋友，一位是莫里纽克斯，对莫里纽克斯的意见他接受了，并将给莫里纽克斯的回信照录到了第 71 节里。而另外一位所谓很明智的朋友，就是利姆伯奇。利姆伯奇关心的问题是漠然自由问题(liberty of indifference)。李猛也指出，洛克对欲望满足悬搁的强调是尝试引入一种独特的漠然状态，也就是洛克对天赋观念的批判。前文述及，洛克认为，所谓天赋观念，不过是社会上的那些狂热的习惯随风润物般地潜入了我们的心智，让我们误以为这些观念是天赋的。悬搁的自由让我们不草率同意习惯里风行的意见，悬搁式自由的核心在于对所有意见保

---

① 洛克：《人类理解论》，第 232—234 页，译文根据英文略有改动，参见 John Locke, *An Essay Concerning Human Understanding*, pp. 263 - 265。

② 洛克：《人类理解论》，第 235 页，译文根据英文略有改动，参见 John Locke, *An Essay Concerning Human Understanding*, p. 266。

③ 洛克：《人类理解论》，第 252 页，译文根据英文略有改动，参见 John Locke, *An Essay Concerning Human Understanding*, p. 282。

持漠然。[1] 其实这种漠然主要针对的就是当时的各种宗教狂热。利姆伯奇一开始也是从漠然的角度去理解洛克的悬搁式自由。在表示赞同洛克悬搁式自由的界定后，利姆伯奇旋即说道：

> 您得出的推论是，如果我们最后判断出了善恶，我们却没有追随这一判断，而是处于漠然的状态，这是“理解”本质的极大缺点。当人们讨论自由时，“漠然”这个词倒是常常在抗辩派的著作中出现。但我们的用法和您的不一样。您的意思是，尽管一个人行动的能力是漠然的，也没有为意志所决定，但意愿行动最终还是能形成最后判断。我们认为漠然的意思是，在意志的指令发出之前，人有自由自己决定做还是不做，而不被限定做或不做；意志的指令一旦发出，或者意愿一旦开始行动，就没漠然什么事了。[2]

洛克回信道：

> 您说，我用“漠然”这个词和其他作家用的不一样，我毫不惊讶。因为我既没有随着别人的意见走，写作的时候也压根儿没参看其他任何作家的著作……您所谓“先前的漠然状态”是指这样的预设，在意志发出指令前，或意志作出决定前，人有做或不做的自由，这在我看来和自由压根儿没有关系，因为自由就是指

---

① Li Meng, “Power and Goodness: Leibniz, Locke and Modern Philosophy”, The University of Chicago Doctoral Dissertation, 2008, p. 216.

② Philippus Van Limborch, Letter 2881, to Locke, *The Correspondence of John Locke*, Vol. 7, ed. E. S. de Beer, Oxford: Oxford University Press, 1982, p. 276.

根据意志决定行动或不行动的能力。①

利姆伯奇仍然认为洛克曲解了他的意思，他在回信中解释道：

> 漠然对于他们【笛卡尔式哲学家们】是心智的判断权衡，权衡这样做的理由和那样做的理由，对于如何选择还不确定。然而，对于我们【抗辩派】而言，当行动的条件万事俱备时，漠然是行动或不行动的精神能量。②

洛克认为利姆伯奇没有很好地处理"理解"的判断问题：洛克在回信中追问道："您把'漠然'定义为'当行动的条件万事俱备时，行动或不行动的精神能量'，我倒要问您，'理解'的判断或认识的判断是不是行动的条件之一？"如果利姆伯奇认为答案为"是"，那么意志就是不自由的，因为意志被先前理智所判断的偏好所决定了。如果利姆伯奇的答案为"否"，那么缺乏了认识或"理解"的行动无疑是盲目的。洛克举了一个例子，例如，一个人爱喝酒，也判断酒是好的，根据他自己的意志也决定喝，他就是自由的，因为如果他改变了他的意志决定，他可以不喝，但这里就没漠然什么事。存在没有漠然的自由，没有自由的漠然。③

---

① Locke, Letter 2925, toPhilippus Van Limborch, *The Correspondence of John Locke*, Vol. 7, ed. E. S. de Beer, Oxford: Oxford University Press, 1982, p. 328.

② Philippus Van Limborch, Letter 2953, to Locke, *The Correspondence of John Locke*, Vol. 7, ed. E. S. de Beer, Oxford: Oxford University Press, 1982, p. 367.

③ Locke, Letter 2979, to Philippus Van Limborch, *The Correspondence of John Locke*, Vol. 7, ed. E. S. de Beer, Oxford: Oxford University Press, 1982, pp. 407–409.

洛克的回信让利姆伯奇意识到，必须正确处理“理解”的判断问题。他区分了消极的漠然与积极的漠然。消极的漠然，如一个物体呈现在睁着的眼睛面前，眼睛只能看，不能选择不看，这时眼睛是不自由的。而利姆伯奇所界定的是积极的漠然（active indifferency）。利姆伯奇回信道：

> 实际上，如果自由是在漠然中追求，这一定是种积极漠然，即人能支配自己的行动……如果根据我们的解释，我们在著作里都在同一个意思上使用“漠然”这个词，即我们支配我们的行动。这也得到了我先前对“漠然”一词的定义，即当行动的条件万事俱备时，行动或不行动的精神能量，对我来说，就是人支配他自己的行动。①

洛克的回信同样否认了，自由是人对自己行动的支配，他回信道：

> 您说，“自由是人对其任何行动的支配”，这在我看来不是自由的定义，因为这样不过在说车轱辘话，人支配自己的行动是因为他有这样的自由，他自由是因为他能支配自己的任何行动；这样说，等于说人没有任何自由，因为您晓得，有的人就否认人能支配他的行动，而认为万事都被预先决定的、不可逃避的命运所

---

① Locke, Letter 3010, to Philippus Van Limborch, *The Correspondence of John Locke*, Vol. 7, Oxford: Oxford University Press, 1982, pp. 452 - 453.

决定了。[①]

洛克对支配这个词感到隐隐的不安，因为他最后一句话指的就是不宽容的加尔文宗，加尔文宗相信预定论，也不会相信人能支配自己的行动，支配这个词出现在主张宽容的抗辩派这里，刺激了洛克对宗教狂热的惶恐。抗辩派之所以主张宽容，是因为他是少数派，这样的词出现在他们的著作里，让洛克有某种隐忧。[②]

在讨论支配问题之前，我们先来看洛克对漠然问题的最终回应。与利姆伯奇的讨论中，洛克感到漠然问题确实需要予以特别的处理，因此为"论能力"第 71 节又增加了一段。[③] 洛克澄清了，他并不完全反对漠然自由问题。只是反对所谓的"先前的漠然状态"。他想要利姆伯奇说清楚，利姆伯奇所说的这个"先前"，到底是漠然状态在"理解"产生判断之前，还是处于"理解"判断以后、意志决定之前的漠然状态（即漠然状态夹在理解与意志之间）。如果说，"先前"是指"理解"判断之前的漠然，那么，这就把自由完全置于漆黑的状态当中。如果说，"先前"是指在意志决定之前，那么，理解与意志之间就出现断裂，理解判断要指导意志，意志必须紧随理解作出判断之后，否则，也是不自由的。[④] 洛克所同意的漠然状态，是与悬搁欲望满足连在一

---

① Locke, Letter 3043, to Philippus Van Limborch, *The Correspondence of John Locke*, Vol. 7, Oxford: Oxford University Press, 1982, pp. 502 - 503.

② 荷兰出现的抗辩派的宽容主张，参看 Eric Nelson, *The Hebrew Republic: Jewish Sources and the Transformation of European Political Thought*, Cambridge: Massachusetts: Harvard University Press, 2011, pp. 97 - 98。

③ E. S. De. Beer, *The Correspondence of John Locke*, Vol. 7, Oxford: Oxford University Press, 1982, p. 504.

④ 洛克：《人类理解论》，第 254 页，译文根据英文略有改动，参见 John Locke, *An Essay Concerning Human Understanding*, p. 283。

起的"三思而行的漠然"。这种漠然状态发生在理解判断之后或意志决定之后，即便是决定了，也在做与不做之间保持某种中立，三思而行。漠然状态不属于人，而属于人的能动作的各种能力。[①]

作为抗辩派一支阿米尼乌派利姆伯奇的朋友，洛克未必完全反对他们的主张，很可能因为这些异端过分激进，而需要对他们的主张进行修正。对于漠然问题洛克如此处理，对于人作为自己行动的支配者这一主张，洛克可能也采取了同样的修正，下面我们来看洛克对这一问题的处理。

5.3 洛克对 dominium 概念的重构

洛克的劳动财产权理论已经深为大家熟悉，但是，正如本研究开篇就提到的那样，洛克在《政府论(下篇)》第五章开头所提出的问题是他关心的根本问题，即私有财产权的正当化。他的问题是"上帝'把地给了世人'，给人类共有，但即使假定这样，有人似乎还很难理解：怎样能使任何人对任何东西享有财产权呢?"[②]我们从前文的论述，可以看出，洛克在这个问题上与格劳秀斯、菲尔默及普芬道夫有对话，这是我们接下来第一部分处理的内容。洛克财产权理论最重要也最让人费解的部分是，他说，每个人对他自己的人格享有财产权，因此劳动是他自己的，劳动的成果能被占为己有。[③] 这是他通过

① 洛克：《人类理解论》，第254页，译文根据英文略有改动，参见 John Locke, *An Essay Concerning Human Understanding*, p. 283。

② John Locke, *Two Treatises of Government*, p. 286. 洛克：《政府论(下篇)》，第17页。

③ John Locke, *Two Treatises of Government*, pp. 287 - 288. 洛克：《政府论(下篇)》，第18页。

财产权理论对 *dominium* 概念的重构,本研究不再单纯局限于《政府论》文本,将在《人类理解论》的人格理论的解释中完成对此问题的解答。

5.3.1 洛克对普芬道夫财产权理论的继承和构建

普芬道夫将财产权(*dominium*)理解为一种道德质(*moral qualities*),这种道德质在与人的关系中产生影响,因此这种财产权(*dominium*)是一种人为的施加(imposition)。[1] 普芬道夫赞同格劳秀斯的意见,认为财产权(*dominium*)起源于人的同意,为了反驳菲尔默对格劳秀斯的两个诘难,普芬道夫对人类财产原初共有的状况进行了改造。本研究现在回顾一下这两个诘难。第一,菲尔默反对人类财产原初共有的说法,如果像格劳秀斯所说的那样,自然法规定人类财产原初共有,后来私有财产权产生后,自然法又保护私有财产权,永恒不变的自然法岂不是成了变动不居的法? 因此,菲尔默认为,上帝最初将财产权(*dominium*)赐予亚当私人所有,上帝一开始就建立私有财产权制,财产权来自恩典。第二,如果私有财产权的产生来自人类的同意,那么,从人类财产权原初共有的状况过渡到私有财产权,岂不是需要每一个人的同意?

为了反驳这两点,普芬道夫对人类原初共有的财产权进行了清晰的界定。普芬道夫将共有的财产权区分为消极共有和积极共有。消极共有指的是财产尚不属于任何人,也就是消极而言,财产还没有分配给某个特定的人,但这并不意味着这些财产不能被分配,而是说

---

① Samuel Pufendorf, *The Political Wrtings of Samuel Pufendorf*, ed. Graig L. Carr, trans. Michael J. Seidler, Oxford: Oxford University Press, 1994, p. 175.

人类的原初状态，每一个人都有公平的机会去获取这些财产，每个人都有霍菲尔德意义上的特权(privilege)去获取这些财产，消极共有的最大特征是财产权具有涵容性。积极共有则具财产权(*dominium*)的根本属性，即排他性，某物如果已经被几个人同时占有，则其他人不得再以相同的方式占有。积极共有与私有财产权(*dominium*)的区别只是财产权主体的不同。格劳秀斯将人类财产权的原初共有理解为了积极共有，这就给了菲尔默以可乘之机。积极共有和私有财产权(*dominium*)都意味着对他人占有的排他性。私有财产权(*dominium*)的排他性意味着，总得有人被排除出财产权的占有，排他性的关系意味着他人有不干涉占有者权利的义务。菲尔默所谓的上帝将大地赐给亚当私人所有的状况是不可能的。亚当被创造时，仅仅是他一个人，根据私有财产权(*dominium*)的排他性，根本没有其他人来让亚当排除占有。更重要的是，菲尔默没有注意到格劳秀斯将自然法区分为严格意义上的自然法和可克减的(reductive)自然法。[①] 可克减的(reductive)自然法调整的正是私有财产权的产生。菲尔默错误的根子在于，认为私有财产权(*dominium*)最终起源于恩典，但是上帝的恩典并不是私有财产权(*dominium*)起源的直接原因。私有财产权(*dominium*)在人类财产权消极共有的状况下只是处于一种潜能的状态，是一种尚未确定的权利(indefinite right)，上帝并没有直接规定获取私有财产权的方式，而是赋予了人类获取私有财产权的手段——理性，将这种获取方式交给人自由裁量和处分。[②] 这个获取私有财产方式的领域就是奥卡姆所说的“许可”的领

---

① Hugo Grotius, *The Rights of War and Peace*, p. 147 – 153.

② Samuel Pufendorf, *The Political Wrtings of Samuel Pufendorf*, p. 177.

域。就自然法来看，是属于并不违背理性的领域，因而是人类自由行动的领域，这就是格劳秀斯可克减的(reductive)自然法的含义。普芬道夫虽然维护了格劳秀斯可克减的(reductive)自然法的说法，但是将其人类财产的原初共有修正为了消极共有。如果按格劳秀斯所理解的积极共有，他就得将私有财产权的正当性诉诸于紧迫需要(necessity)，也就是人濒于死亡时要求生存的权利，这当然也是奥卡姆所理解的自然权利，但这种自然权利的理解显然范围过窄了，毕竟私有财产权的产生是一种普遍的情况，而非例外状况，普芬道夫所设想的消极共有的状况则克服了格劳秀斯的这一困难。①

既然存在人类自由行动的领域，那么，私有财产权(*dominium*)可以产生于人类默示或明示的同意。普芬道夫将这种同意分为了两个协议。在消极共有的状态下，人人都有均等的机会通过先占而使用财产。但是，普芬道夫不同意格劳秀斯的地方在于，他认为先占之前应当还有一个协议。普芬道夫运用格劳秀斯的剧场比喻形容这种状况。一个剧场因为其公共性，虽然对所有入场者都提供座位，但有人占据座位之后，其他人就不应当再占据该座位了。如果我们已经占有的财物，同时又再归他人使用，我们的占有就不能使资源发生最大的效能。那么，我们之间就私有财产权(*dominium*)的产生达成了第一个默示的协议，任何人已经从消极共有的财产中取用之物，就不应当再被他人占有了。这时，私有财产权(*dominium*)有了雏形。② 占有使用者会对占有的资源进行劳动和改造，这就使私有财产

① Hugo Grotius, *The Rights of War and Peace*, pp. 435 - 437. Cf. Samuel Pufendorf, *The Political Wrtings of Samuel Pufendorf*, p. 181.

② Samuel Pufendorf, *The Political Wrtings of Samuel Pufendorf*, pp. 177. 181.

权(*dominium*)通过第二个明示或默示的协议固定了下来,因为,让那些经过艰苦劳动改造之后的财物再被那些不劳而获者获取,这是不正当的。①

洛克同意普芬道夫和格劳秀斯财产权原初共有的设想,并且也同意财产权的来源不是菲尔默所说的那样来源于恩典,上帝没有把财产直接赐给人类,而是将获取财产的方式——理性赐给了人类,因此人类有了自由的空间可以决定自己获取财产的方式。② 但是,普芬道夫等人将财产权奠立在同意的基础上,其建构私产所有权的框架仍然是"被动权利-主动义务"。私产所有权的建立依赖于他人对我所有权的默认,依赖于他人义务的履行。就使得财产权没有自然基础。洛克的任务是要说明财产权在人自己这里就有稳固的基础,这就是他的人格占有理论。

5.3.2　作为财产权基础的人格理论

本研究接下来要考察洛克所谓每个人都对自己的人格拥有财产权的意涵。洛克自己说人格是一个法律名词,新近的研究认为,洛克的这一说法为他的人格同一性问题提供了相当重要的启示。传统上将洛克的人格同一性中的意识问题理解为对自己过去行动的记忆,使洛克招致了循环论证、人格同一性的传递障碍等指责,而如果从道德与法的角度将其理解为一种行动占有理论(action appropriation theory),则使洛克回避了这些指责。③ 笔者基本认同这一研究,但要

① Samuel Pufendorf, *The Political Wrtings of Samuel Pufendorf*, p. 179.

② John Locke, *Two Treatises of Government*, p. 286.

③ Galen Strawson, *Locke on Personal Identity: Consciousness and Concernment*, Princeton, New Jersey: Princeton University Press, 2011, pp. 1 - 4.

从行动占有理论进一步出发厘清人(man)与人格者(person)之间的关系,为上帝对人的拥有(divine ownership)与人的自主(self-ownership)问题的解决提供答案。

5.3.2.1 人(man)与人格者(person)的区分

洛克对人格问题的讨论集中在《人类理解论》第二卷第二十七章,这一章是他在友人莫里纽克斯的提醒下加入的。① 但这并不意味着洛克没有系统地思考过这个问题,恰恰相反,他过去的一些日志显示他很早就在关注这一问题。② 人格同一性问题从属于同一性和差异性问题,同一性与差异性是关系的一种。关系则是洛克所说的三种复杂观念之一,关系的成立是由于我们考究和比较各种观念,在研究各种某种事物时,理解不仅仅局限于该事物,而是超出该事物的观念,将该事物的观念与其他观念进行比较,"人的心智在思考一个事物时,如果把它同别的事物在一块考究,并且在两物之间来回观察,这就叫做关系。"③所谓同一性与差异性的问题,就是将一种事物在某个时间和地点存在的情形,同其在另一种时间和地点时的情形加以比较。④ 人格同一性问题则是将此时此地的人格与彼时彼地的人格加以比较。这一章可以划分为两个部分:第一部分是第1节到第8节,讨论个性原则(principium individuationis),实际上是洛克对经院

---

① Michael Ayers, *Locke: Eepistemology and Ontology*, Vol. II, London: Routledge, 1991, p. 169. Udo Thiel, *The Early Modern Subject: Self-consciousness and Personal Identity from Descartes to Hume*, Oxford: Oxford University Press, 2011, p. 97.

② 贾克防:《洛克论个人同一性》,博士学位论文,北京大学哲学系,2012年,第一章。

③ 洛克:《人类理解论》,第291页,译文根据英文略有改动,参见John Locke, *An Essay Concerning Human Understanding*, p. 319。

④ 洛克:《人类理解论》,第302页,译文根据英文略有改动,参见John Locke, *An Essay Concerning Human Understanding*, p. 328。

哲学个性原则的批判，也体现着他一贯反本质主义的立场；第二部分是第 9 节到第 29 节，讨论人格同一性问题。我们先来看第一部分的讨论，从这一部分的讨论中我们要看出洛克对人（man）和人格者（person）所作出的区别。

洛克首先讨论了实体的同一性，实体的同一性分为三种：一为上帝，二为有限的灵物，三为物体。上帝是无始无终、永恒不变、无处不在的，其同一性无需质疑。有限的灵物和物体都有其开端，有确定的时间和空间。我们通过前文知道，洛克的三种复杂观念除了实体外，尚有模态和关系，因此，模态也有同一性的问题。[①] 因此我们讨论人（man）与人格者（person）的区别问题，在肯定人（man）是实体的前提下，需要追问的是，人格者到底是实体，还是模态？因为这里已经在谈论同一性，就是在讨论一种关系，如果再讨论关系的同一性，就是在讨论同一性的同一性，这样的追问就像前文追问意志是否自由一样没有意义，因此剩下的追问只能是人格者到底是实体，还是模态。

洛克反本质主义的第一个证据是，他将个性原则理解为，事物的存在自身能决定任何事物来占据特殊的时间同空间，而排斥同样的两种事物来占据它们。[②] 洛克认为，本质总是与种类相关，而与个性无关。我们前面在讨论种相问题时，提到过洛克认为种相是人为的划分，实际上，这种人为划分指的是，种相与种类在洛克看来都只与我们的抽象观念相关。而本质之所以只与种类相关，是因为我们如

---

① 洛克：《人类理解论》，第 302—303 页，译文根据英文略有改动，参见 John Locke, *An Essay Concerning Human Understanding*, p. 329。

② 洛克：《人类理解论》，第 303 页，译文根据英文略有改动，参见 John Locke, *An Essay Concerning Human Understanding*, p. 330。

果把分类和命名个体时所依的那个抽象观念除去，则我们便不会再想，某一种性质是某一类中任何个体的本质所在。离开了抽象观念，就无所谓本质的条件。[①] 为了更好地理解洛克如何将人看作是实体，我们先要继续个性原则的讨论，因为我们要先看洛克如何从物体的同一性过渡到植物的同一性，再过渡到动物的同一性。

根据个性原则，就简单实体和模态而言，我们不难理解同一性问题，因为如果某一事物已经占据了特定的时间空间，就会排斥其他的事物再来占据同样的时间空间，但复杂实体和模态同一性问题就不是那么容易理解。洛克说我们不妨先来假设一个原子在确定的时空内继续存在，则我们所思考它的那一刹那，它总是同它自己是相同的。如果两个以上的原子联合在一个物团中，则每一个原子照前面的原则是同一的，则它们聚合在一起的物团也是同一的。但这是物体(body)的情况。生物的同一性并非依靠同一分子组成的物团，而是依靠于组织(organization)。植物一定要有那样一种分子组织，一定有那样配合起来的躯体，而且各个部分一定参与着共同的生命，也就是说各个部分的组织是有机的。只要这株植物继续维持那种生命，它就是同一植物。动物的情况与此相似。洛克用钟表的譬喻来类比动物的组织。就像钟表这种机器是某些部分的适当组织和结构，动物的有组织的各个部分在不断地修理之后，其不可察觉的部分随着这种修理有增有减，动物还能维持其生命，它就是同一的。但是，动物与机器有一个非常大的不同，动物组织各个部分调和而产生的那种运动是由内部产生的，而机器的运动则需要借助于外力。[②]

---

① 洛克：《人类理解论》，第423页，译文根据英文略有改动，参见John Locke, *An Essay Concerning Human Understanding*, p. 440。

② John Locke, *An Essay Concerning Human Understanding*, pp. 330 - 331.

而人(man)是动物、或者是活动的物体。当我们经过观察，口中念出“人”时，所标记的观念，是心中某种形式的动物。① 人(man)的同一性与动物的同一性是一样的，都在于组织。② 我们前面讨论过，洛克认为，对于人(man)的实在组成，人是无法最终知晓的，因为洛克常常将实在组成和实在本质混用，这意味着人(man)的实在本质，人也是无法知晓的。我们现在来看洛克如何定义人(man)这一概念，然后再看他如何认为人(man)的实在本质无法知晓。洛克认为传统的“定义”方式是事类加属差，这是最便捷的定义方式，但未必是最好的定义方式，他心目中最好的定义方式是将某个名词中所含的简单观念列举出来。因此他将人定义为，“一个有广延的实体，他是有生命，有意识，有自发的运动，有推理能力”，将“人是理性动物”这一事类加属差的定义方式改造为“动物、活动(vivens)、物体(corpus)”几个观念的列举。③ 这一段文本向我们显示，洛克是将人定义为实体的。而人类对实体是不可知的。这是因为：第一，我们前面在论述洛克的作品模型时提到过，经过抽象得到的实体观念是不相称的，因为人的心智尽管可以把简单观念集合起来，但他不能确信，他所集合起来的观念就是实体中所含的一切观念。④ 第二，我们前面也论述过，洛克认为事物的实在本质对人而言不可知，因为一切自然事物的各个部分是不可察觉的，它们纵使有一种实在，它们组织

① John Locke, *An Essay Concerning Human Understanding*, pp. 332,613.

② John Locke, *An Essay Concerning Human Understanding*, p. 332.

③ 洛克：《人类理解论》，第 395 页，译文根据英文略有改动，参见 John Locke, *An Essay Concerning Human Understanding*, p. 412。John Yolton, *The Two Intellectual Worlds of John Locke: Man, Person, and Spirits in the Essay*, Ithaca: Cornell University Press, 2004, p. 26。

④ 洛克：《人类理解论》，第 361 页，译文根据英文略有改动，参见 John Locke, *An Essay Concerning Human Understanding*, p. 383。

起来的方式也是不可知，尤其是对其内部组成是不可知的，我们之所以能够给他们分类，并赋予它们公共名称，只是凭借这些内部组成所流出的一些可感性质。①

人格者(person)则与此不同，十八世纪的时候就有学者将洛克的人格者理解为模态，最近的研究也有学者(如娄劳德(Lolordo))附和了这一意见。十八世纪的学者埃德蒙·劳(Edmund Law)在《为洛克先生人格同一性问题而辩护》(*A Defence of Mr. Locke's Opinion concerning Personal Identiy*)中这样写道："一如洛克先生所观察到的，人格这个词恰当地理解是个法律名词……指示了人(man)作为道德能动者(agent)所应有的这种性质或限定，人是一种负责任的造物；这使得人能够恰当地成为法律主体，成为赏罚的对象。"②劳所认为的人作为道德能动者所具有的性质指的就是指人格是一种人为施加在(impose)人(man)身上的模态，组成人格的那些属性是道德评价所应当具有的属性，人格作为模态正好与洛克自己认为道德科学是可以解证的科学相吻合。③ 也有学者将人格者纯粹看作是实体，例如温克勒(Winkler)。温克勒举出了他的几点理由：第一，洛克在提到实体的同一性时，提到有限的灵物，这是指人是有智慧的，而洛克在本章第9节定义人格者时，将人格者定义为有智慧的一种东西；第二，洛克的人格者概念满足所有对于实体的定义；第三，洛克在讨论植物的同一性问题时，所举的树木的例子也适用于人格者，而树木是实体；第四，他举出了最为重要的文本证据，就是前文沃尔德伦得出

---

① 洛克：《人类理解论》，第400页，译文根据英文略有改动，参见 John Locke, *An Essay Concerning Human Understanding*, p. 418。

② Antonia Lolordo, *Locke's Moral Man*, p. 65.

③ Antonia Lolordo, *Locke's Moral Man*, p. 68.

平等结论所依据的《人类理解论》第三卷第十一章第 16 节，人是能够服从法律的有理性的有体物，这样的人是道德人。[①]

笔者认为，不能这样独断地将人格认定为实体，这是因为：第一，人(man)是有智慧的、有理性的，但人人都有理性，并不能代表人人都能够运用理性，运用理性是人格者的潜能，承认人格者是有智慧的东西，并不是要否认人格者具有人(man)的某些根本属性；第二，提及道德人时，洛克的文本非常审慎地将人称为有理性的、有体的存在(being)，没有直接定义为实体；第三，固然温克勒所举的文本在提及道德人时，提及了实体，但是我们不应当忘记的是，洛克将本质区分为实在本质与名义本质，他在讨论道德人时，所论及的是名义本质，名义本质对于人而言是可知的。第四，洛克在接下来的论证中反复强调人格同一性不依赖于实体的同一性，温克勒对于这一重要论点没有多予置评，而是含糊其词地一笔带过。[②] 但是将人格者(person)纯粹理解为模态会出现更加棘手的问题：第一，洛克自己说模态是不能够独存的(subsist)，它必须依赖于实体，连劳(Law)自己也承认人格者是道德能动者，如果是纯粹的模态，那么自由这种能力该归于何者呢？我们前文已经一再突出，洛克认为自由作为一种能力只能归于能动者，这是他反对"意志自由"这种说法的主要理由；[③]第二，如果将人格者完全理解为模态，则意味着其完全是人工的作品，那么这种理解将与普芬道夫对其的理解完全一致，带来的后果是解释洛克的财产权理论时，会将私产所有权的基础归于同意，将私

---

① Kenneth P. Winkler, "Locke on Personal Identity," in *Locke*, Vere Chappell ed., Oxford: Oxford University Press, 1998, pp. 163 - 164.

② Kenneth P. Winkler, "Locke on Personal Identity," p. 164.

③ John Locke, *An Essay Concerning Human Understanding*, pp. 240 - 244.

产所有权理解为一种人工作品，而这将会抹杀洛克将财产权解释为自然权利的巨大贡献。因此，笔者赞同贾克防将人格者理解为实体与模态的组合体的说法，这种理解的主要证据是洛克自己的文本："总结起来，我可以说，任何实体只要开始存在，则它在其存在时期，是同一的；任何实体的组合体只要开始存在，则那些实体只要仍然联合在一块，则那个具体物是同一的；任何模态只要开始存在，则它在其存在时期也是同一的。如果组合体是由各种差异的实体和差异的模态两者所组成的，这个规则仍然可以适用。"①这样理解的一个好处是，可以将洛克的人格理论置于与同时代的霍布斯和普芬道夫对人格理论理解的时代背景之中，既可以看到洛克在哪些方面吸收了他们（尤其是普芬道夫）的理解，在哪些方面突破了他们的理解，从而为自己的财产权理论打下了坚实的自然权利基础。

在进入霍布斯和普芬道夫的人格理论考察之前，我们先总结一下人（man）与人格者（person）之间的区分。我们倾向于认为人（man）是实体，人格者（person）则是实体与模态的组合体，人格者正是增加了模态这一维度，因而区别于人（man）。如此我们就能理解洛克本章第 7 节为何说实体人和人格者代表着不同的观念，人的同一性并不意味着人格同一性。② 这就为下文洛克讨论人格的同一性并不依赖于实体的同一性问题打下了理解的基础。接下来我们要正式讨论洛克的人格同一性问题，从行动占有理论（action appropriation theory）的角度予以考察。

① 洛克：《人类理解论》，第 324 页，译文根据英文略有改动，参见 John Locke, *An Essay Concerning Human Understanding*, pp. 347 - 348。贾克防，《洛克论个人同一性》，第 18—19 页。

② 洛克：《人类理解论》，第 306 页，译文根据英文略有改动，参见 John Locke, *An Essay Concerning Human Understanding*, p. 332。

5.3.2.2 行动占有理论

5.3.2.2.1 霍布斯与普芬道夫的人格理论

如果从模态的角度来理解人格(person),就可以将其视为某种施加到人身上的东西(imposition upon man),这种理解恰好与人格最原始的意义相吻合——人格(*persona*)是面具。就连温克勒自己也指出,人格(*persona*)在古代传统中指的是舞台上的面具、舞台上的角色,洛克的辩护者劳也是这样理解的:“根据古典作家中广为接受的意思,人格这个词代表着特定的伪装、角色和性质,实际上是一种混合模态,而不是实体。”①我们发现霍布斯对人格(*persona*)也是先从面具的角度予以理解的,在《利维坦》第十六章,他这样写道:

> 人格(*persona*)这个词来自拉丁语,希腊语中则是πρόσωπον,意即面貌,但拉丁语中的意思是人在舞台上装扮成的某人的化装或外表一样,有时则更加具体地专指装扮脸部的面具或面甲。后来这字从舞台用语转而变成指法庭和剧院中的任何行动与言辞的代表。所以在舞台上和普通谈话中,人格者(Person)的意义便和演员(Actor)的意义相同。代表就是扮演或代表他自己或其他人……西塞罗说:我承担着三重人格——我自己、我的对手和判断者……②

霍布斯的这段文本向我们揭示了人格(*persona*)一词的最原初

---

① Kenneth P. Winkler, “Locke on Personal Identity,” p. 161. 比较 Galen Strawson, *Locke on Personal Identity*, p. 20。

② Thomas Hobbes, *Leviathan*, Noel Malcolm ed., Oxford: Clarendon Press, 2012, pp. 244-245. 同时参照中译本【英】霍布斯:《利维坦》,黎思复、黎廷弼译,北京:商务印书馆 2011 年版,第 122—123 页。译文根据英文略有改动。

的含义：第一，最基本的意义是舞台上表演用的面具，也就是一种伪装，伪装则意味着是一种人为加工的物品，是人为地施加到（impose）人身上的东西；第二，人格（*persona*）从最初的含义衍生为舞台上的角色和演员（actor）；第三，随后又从舞台上演员（actor）的意义中衍生出法庭上的行动者（actor）的意义，但这个行动者尽管在行动，但行动却是他人的，因而是他人行动和言辞的代表者；第四，到了西塞罗的时候，我（I）这个词承担了三重含义，我自己、我的对手和判断者/法官，到这里我就成为了我自己言辞和行动的代表者，霍布斯当然也将其解读为自己是自己行动的判断者/法官，也就是私人判断。霍布斯对于西塞罗的引用是非常有趣的，因为劳（Law）将洛克的人格（person）概念解读为模态时也引用了西塞罗的《为苏拉申辩》（*Pro Sulla*），并作了类似的解读：

> 如果就我的行动而言，你将这个人格（*personam*）施加到（*imponis*）我的整个生命上，拖夸图斯（Torquatus），你就完全错了。本性希望我激情四射，我的国家希望我坚定不移，但我的国家和自然都不希望我残忍。申言之，人的倾向和本性本身已将我暴戾和残酷的人格（*personam*）卸下，只是机运和时势有时又将它施加到（*imposuit*）我身上。①

上述的文本最关键的信息是向我们显示出，西塞罗将人格（*persona*）理解为某种施加到（impose）到人（man）身上的东西，而普芬道夫则将这种施加（imposition）发展为了一种类似于洛克的道德

① Kenneth P. Winkler, "Locke on Personal Identity," pp. 161 - 162.

解证科学的理论。普芬道夫在他1672年出版的煌煌巨著《论自然法与万民法》(*De Jure Naturate et Gentium*)开篇第一章《道德状态(entities)的起源与分类》，就将存在(entities)区分为物理存在(physical entities)和道德状态(moral entities)，他说物理存在(physical entities)已被他的同代人研究够了，但是道德状态(moral entities)的研究却远未受到重视。他这本书的主要任务是探讨道德状态(moral entities)，他引用西塞罗的《论道德之目的》(On Ends)为他新的探索辩护："在考虑到任何不常见的学问中都存在各种类型新名称的情况下，即便是才疏学浅的人也不会对此感到不解。"[①]那么什么是道德状态(moral entities)呢？普芬道夫说他在本书中主要的任务是考察："在人类意愿行为的指导下，物体和自然运动如何被人类施加了(superimposed)了一种特殊属性，这种属性给予了人类行动一种特有的协调一致，也赋予了人类生活以夺目的恩典和秩序。这些属性被称作道德状态(entities)，因为人类风尚和行动受到这些属性的指导和节制，从而使人拥有了不同于未经开化的愚钝畜类的特点和面相。"[②]普芬道夫进一步说，他认为事物从广义上来说可以分为实体和模态，他特意指出他不准备将事物像传统那样划分为实体和偶性(accident)，模态是不能脱离实体而自存的。他将进一步把道德状态(entities)定义为某种特定的模态，这种特定的模态是有智慧的存在施加到物理物体和运动上的，这种施加出于特有的目的，就是为了

---

① Samuel Pufendorf, *The Political Wrtings of Samuel Pufendorf*, p. 99. 由于这是普分道夫《自然法与万民法》的英文节译本，我们需要同时参照中译本【德】塞缪尔·冯·普芬道夫:《自然法与国际法》(第一、二卷)，罗国强、刘瑛译，北京：北京大学出版社2012年版，第7—8页。这个中译本有诸多翻译不确切的地方，我们将根据英译本对译文根据英文略有改动。

② Samuel Pufendorf, *The Political Wrtings of Samuel Pufendorf*, p. 100.

指导和规制人类的自由、意愿行动，给予人类生活特定秩序和恩典。[①] 模态有着两种不同的起源，有的模态是事物本身的自然流溢，也就是说这些模态的创作者是伟大而善的上帝，而有的模态是有智慧的存在通过运用智慧能力而施加到物理事物（physical things）上的，也就是这些模态的创作者是人类。因此，这两种不同的起源方式可以称之为创造（creation）和施加（imposition）。道德状态（entities）的构成性能力（operative power）并不在于事物自己内部（所谓其在于事物内部是指，其作用方式是其内部的效力因），而是在于如下两方面：一方面，它显示出人类应当如何规制自己的自由行动；另一方面，使人类的行动总会与某种好处或坏处联系特定地联系起来，总会伴随着某种结果。[②] 我们进一步申明普芬道夫的意思就是，道德状态（entities）的构成性力量在于自然法的指导力和强制力：一方面，在自然法的指导下，人类知道应当如何使自己的行动符合自然法的诫命；另一方面，它又总是与自然法的奖惩紧密地联系在一起。理解了这一层，我们就可以理解普芬道夫下面的这段话了。他说，道德实体的效力因（efficacy）最终来源是上帝的构建，这种构建在于，他因为创造的权利，能够对人类的自由意志给予某种限制，这种限制以他施加某种恶为最终保证。现在，我们可以理解，洛克在《自然法论文集》里为何要区分出自然法的“效果性”义务和“限定性义务”。“效果性义务”是“限定性义务”的最终来源，也就是上帝的意志，并且这种上帝意志的实现以上帝在末日审判时施加的恶为最终保障，因此这种义务将具有最终的效果，并且这种效果不仅仅是以上帝的能（*potestas*）

---

① Samuel Pufendorf, *The Political Wrtings of Samuel Pufendorf*, p. 100.

② Samuel Pufendorf, *The Political Wrtings of Samuel Pufendorf*, p. 100.

为保障，而且是以上帝的善为保障，因此这种义务的最终权威(authority)来自上帝。[①]

普芬道夫说尽管道德状态(moral entities)是模态，而不是实体，但在某些方面我们可以将其构想为实体。他说的这个某些方面是指，物理实体一般会预设其自然存在的时空(space)，而道德状态(moral entities)可以类比地预设其存在于某种状态(*status*)中，这种状态正是人类行动及行动效果的媒介。实体意义上的时空(space)一般包括空间上的位置(somewhere or place)和时间上的位置(when)，道德状态类比于空间上的位置的话，就可以区分为不确定的状态(indeterminate state)和确定的状态(determinate state)，不确定的状态又可以分为自然状态(natural state)和偶然状态(adventitious state)。而自然状态之所以是"自然"的，是因为这种状态是由上帝施加到人身上的，而不是通过人的意志施加到人的身上，并且这种状态从人类一出生就伴随着人。普芬道夫所谓的"自然"指两个方面：第一指全体的被造之物，第二指这些造物所流溢出的模态和活动。他这里的"自然"显然指的是第二个方面——自然的模态。[②] 而人的自然状态又可以分为绝对自然状态(absolute state)和相对于他人的自然状态(in relation to other men)。绝对的自然状态涉及的是人与上帝的关系，也就是说上帝赋予了人类人性(humanity)，使得他们处在优越于其他造物的状况，他再次引用西塞罗《论义务》(*De Offica*)的话来印证自己的观点："自然本身已经在我们身上烙上了大大优越于

① Samuel Pufendorf, *The Political Wrtings of Samuel Pufendorf*, p. 106.
② Samuel Pufendorf, *The Political Wrtings of Samuel Pufendorf*, pp. 99,106.

其他动物的特性。”[1]这种人所处于的绝对自然状态被普芬道夫定义为享有权利和义务的状态，“因为人之为人就是这样一种状态，有义务必须履行特定的责任，有权利享有应当享有的特定权利。说某个特定的人在某个确定的时间点进入这种状态，这种说法是没有意义的。这样说似乎是正确的，当某人开始像独立的实体那样有生命的感觉，这就是人之称为人的真正时刻，即便此人尚在娘胎之中。”[2]（着重号为英译者所加）温克勒引用了这段文本，是为了说明这是普芬道夫的人格者（person）概念，并且这种人格者概念与洛克是一致的。但不知是出于有意还是出于无心，他省却了普芬道夫“即便在娘胎之中”这个限制性条件。这个限制性条件是我们法律人所熟悉，当然也是普芬道夫这位欧洲第一位自然法讲座教授所熟悉的。他接下来的论点是，一个人即使只是在娘胎中受到损害，不但父母有权要求赔偿，而且胎儿出生后也有权要求赔偿，当然也就涉及我们熟悉的权利能力“始于出生，终于死亡”，因为权利能力当然要有个归属的主体，普芬道夫自己的文本中“独立的实体”印证了此点。这里所谓的绝对自然状态中的人仍然是洛克实体意义上的人（man），但实体意义上的人并不意味着他不能享有权利和义务，但享有权利与义务和运用权利与义务是两回事。因此普芬道夫非常审慎地说：“因为义务的履行要求对自我和自我所做之事的意识，直到一个人格者（person）知道如何根据某种规范来指导自己的行动，并且将自己的行动区分于

① Samuel Pufendorf, *The Political Wrtings of Samuel Pufendorf*, p. 102. 塞缪尔·冯·普芬道夫：《自然法与国际法》（第一、二卷），第12页。

② Samuel Pufendorf, *The Political Wrtings of Samuel Pufendorf*, p. 102. Kenneth P. Winkler, “Locke on Personal Identity,” p. 163.

他人的行动,这些义务才有效果。"[①]温克勒错误的根源在于将人格者(person)理解为了纯粹的实体。而普芬道夫始终在非常严格地区分实体与模态,即便他自己的文本中在谈到人时称人为"独立的实体",但他始终强调这只是类比意义上的使用,他开始使用人格者(person)这一词汇时已经重新进入了道德状态的(moral entities)讨论,这里他再次强调,道德人格(moral person)是道德状态(moral entities)类比于实体时的说法。[②]

5.3.2.2.2 霍布斯和普芬道夫的行动占有理论(action appropriation theory)

解释过普芬道夫的道德施加理论(moral imposition theory)之后,我们要进一步看这种道德施加理论的意义,我们要进一步考察他和霍布斯的行动占有理论。先概而言之,正因为道德是人施加的结果,行动最终要归之于人,人要对其行动负最终的责任,这种东西叫做"归责",这是行动占有理论的道德意涵。我们先来就上文未引用完的霍布斯文本继续往下看:

> 就人造人格而言,有些人格者的言辞和行动是被他们所代表的人所拥有的。这种人格者便被称为演员/代理人(actor),拥有他言辞和行动的人被称为创作者/授权人(author)。在这种情形下,代理人是根据授权而行动的。这种授权者,在益品和财物方面称为所有者(owner),拉丁文为 *Dominus*,希腊文为κύριος。指行动方面的情形时就称为创作者/授权人(author)。止像占有

---

① Samuel Pufendorf, *The Political Wrtings of Samuel Pufendorf*, p. 102.

② Samuel Pufendorf, *The Political Wrtings of Samuel Pufendorf*, p. 103.

> 的权利被称为所有权，做出任何行动的权利就被称为权威(authority)。因此，授权(by authority)便总是被理解为做出任何行动的权利，根据授权行事(done by Authority)便是根据具有这种权利的人的委托或准许行事。①

霍布斯这里所谈论的是人造人格，我们先就原始意义上的创作者(author)与演员(actor)的关系来看。我们设想，如果没有创作者的创作，那么就不会有演员(actor)在舞台上戴着面具(*persona*)表演时的台词和动作，演员的台词和动作都是创作者所设计出来的。这说明了两个层面的问题：第一，创作者的创作与演员在舞台上表演的台词和动作呈现出了“如果没有……就没有……”这样的因果关系，创作者的创作是演员台词和动作的原因，而演员的台词和动作是创作者创作的结果；第二，演员的台词和动作并不是演员本人内心意思的表示，而是创作者试图通过演员所饰角色(所佩戴面具 *persona*)想表达的意思，创作者内心的意思通过演员向外部表示，演员在舞台上的台词和行动属于创作者，也就是为创作者所拥有。因此，最终意义上而言，创作者对演员有着指导作用，创作者与演员呈现出一种指导关系。实际上，英语中的 author 一词通常是拉丁文中 auctor 的同义词，其最原始的意义是创始了某个东西的人，尤其是指为某项事业注入了最重要灵感的人。② 拉丁文 auctoritas【权威】通常的英译是 authority，指拥有“创始”和“发起”的品格或特征，是某个事物的来

---

① Thomas Hobbes, *Leviathan*, pp. 244 - 245. 霍布斯：《利维坦》，第 122—123 页。译文根据英文略有改动。

② Hannah Arendt, *Between Past and Future*, New York: The Viking Press, 1961, p. 122.

源、原因或起源。在罗马，auctor 与人民之间的关系是一种指导关系，也就是提供建议、指导和教育。[①] 因此，我们再回过头来看霍布斯这里第二层次的授权人（author）与代表者（actor）的关系，又包含了这样几个层面的关系：第一，授权人的授权是代表者代表行动的条件，两者呈现一种“如果没有授权人的授权，则没有代表者的代表行动”的条件关系；第二，由于代表者的代表行动是因为授权人的授权而产生的，代表行动的法律效果是针对授权人而产生拘束力，而不是针对代表者本人而产生拘束力，因此授权人对代表者的代理行动产生了一种责任关系；第三，代表者的代表行动实际上是授权人内心的意思表示，授权人与代理人之间呈现一种指导关系，代表者得在代理范围内相对自由地为代理目的行动。这种条件关系、责任关系和指导关系的三个层次正说明了在人造人格中，为何授权人对代表者人享有权威，所谓享有权威，也就是授权人拥有代表者的言辞和行动。这三个层次的关系霍布斯似乎只谈论了人造人格中的应用，尽管他提到一句，自然人格者就是指拥有自己的言辞和行动者，但却没有过多的谈论。[②] 这个拥有自己的言辞和行动如何解释，我们可以先给出一个这样的理解，然后再看普芬道夫如何完善了这一点。在自然人格中，情况是这样的：第一，欲望是行动的动机，而意志是欲望的最后一步、行动前的最后一个时刻，我的行动来自我的意志，如果没有意志，也就不会有行动，两者间存在一种“如果没有……就没有……”的条件关系；第二，在意志最终形成之前，我在心里有一个权衡（deliberate）的过程，也就是一个运用理性进行计算的过程，这一过程

---

① 奥克肖特：《政治思想史》，第 165，167 页。

② Thomas Hobbes, *Leviathan*, pp. 244 - 245.

理性给出的是它所认为的最好行动方案，并且给意志以建议，形成一种指导的关系，理性凭其远见给意志提供周全的计划；第三，意志可以按照理性的指导去做，也可能不按照理性的指导去做，正是因为存在不受理性指导的可能性，即出现相反的可能性，因此当偏离理性指导时，能动者(agent)应当为自己的行动负责。这在自然人格中就呈现出了一种自我授权的情况，也就是自由。这种情况，普芬道夫做了更为详尽的说明。

普芬道夫在类比于实体的意义上讨论了道德状态(moral entities)。他在《论自然法与万民法》的第一章第17节又在模态的意义上讨论道德状态(moral entities)，这个意义上的道德状态(moral entities)又可以被分为影响性(affective)的状态和评价性的(estimative)状态，影响性的状态又可以分为道德质(qualities)和道德量(quantities)，而道德质又可以被分为形式的(formal)道德质和构成性的(operative)道德质。构成性的道德质中又被区分为主动的(*active*)构成性道德质和被动的(*passive*)构成性道德质，主动的构成性道德质就包括权威(authority)。普芬道夫将权威(authority)界定为"能够令某人合法地做某事者，并且产生道德效果。这种道德效果是指，某人变得有义务履行某项任务了，或者允许做某事，行动不再受到他人的阻碍，或者是赋予先前不具备某种能力者以做某事的能力。"而对某人自己的人格和行动的权威就叫做自由。[1] 权威首先涉及的是变化，我们在前面分析洛克的《人类理解论》第二十一章时看到，变化有主动的变化，有被动的变化，权威是主动的变化，而且权威

① Samuel Pufendorf, *The Political Wrtings of Samuel Pufendorf*, pp. 106 - 107.

涉及某种关系，并且被动接受变化的一方存在着反抗的可能性，但是被动变化的一方仍然接受了这种变化的影响，即这种变化最终产生了效果。因此，权威是主动者对被动者产生影响的可能性，而被动者不会反过来对其产生影响，尽管被动者有反抗的可能性。① 我们可以这样理解普芬道夫的自由概念，自由是一种自己对自己的权威，我们将其还原为上面三个层次的关系：第一，身体由动变为不动、不动变为动，思想由动变为不动，不动变为动，这些思想和行动的变化都来源于人的心智，人是产生这种变化的源头；第二，在这种变化最后形成最终的结果之前，人可以通过理性进行权衡，既存在着做的可能性，也存在着不做的可能性，有选择的余地；第三，人可以选择按照理性去行动，如果最终没有选择按照理性的指导去行动，那么由于前述归责关系的存在，人应当为自己的行动负责。

因此，我们总结一下霍布斯和普芬道夫的行动占有理论就是，我拥有我的行动，我是行动的创作者。这是基于条件关系、指导关系和归责关系：第一，行动最后归之于我；第二，"我"行动的结果是我理性权衡的选择，我有做或不做的自由；第三，如果我的行动不按照理性去做，那么所产生的后果应当由"我"负责。

5.3.2.2.3　洛克的自我授权理论

《利维坦》谈论人格的第十六章是霍布斯"论人"的最后一章，接下来他将要谈论的是人造人——国家，国家正是通过授权这种人造的方式构建起来的，而且我们发现霍布斯在类比的意义上看待所有

① 科耶夫：《权威的概念》，第 6—7 页。尽管科耶夫说不可能存在对自己拥有权威和授权的情况，因为反抗乃是不可能的，但是科耶夫这样说的依据乃是他对整个契约论传统的质疑，而且普芬道夫的文本显然是在说自我授权的问题。请参见科耶夫，《权威的概念》，第 32 页。

者和创作者，创作者拥有行动，正如所有者拥有财货，创作者与行动的关系是一种人造的关系，而所有者与财货的关系实际上也被霍布斯理解为了一种人造关系，财产权是国家出现之后的事。《利维坦》第十六章的前面一章，霍布斯开篇就说，没有“所有”的地方就没有财产权，也就没有不正义，没有强制权力建立的地方，也就没有国家，也就没有财产权的存在，在自然状态下，所有人都拥有对一切事物的权利。[1] 而普芬道夫同样认为，财产权是一种人造的关系。[2] 而洛克的巨大贡献恰恰在于将财产权界定为了一种“自然”权利，洛克能做出这样的推进，笔者认为很大程度在于他的人格理论在继承霍布斯和普芬道夫的基础上有所发展。我们回到《人类理解论》第二十七章的剩余文本来看看洛克所做的推进，洛克在剩下的第 9 节到第 29 节讨论了人格的同一性问题，所谓人格同一性问题是理性存在的相同性问题（sameness），我们的考察重点不在洛克的认识论，而是他的道德哲学与法哲学。我们先来看他对人格的两个定义：

> 在我看来，所谓人格者就是有思想、有智慧的一种东西，它是有理性、能反省、并且能在异时异地认自我是自我、是同一的能思维的东西。它在思维自我时，只能借助于意识，因为意识同思想是离不开的，而且我想意识是思想所绝对必需的，因为人既然发生知觉，则他便不能不知觉到自己是在知觉的。[3]
>
> **人格者是一个法律名词**——所谓人格，在我看来，就是‘自

① Thomas Hobbes, *Leviathan*, pp. 220 - 221.

② Samuel Pufendorf, *The Political Wrtings of Samuel Pufendorf*, p. 105.

③ 洛克：《人类理解论》，第 309 页，译文根据英文略有改动，参见 John Locke, *An Essay Concerning Human Understanding*, p. 335。

我'的名称。任何一个人如果一发现了他所谓的为他自己，则我想别个人可以称'他'为同一的人格。它是一个法律的名词，表示对行动的占有和配得。因此，这个名词只能属于有智慧的能动者，而且那个能动者具有法律能力，能感受幸福或苦难的。这个人格所以能超过现在，而扩及过去，只是因为有意识。借着这种意识，它便可以关心过去的动作，对过去的动作负责，并且把过去的动作认为是自己所有的，并将其归因于自己，一如其现在的动作方面所可能的那样。（这些都与人们光顾幸福的心理有关，这种关心就是意识的一种必然的伴随物，因为能意识到苦乐的那种主体，一定要希望那个有意识的自我得到幸福。）[①]（着重号为笔者所加）

从第一个定义中，我们看到人格的关键作用在于能够在异时异地认自我为自我，它之所以能够认出自我，凭借的正是"意识"，"意识"成为了理解洛克人格理论的关键。约尔顿指出，第一个人格者定义中的"意识"可以称为"认知意识"，第二个人格者定义中的"意识"可以称为"道德意识"。[②] 我们要看洛克如何从"认知意识"过渡到"道德意识"，洛克的行动占有理论主要聚焦的是他的道德意识。何为意识？洛克相当模糊地说道，"所谓意识就是对他心智中所经过的东西的知觉。"[③]洛克给出意识定义的这段文本是《人类理解论》第二卷第

---

① 洛克：《人类理解论》，第 323 页，译文根据英文略有改动，参见 John Locke, *An Essay Concerning Human Understanding*, p. 346。

② JohnYolton, *The Two Intellectual Worlds of John Locke: Man, Person, and Spirits in the Essay*, p. 22.

③ 洛克：《人类理解论》，第 80 页，译文根据英文略有改动，参见 John Locke, *An Essay Concerning Human Understanding*, p. 115。

一章，这段文本之所以会提到意识，是洛克对笛卡尔的“灵魂一直在思想”命题的反驳。笛卡尔认为灵魂是一种非物质的实体，即便人们熟睡，也一直在思考，但洛克反驳道，如果一个东西一直在思想，人在睡梦中又意识到自己在思想，那他就要问，灵魂在思想时，是否有任何快乐或痛苦，是否能感到幸福或患苦？如果一个人感到苦乐，但同时又感觉不到这些苦乐，这是自相矛盾的。笛卡尔基于灵魂是一个非物质实体的理论，认为人格同一性在于灵魂-实体的同一性，但洛克认为人格同一性并不在于实体的同一性，而在于意识的同一性。针对笛卡尔的学说，洛克提出了这样的问题：是否存在这样的可能，实体变化，人格同一，或实体同一，人格变化。洛克举了特洛伊之围中涅斯托尔的例子说明，即使涅斯托尔保持着同一的灵魂，如果他对其行动不再关心，具有意识，那么他仍然是不同的人格。[①] 因此，实体的同一性并不能保证人格的同一性，和笛卡尔认为的“灵魂总是在思想”不同，洛克认为，思想和意识总是不可分离的，意识对于思想是绝对必需的。正是同一的意识将远隔的行动和思想统一在同一人格之中。[②] 那么如何进一步理解“意识”，传统上一般将其理解为对于过去自己所做行动的回忆，如果将其理解为回忆，这种理解的文本依据在于：“而且这个意识在回忆过去的行动或思想时，它追忆到多远程度，人格同一性也就达到多远程度。”[③]如果将其理解为回忆，那么就存在着意识的不可传递性的问题，这种理解也是洛克人格理论饱受诟病

---

① 洛克：《人类理解论》，第 311 页，314 页，译文根据英文略有改动，参见 John Locke, *An Essay Concerning Human Understanding*, pp. 337, 339。

② 洛克：《人类理解论》，第 309 页，译文根据英文略有改动，参见 John Locke, *An Essay Concerning Human Understanding*, p. 335。

③ 洛克：《人类理解论》，第 310 页，译文根据英文略有改动，参见 John Locke, *An Essay Concerning Human Understanding*, p. 335。

的原因。这种理解尤其以十八世纪的苏格兰哲学家托马斯·里德(Thomas Reid)为代表。为批评洛克,他构想了这样的一个例子,一个小男孩在学校时被鞭打过,后来成长为一位军官,他夺取了军旗,成为了一位将军,而老将军只记得他夺取军旗的战功,却忘记了被鞭打的经历。那么根据回忆说,老将军只记得年轻军官的行动,则他与年轻军官是同一人格,而年轻军官记得被鞭打的经历,则年轻军官与小男孩是同一人格,然而老将军由于忘记了童年经历,所以与小男孩不是同一人格。[①] 根据回忆说,意识的同一性会因为回忆的断裂而出现断裂。

学者们由于注意到人格同时作为一个法律名词,开始将洛克的人格理论理解为一种行动占有理论。这种提法最早的提出者是麦基(J. L. Mackie)。[②] 温克勒将其发展为了一种"主观构建理论"(subjective constitution theory)。[③] 雅法(Gideon Yaffe)继续发展为一种"惩罚敏感性理论"(susceptibility-to-punishment theory)。[④] 本研究同意这些学者的研究思路,在综合温克勒和雅法理解的基础上,要将行动占有理论进一步理解为人格者的自我授权理论(self-authorship theory)。

温克勒的行动占有理论当然有相当的文本支持。我们看到人格的第二个定义中,洛克直接说:"人格是一个法律的名词,表示对行动

---

① Gideon Yaffe, "Locke on Ideas of Identity and Diversity", in Newman ed., *The Cambridge Companion to Locke's Essay Concerning Human Understanding*, Cambridge: Cambridge University Press, 2007, p. 218.

② J. L. Mackie, *Problems from Locke*, Oxford: Clarendon Press, 1976, p. 183.

③ Kenneth P. Winkler, "Locke on Personal Identity", pp. 149 – 174.

④ Gideon Yaffe, "Locke on Ideas of Identity and Diversity," pp. 223 – 230.

的占有和配得。"[1]并且，在行将反驳完笛卡尔的实体同一性理论的第16节，洛克阐明他所谓的意识同一性决定人格同一性意味着"任何时间，不论是过去几世纪，只要能被意识所扩及，则意识便能把距离很近的各种存在或行动统一起来，成为同一的人格者，就如它能把方才过去的存在和行动统一起来一样。"这种意识的统一实际上意味着的是对行动的占有，"自我意识只要将千年前的行动占为己有，则我对那种行动，正如对前一刹那的行动，一样关心，一样负责。"[2]洛克所言说的关心，是意识的充分而不必要条件，因为关心，所以才会对我做了这样的行动有所意识，这种关心实际上是对于苦乐的一种感受，这也正是温克勒所忽视、雅法所注意到的享乐主义因素。

雅法的说法也有相当的文本支持。洛克自己说，"我们如果完全意识不到自己的行动和感觉，尤其是意识不到各种快乐和痛苦，以及由此所产生的关心，则我们真难确定人格同一性是由何成立的。"[3]并且在第16节之后，洛克紧接着就解释了何为自我，"自我是有意识、能思想的东西（不论它的实体是精神的或物质的、简单的或复杂的，都无关系）；它能感觉到快乐和痛苦、幸福和患难，因此，这个意识扩展到什么地方，则这个自我便对自己关心到什么地方……现在能思想的东西的意识能同什么实体结合，什么实体就能形成同一的人格者，就同这个意识形成自我，而不是其他任何东西；这个实体因此就把那个能思的东西的一切行动认为是**归自己所有的**。不过这种情

① 洛克：《人类理解论》，第323页，译文根据英文略有改动，参见John Locke, *An Essay Concerning Human Understanding*, p. 336。

② 洛克：《人类理解论》，第316页，译文根据英文略有改动，参见John Locke, *An Essay Concerning Human Understanding*, pp. 340 - 341。

③ 洛克：《人类理解论》，第74页，译文根据英文略有改动，参见John Locke, *An Essay Concerning Human Understanding*, p. 110。

形，只以意识所及的地方为限，并不能超过意识以外。人只要稍一反省，就可以看到这一层。”[①]我经验到苦乐，并且经过反省，发现这种苦乐是我的，是与我相关的，因此我关心这种快乐，这是洛克行动占有理论的第一层，即如果“我”经验到苦乐，并且发现这种苦乐是我的。并且经过知觉的反省动作，进一步意识到，我过去的行动会成为我现在苦乐的原因，我现在的行动会成为我将来苦乐的原因，而我现在的痛苦是我过犯所受到的惩罚，我现在的快乐是我善行的奖赏。“上帝既然把人造成能感觉苦乐的造物，他的善意就不会让人关注不到……意识是可以引起惩罚或奖赏的。”[②]因此，赏罚之所以合理，之所以正义，就是在于人格的同一性。因为人人所关心的只是自己的幸福和苦难，至于同那种意识不相连署的任何实体，则不论它变成什么样子，都毫无关系。[③] 对于里德的回忆说，洛克早就意识到有人会反驳说，如果经过太长时间，“我”对自己过去的行动和思想已经完全忘记，那么我就不再是同一个人格者了吗？洛克会回答说，里德这样的理解，将第一人称的“我”理解为实体意义上的人(man)，而不是他所区分出来的人格者。洛克举例说，疯子发疯时的行动，即便在其清醒之后也不受惩罚，不是因为他回忆不起来他所做的事，而是疯子在行为时完全是另外一个人格者，这个人格者完全意识不到自己的行动将会带来怎样的苦乐，带来怎样的奖惩。[④] 约尔顿指出，洛克进入

---

① 洛克：《人类理解论》，第 317 页，译文根据英文略有改动，参见 John Locke, *An Essay Concerning Human Understanding*, p. 341。

② 洛克：《人类理解论》，第 313 页，译文根据英文略有改动，参见 John Locke, *An Essay Concerning Human Understanding*, p. 338。

③ 洛克：《人类理解论》，第 317 页，译文根据英文略有改动，参见 John Locke, *An Essay Concerning Human Understanding*, pp. 341 - 342。

④ 洛克：《人类理解论》，第 318 页，译文根据英文略有改动，参见 John Locke, *An Essay Concerning Human Understanding*, p. 342。

第20节之后，实际上对人格的讨论进入了人格者第三人称的讨论。[①] 所谓人格者第三人称的讨论，笔者的理解就是它形成了一个内心法庭的审判结构，也就是霍布斯引用西塞罗的话所言明的，人格者承担了三个角色(*persona*)：我、我的对手及我的法官，实际上也就是良心的法庭。洛克又同时举了一个醉酒者受到处罚的例子，醉酒者通常会以自己行为时没有意识加以抗辩，但这种疯子的情况确实不同，我们在法庭上只能证明醉酒者的行为，但却不能证明醉酒者实行此事时的意识，他抗辩理由的真假，只有他自己内心知道，"在末日审判之时，一切人心的秘密都会发露无遗，因此，我们可以合理地想象，将来无人会对于自己所不知道的事情负责，而且人在受刑时，他的良心一定会责难他，或原谅他。"因为"惩罚附着于人格者，人格者附着于意识"。[②]

我们现在过渡到洛克对人格第二个定义，即人格是一个法律名词。本研究认为，这是一种人格者的自我授权理论(self-authorship theory)，这种理论分为几个层次。第一，人格者经验到苦乐，并且通过反省，认识到这是自己的苦乐，因而关心这种属于"我的"苦乐，又通过反省，认识到自己的行动与惩罚所带来的苦乐具有因果关系。第二，理性在自己的行动过程中，会悬搁自己的欲望，衡量行动与奖惩之间的利弊，从而提供指导意见，具有权威的作用，但是人可能存在判断错误，而做相反的行为。第三，正是因为存在相反行为的可能性，因此，才存在着对相反行为进行惩罚的可能性，如果行为总是符合于法，则"不法"就没有存在的意义，人应当为自己的行为负责。第

① JohnYolton, *The Two Intellectual Worlds of John Locke*, p. 22.

② 洛克:《人类理解论》,第320页,译文根据英文略有改动,参见 John Locke, *An Essay Concerning Human Understanding*, p. 344。

四，前述都是一个自我授权的过程，也就是一个自由的过程，然而，人有时会逃脱人类法律的惩罚，然而，上帝的末日审判有助于实现终极正义，末日审判是不可逃脱的，“在末日时，人人都要根据自己的行动受报，一切人的心底秘密都要暴露出来。”[①]第五，尽管洛克认同末日审判，但与传统基督教原罪观念不同，原罪观念意味着他生来就要受罚，“因为你如果假设一个人因其前生的行动在现在受刑，而且前生的事情又是他所意识不到的，则那种惩罚和‘生来就受罪’有什么分别呢？”[②]洛克认为，人为自己没有犯下的罪过承担责任，是不正当的，因为人对这种罪过没有意识。在《基督教的合理性》中，他认为原罪与上帝的善意是不相吻合的，亚当的后代没有人授权给亚当，没有人让他成为人类的代表。亚当是犯了罪，但他得到的惩罚是有朽的生命，而后代继承亚当的并不是他的原罪，而是他生命的有朽性，但是死亡的存在并不必然是一种人类永久受罚的状态。[③] 正是对原罪的否定，为人类的自由留出了空间，因为原罪对人最大的责难在于人选择的自由。然而，洛克人格理论仍然有着深厚的基督教背景，他的自然法仍然以神罚作为最终的保证，本研究将其称为一种自我授权理论，为解释洛克的自主权开辟了道路。

行文至此，我们就可以理解，为什么洛克会在《政府论（下篇）》说：

> 由此可见，虽然自然的东西是给人类共有的，然而人既然是

---

① 洛克：《人类理解论》，第 323 页，译文根据英文略有改动，参见 John Locke, *An Essay Concerning Human Understanding*, p. 347。

② 洛克：《人类理解论》，第 323 页，译文根据英文略有改动，参见 John Locke, *An Essay Concerning Human Understanding*, p. 347。

③ John Locke, *The Reasonableness of Christianity*, pp. 5 - 11.

自己的主人,自身和自身行动或劳动的所有者,本身就具有财产权的根本基础。①

5.3.2.2.4 洛克的自主权信托理论

但是,如果我们回到塔利,上帝是人的所有者,那么,人如何可能所有自己的人格?其中,如果进一步深究,还有更为深刻的矛盾:第一,如果上帝作为人的所有者,上帝是人类一切行动的原因,那么,人类犯下原罪,是不是也要归责给上帝?完美的上帝为什么创造了不完美的人?这是一神论中深沉的神义论问题。第二,如果在《政府论(上篇)》中劳动是一种对亚当的惩罚责任,这种惩罚责任如何转化为《政府论(下篇)》中私产所有权的正当性基础?

我们首先回到《政府论(上篇)》的这几段文本:

> ……女人竟然敢首先违犯上帝,上帝用这些话诅咒女人。如果我们考虑下上帝对人类第一对父母说话时的情形,那么,我们就会晓得,上帝是在对他们宣判,宣示他对他们逆行的震怒。由于他们都违犯了上帝,我们不能认为,这个时候上帝还赐予了亚当专权与特权,授予他荣耀与权威,把他抬到君主的支配地位:因为尽管亚当受到夏娃蛊惑,在偷食禁果中仅仅是个从犯,夏娃偶然居于亚当之下,亚当偶然居于夏娃之上,那也只是夏娃受的惩罚更重,被贬得地位更低(这从后面的经文中看得很明白)。很难想象,同样是犯罪者,上帝居然让亚当做了人类的普

---

① John Locke, *Two Treatises of Government*, p. 298. 洛克:《政府论(下篇)》,第28页。

世君主,这个君主却还要劳作维生;一方面,上帝把亚当逐出伊甸园,让他自己种地,另一方面,却又授予他王位、特权,让他安享绝对权力。①

亚当既然冒犯了他的创造者,他不可能从造物主那里期待特别的恩宠,期待任何特权。如果这是授予最初的统治权(或者用我们的作者的话来讲,上帝立亚当为君),那么,很明白的是,上帝所立的君主实在是个一穷二白的君主,根本没有我们作者夸耀的什么特权。上帝让亚当劳作维生,交到他手里的似乎是'征服这地'的铲子,而不是统治臣民的王杖。上帝对亚当说:'从此你一辈子辛劳,才能勉强果腹。'难免有人反驳说,这是因为亚当此时还没有臣民驱使,还没人为他劳作,等他活上900年后,他就有足够多的人民供其驱使,命令他们为自己劳作。并非如此,上帝说的是,不但是你一辈子无人帮忙(除了你的妻子),而且你一辈子都要辛劳。'汗流满面,才吃得上一口,直到你复归大地;因为你本是尘土所造,尘土,终是你的归宿'。也许有人会替我们的作者反驳道,这些话上帝不是说给亚当一个人听,而是把亚当当作全人类的代表,把对全人类的诅咒说予他听。②

菲尔默的论点是上帝把支配夏娃的权力赐予亚当,这种家庭中的支配权也是政治支配权的授予。亚当之所以被授予这样的权力,是因为夏娃诱惑他犯下原罪。洛克认为,这种逻辑实在奇怪。因为如果亚当和夏娃是共犯,不可能只有夏娃受到惩罚,而亚当不受惩罚

① John Locke, *Two Treatises of Government*, p. 172.
② John Locke, *Two Treatises of Government*, pp. 172 - 173.

的道理。除非是上帝赐予了亚当某种特权，即霍菲尔德最初意义上的特权，以特别法的方式赦免了亚当的犯罪，即便上帝以特别法的方式赦免了亚当的犯罪，对于亚当而言，已经是相当大的恩宠，而菲尔默不但不谈及对犯罪者亚当的惩罚，反而认为亚当犯罪是其被赐予支配权的原因。那么，上帝岂不是在奖赏犯罪？如果赏罚不明，上帝的正义何在？这种结论显然是荒谬的，因此，只能认为，亚当也因为违犯上帝而受到了惩罚，而惩罚责任的承担方式就是劳动。亚当和夏娃作为上帝特别的造物，原初当然受到了恩宠，本来被赋予了“支配海里的鱼、空中的鸟以及一切牲畜野兽爬虫”的特权。但上帝也对亚当和夏娃提出了请求权（命令），不得偷食禁果，这是自然法的指导力，但是，两人对上帝的请求置若罔闻，因此，暴怒的上帝动用权力（power）改变了两人特权的地位，两人丧失了权利，被置于了履行劳动责任的地位。那么，劳动是一种责任，而不是一种权力。

我们再来看《政府论（下篇）》中关于劳动的一些文本：

> 当他享用橡树上摘得的果实或者苹果树上摘得的苹果，他当然就把这些东西占为已有了。没有一个人否认，只有摘果子的人才能享用。但这些果子什么时候开始是他的？当他消化的时候？当他咀嚼的时候？当他煮的时候？当他带果子回家的时候？还是当他采摘的时候？显而易见，是因为他第一个采摘了果实。如果不是因为这个让他把果实占为已有，那么也没有其他的理由了。正是劳动把原初共有的东西划归已有了。劳动增加了大自然母亲不曾提供的东西，因此这东西就变成他的私产了。①

---

① John Locke, *Two Treatises of Government*, p. 288.

> 野兽原初也是共有的,不是任何人的私产;谁只要进行了相当的劳动,如追猎这头野兽,他就使它脱离了原来自然的共有状态,开始让它变为私有的财产了。①

> 最要紧的财产还不是土地上产的果实、土地上生活的野兽,而是土地本身,因为土地上啥都有;我认为,显而易见的是,人们获得土地所有权的方式和获得果实、野兽所有权的方式是一样的。一个人能花多少劳力在土地上耕耘、播种,改良和培育,他就享用得了多少土地上的物产,他就能享有多少土地所有权。他凭借劳动把共有的土地圈占成了自己的土地。每个人对土地都有平等的共有权利,这一点并不会使他的私产所有权无效;他不需要经过他所有的人类同胞同意,才来圈占土地,把土地占为己有。②

从这些文本当中,我们可以看到,洛克一直在追问,私产所有权的"开端"是什么?而洛克给出的答案是,劳动是私产所有权的"开端"。这个开端就是本研究开头提到的"正当理由"。当A询问采摘者B,为什么你可以享用这个苹果,而我不可以享用?B给出的理由是,我的采摘就是一种劳动,我通过劳动把这个苹果占为已有了。那么A继续询问B,为什么你的劳动可以让你把苹果占为已有?B的回答是,我的劳动添加了自然中没有的一些东西。显然,劳动成为了私产所有权的权利正当性基础。这种正当性理由还体现在,当A询问第一个圈占土地劳动的B,这是我们共有的土地,你为什么要占为

① John Locke, *Two Treatises of Government*, p. 290.
② John Locke, *Two Treatises of Government*, pp. 290 - 291.

己有？A提出原初共有权作为一个理由并不能压倒B付出劳动这个理由，也就是说，A给出的理由并没有让B的土地所有权无效。那么，B所付出的劳动就是一种权力（power），B劳动能力的施展成为了B取得排他性私产所有权的排他性理由，B的劳动排除了其他人对这块原初共有的土地的请求权，因此是一种排他性权利。那么，显然，劳动在这里是一种权力，而不再是惩罚责任。

劳动为何经历了《政府论（上篇）》到《政府论（下篇）》这样的巨变？塔利和西蒙斯所给出的自主权信托理论有一定的解释力，但需要进行修正。塔利认为人是上帝的财产，那么，第一个问题就是，如何解释人是自己人格的所有者？本研究追随塔利，区分了作为实体的人（man）和作为模态-实体组合体的人格者（person），上帝拥有人（man）这一实体，而个人拥有自己的人格（person），由于人（man）这一实体是上帝造的，人对此一无所知，而人格（person）则是个人自我塑造的。进一步的问题是，上帝作为万物最终的所有者，人如何能够获得私产所有权？塔利将洛克的私产所有权解释为涵容性的权利，显然违背了洛克的本意，上述的文本说明，这是一种排他性的权利。塔利对此给出的解释是，人自然状态下的私产所有权是上帝信托给个人的用益权。上帝作为信托人，是最终的所有权人，而个人作为受托人，享有使用权，还要受到上帝信托目的限制。[①] 实际上，塔利自己的解释，没有完全解决的一点是，他的信托理论首先需要解释的不是财物的用益权，而是人的自主权。西蒙斯将塔利的这种信托理论修正为自治权信托理论。上帝信托给我们的不单单是对财物的用益权，而且把自我治理的权利也信托给了我们，在不违背信托目的（自我治理）

① James Tully, *A Discourse on Property*, p. 122.

的前提下，个人作为受托人获得了相当的自由裁量权，但个人违背信托的时候，将独自面对上帝，承担自然法责任，丧失自治的地位。①

前文已经论证，洛克的人格理论是一种自我授权理论。所授的是什么权利？对西蒙斯说法稍微进行修正的话，就是授予了自主权(self-ownership)。如果结合第二章小结中提到的梅特兰关于信托的考证，那么信托的最初意思是代表，也就是 representative。Representative 的词根是 present，也就是在场，representative 的最初含义就是复现，或者说如同被代表者在场，而授权理论关乎的也是代表问题。如果把自我授权理论理解为上帝信托给个人自主权，那么，个人就是作为上帝的代表在自我治理。但是，例如，根据授权理论，授权者 A 授权 B 去找 C 签订契约，契约的法律效果约束的是 A 与 C，而不约束 B，那么，根据前文所梳理的授权关系，A 的授权与 B 的行为之间的授权关系包括条件关系、指导关系与归责关系。如果这样理解，在授权理论里，上帝授权人自我治理，那么问题是，人如果违背授权，不听从上帝的指导，这样的犯罪是不是要归结给上帝？就像前述引文《政府论(上篇)》提到的亚当偷食禁果一样？也就是在授权理论里，似乎最终要上帝来承担个人的原罪？这是一神论神义论最麻烦的挑战。如果授权理论结合信托理论，这个问题可以得到解决，也就是对于犯罪的归责，需要一个归责的终点，责任追溯到犯罪的个人这里，就不再向前追溯了，信托理论刚好切断了这种追溯。例如，在信托关系中，信托人 A 把私产所有权信托给 B，并指定 C 为受益人，在这一关系中，信托人 A 退隐，受托人 B 有相当大的自由裁量权，当 B 违背信托时，将自行承担责任。也就是说，当上帝把自主权信托

① A. John. Simmons, *The Lockean Theory of Rights*, pp. 260 - 261.

给个人,个人违背信托时,因为个人被赋予了极大的自由裁量权。上帝授权之后隐退,是很关键的一点。即上帝作为遥远而陌生的上帝,对世界采取漠然的态度。并且根据前述的自我授权理论,上帝将自主权信托给个人后,能不能用好自主权,就是看个人如何自我塑造,而自我授权最关键的手段就是劳动,通过劳动,把自己塑造为独立自主的个人。劳动不但是模仿上帝的制作活动,让太阳下有了新事物,而且还塑造个人自己,如同上帝创世造人一样。因此劳动理论堪称洛克对《旧约圣经·创世记》的创造性解经。

还有几个问题需要解决。第一个问题仍然是,如果劳动是对亚当所承担的惩罚责任,那么它如何成为了亚当后人私有财产权的正当性基础? 首先,前文已经论及,洛克是不承认原罪的,亚当的原罪不会一代一代传下去,犯下原罪的只是亚当及夏娃,请看如下《政府论(上篇)》的如下文本:

> 我相信,上帝尽管说话方式与人有所不同,因为他说的包含更多真理:但是,我并不认为,他一旦屈尊和人说话,就会完全打破人类的语法规则,说些人听不懂的话。如果他说些人听不懂的话,他屈尊和人说话,就完全没有什么意义了……如果这里非要有人说,上帝用单数对亚当一个人说的话是什么对全人类说的话,他用复数说给亚当夏娃两个人的话是说给亚当一个人听的(是不让其他人听的(《旧约圣经·创世记》26,28))……①

洛克所谓上帝对亚当一个人说的话,指的是上帝宣判犯下原罪

① John Locke, *Two Treatises of Government*, p. 173.

的只有亚当和夏娃，和他的人类后代没有关系。这一点在《基督教的合理性》中说得更为明白：

> 亚当的后人竟然应当为他承担原罪的惩罚，无辜者竟然要为罪人承担责任，这难道符合上帝的正义与善吗？①

这可以说是洛克自己提出的神义论问题。尼尔森将这个神义论问题阐述得更加清晰。诚如莱布尼茨指出，上帝正义地惩罚罪人，只是神义论问题的一个方面。如果我们是自由的，犯罪者被惩罚，肯定符合上帝的正义，一如亚当偷食了禁果被惩罚是该承担的责任。但是，亚当的后人却是无辜的，因亚当的过犯而承担原罪，承受人世间的痛苦，这和上帝正义相符吗？② 尼尔森从代表理论出发，对原罪问题作了出色的解释。尼尔森认为，十七世纪存在两种代表理论，一种是"形象论"，另外一种是"授权论"。"形象论"是英国十七世纪议会派加尔文宗所持有的一种代表理论。议会派之所以认为议会更能代表人民，是因为议会比国王更像人民，议会是一群人，而国王只是一个人。议会派的这种"形象论"来自加尔文宗。A 要成为 B 的代表，首先的条件是 A 要像 B，但这还不够，还必须 A 这一形象享有者被 B 指定，A 也接受了这一指定。A 与 B 相像，是 A 成为 B 代表的必要不充分条件。③ 而亚当的罪之所以成为殃及我们的原罪，是因为亚当因与我们实质上相像，上帝指定亚当代表我们，亚当承担了人类的公共

---

① John Locke, *The Reasonableness of Christianity*, Jp. 10.

② Eric Nelson, *The Theology of Liberalism: Political Philosophy and the Justice of God*, Cambrdige, Massachusetts: The Belknap Press of Harvard Universoty Press, 2019. p. 3.

③ Eric Nelson, *The Theology of Liberalism*. p. 35.

人格。用奥古斯丁的说法就是，亚当是我们原罪的根。[①] 而王权派的代表理论是“授权”论，因授权而代表，非因相像而代表。授权(authorization)与作者(author)理论密切关联。人类并非亚当原罪的作者，因而不应承担原罪的惩罚。[②] 加尔文宗认为，亚当代表人类与上帝立约，他是人类的代表，他的罪也成为人类的原罪。霍布斯对此的解答充满了阿米尼乌派的气质。我们前面所论及的霍布斯的人格行动占有理论将会发挥它的作用。人可以拥有自己的行动，这是自然人格，当然也可以通过拟制来拥有他人的行动，但这种拥有必须经过授权。也就是说，如果 B 要成为 A 的代表，A 要授权给 B，A 是 B 代表行动的作者，通过人为的拟制，B 在行动，就好像 A 在场行动一样。这是人造人格论。但是，授权的前提是 A 要有完全的民事行为能力。霍布斯承认，小孩、疯子也会有法定代理关系，但小孩、疯子不能运用理智能力，仅仅是代理，而非代表，代表要求被代表者能够成为他人行动的作者，即作为能动者。上帝创世的时候，亚当后代还未出生，连小孩都不能成为被代表者，更何况尚未出生的人类。因此，亚当后代并非是亚当与上帝之约的作者，因此，亚当仅仅因为个人罪责而承担责任，不殃及后代。[③]

洛克也同样认为，犯下原罪的只有亚当一个人，亚当的后裔是无辜的。那么，根据传统对原罪的解释，人终有一死，这是原罪的惩罚责任。但是，洛克认为，人终有一死，这不过是因为，亚当因为被赶出伊甸园，具有了有朽性，所以他的后代都终有一死，死亡仅仅是亚当个人所承担的惩罚责任，而与他的后代无关，后代的死亡实际上是上

---

① Eric Nelson, *The Theology of Liberalism*, pp. 26 – 27, 36.

② Eric Nelson, *The Theology of Liberalism*, p. 41.

③ Eric Nelson, *The Theology of Liberalism*, pp. 42 – 43.

帝漠然的事，也就是漠然自由的领域。[①] 利姆伯奇同样认为，非经授权，任何人不能代表他人，一个人犯的错只能归责给他自己，亚当没有得到后代的授权，因此，不存在原罪的问题。[②]

劳动也就不再是后代所应承担的惩罚责任，人类迫于生计劳作，只是一种不便而已，如阿伦特所言，洛克的劳动不是菲尔默意义上的劳作，让个人像动物一样维持生命而已，洛克的劳动为自然增添了新东西。像阿伦特说的一样，劳动的第一步"占为己有"有着暴力的因素。

洛克的"占为己有"理论一直饱受批评，因为不论是休谟、康德，还是施米特，都认为他的占为己有是一种暴力。休谟和康德认为，"占为己有"理论给洛克造成了一种两难处境：要么，在占为己有之前，人对该财物已经有了私产所有权，这似乎使得劳动理论成了多余，变得不必要了；要么，占为己有就是一个纯粹的事实，不过是以暴力的方式将原初共有的财物据为己有。[③] 占为己有的暴力因素似乎很难摆脱了，但是，如果用阿伦特所理解的暴力，可能更符合洛克的原意。本研究的导论部分提及，阿伦特认为，逃离必然的一个方式是暴力，但是，菲尔默所理解的逃离方式是劳作，奴隶的劳作。这种必然性如洛克所言，"任何事物如果缺乏思想，没有能力，按照思想的指导，来完成或阻止某项运动"。[④] 菲尔默式的劳作，显然没有完全摆脱必然性，只是缺乏思想和能力的机械运动。而洛克的劳动是有目的

① John Locke, *The Reasonableness of Christianity*, pp. 5 - 11.

② Eric Nelson, *The Theology of Liberalism*, p. 46.

③ Jeremy Waldron, *The Right to Private Property*, p. 174. 施米特甚至认为，这种暴力性的占为己有有着深刻的历史记忆，就是威廉一世对英格兰的征服与土地占有，参见 Carl Schmitt, *The Nomos of the Earth*, p. 47。

④ 洛克：《人类理解论》，第 211 页，译文根据英文略有改动，参见 John Locke, *An Essay Concerning Human Understanding*, p. 240。

的创造性活动,是劳动能力(potestas/power)的施展。而作为这种劳动前提的"占为己有",是阿伦特所谓的对自然进程的打破(violation),是这种意义上的暴力。① 苹果如果不被采摘,那么它将会成熟后掉落,来自尘土,复归于尘土,但是人类的采摘却加速了苹果的消亡,这种对自然进程的打破是一种暴力。阿伦特甚至说,人类的劳动因为模仿了上帝的创造活动,某种程度上是对上帝位置的一种僭越,如同盗火的普罗米修斯一样。② 那么,劳动是不是看作是对上帝位置的僭越呢?实际上,仍然可以用自主权信托理论去解释,上帝既然把自我治理的权利信托给我们,最初赐予我们的土地也是原初共有权,但这并不意味着,我们信托权利范围就仅限于此,只要符合信托目的,只要符合人自我治理的信托目的。③

5.4 小结

洛克所理解的平等权,是一种一般权利,其实质是人人平等拥有的自主权。这种平等权的含义包括两个方面:第一,人人都有理解自然法的能力,这种能力就是理性能力,是平等的门槛能力。这个门槛要求并不高,只要人有理性能力抽象出两点,第一点是存在人人受其约束的自然法,第二点是自然法的立法者是上帝;第二,因为人人都有理解自然法的能力,因此,在自然状态下,人人被平等地武装了自然法的执行权。自然法执行权是解释并执行自然法的权利,甚至

① Hannah Arendt, *The Human Condition*, p. 139.

② Hannah Arendt, *The Human Condition*, p. 139.

③ 类似于将在外,君令有所不受,这不是否认主权者的主权地位,而是为了更符合主权者信托的目的,更好地完成主权者交予的任务。

可以自行根据自然法将侵犯者杀死，因此是一种管辖权，具有主权意味的管辖权。其核心不在于能够杀死侵犯者，而在于“正当地”杀死侵犯者。由于人人都平等地武装有自然法的执行权，管辖权是相互的，因此，自然状态下，没有谁处于绝对支配的地位，这是一种无人绝对支配的状态。洛克所理解的自由权，核心含义是自主权，是私产所有权的基础。自由权的核心在于权力-能力(power/potestas)，是一种主动能力，这意味着人在进行行动前，能够三思而行，省察自然法，具备按照自然法指导行事的能力，当违反自然法时，将会自负其责。自由意味着有做错事的权利，但也意味着做错事之后应当承担责任，也就是说，个人的行为归责给个人，这是自我授权理论的核心要义。人通过劳动，塑造自己独立自由的人格，以达到上帝将自主权信托给个人的目的。

我们看到，私产所有权这种自然权利在格劳秀斯、普芬道夫等人的笔下，仍然难以摆脱“被动权利-主动义务”的框架，私产所有权的产生来自他人的同意，也就是来自他人的履行义务，而洛克通过劳动理论将其变为了“主动权利-被动义务”的框架，个人通过劳动能力的施展，让自己取得了所有权人的地位，排除了其他人对该财物的请求权，洛克让私产所有权产生的基础不再依赖于他人，而依赖于个人自己，以权力-能力(power/potestas)中心塑造了其私有财产权理论。但这是一种弱意义上的以特殊权力为中心的论证，因为它受到权利利益说的限制，即个人不得处分自己的根本利益，如生命权与自由权，这是不可移转的自然权利，移转这种权利，就违背了上帝的信托目的。

结语

第二章考察了使徒贫困争论中关于 *dominium* 概念的争论，这一章中 *dominium* 概念主要是财产权的含义，教皇与奥卡姆就财产权是否存在于自然状态下的争论涉及的重大理论问题是，财产权是先于政府存在，还是后于政府存在，财产权是恩典的结果，还是人为的构造？更为重要的是，奥卡姆在争论中发现了“许可的权力”（*potestaslicita*）的表述，这意味着出现了道德中立的领域，这种自由领域的出现为自然权利的萌生奠定了基础。第三章考察菲尔默的政法思想，通过其生活背景及智识背景的描摹，营造出语境，从两个方面论述其思想：财产支配权与主权的等同、王位继承制与篡位者。菲尔默对财产支配权与主权的等同依靠的是自然论证与圣经论证。自然论证指的是，父亲通过生育儿女，因为给予儿女生命，因而对儿女生命有生杀予夺之权，买卖儿女的习惯和“孝顺你的父亲”的十诫诫命都说明父亲对儿女的生命有处分权。圣经论证指的是，认为《旧约圣经·创世记》中，上帝赐予亚当支配整个大地的支配权（*dominium*），亚当在这种支配的基础上建立主权意义上的支配。菲尔默这里针对的是，格劳秀斯认为上帝将大地赐予人类共有。菲尔默对财产权和主权的等同第二点表现在，认为王位像财产支配权一样继承，混同财产继承与王位继承，这种继承源自于亚当的长子继承制，这是其政治合法性的来源。他等同财产支配权和主权的第三点表现是,在没有继承人的情况下,篡位者窃据王位,就如同财产上的时效占有制度,长时间占有则归其所有。菲尔默这样做其实混淆了合法性与非法性,由于其所采取的唯意志论立场,如果将自然法理解为命令,他只关注命令的发出者,而不顾及命令的接收者,合法性要求命令接收者对命令的接受。他的君权神授论意味着君主除了只对自然法(上帝)负责,并不受实证法的束缚,不对人民负责,他是绝对君主,因为他在法律之上,他是专断君主,因为他可以为私人利益任意而行。菲尔默等同了绝对和专断,即便在遇到暴君的情况下,人民仍然不得反抗。因此其反法治意味着,第一,君主不受实证法约束,第二,人民不得用暴力对其惩罚。第四章是对《政府论(上篇)》前六章的疏证,这六章洛克的工作在于分开被菲尔默所等同的财产支配权与主权,对于菲尔默所提供的自然论证,洛克以"作品模型"回应,上帝是人的创造者和所有者,而被创造出来的人则是他的作品和财产,他因为创造而享有对作品的支配和权威,他享有对自己作品的财产权。菲尔默的错误在于让人僭越到了上帝的位置,人生育时并没有上帝创造时的目的。菲尔默没有搞清楚创造和生育这二者的区别。买卖儿女和"孝顺你的父母"都是流行的习惯,必须经过理性的反思和检视,否则这些习惯就有自我神圣化的危险,习惯的权威就会挑战自然的权威,习惯法的作者——人就会僭越自然法的作者——上帝的位置。对于菲尔默的圣经论证,洛克提出了"上帝形象"理论,每个人都分有了上帝的理性,从而都能够享有对低等造物的支配权,因此上帝赐予人类的是共有的大地,而非亚当一人的私产。第五章处理了洛克自然状态下的平等、自由及财产权。平等首先是在自然法面前的平等,自然法的一般性和形式性保证了人的平等。平等还意味着相互的管辖权平等,相互管辖权的平等意味着人人都有自然法的执行权，在财产权受侵犯时可以自行裁判救济，自然法具有强制力。自由是漠然状态下对自己"欲望"的悬搁，悬搁时审查自然法，是一种"三思而行"的漠然自由。

漠然(indifferent)问题是阿米尼乌派所关心的大问题，因为这一问题事关宽容。洛克在反驳利姆伯奇时，未免对自由问题不心存困惑。在莫里纽克斯 1693 年指出洛克《人类理解论》第一版对自由与必然问题不尽如人意时，洛克的回信才引人深思：

> 我不得不向您坦承我理解的浅薄。存在作为造物主的、全知全能的上帝，这尽管不是一个问题，我却不能更清楚地洞察到，我是自由的。我不能很好地协调人的自由与上帝的全知全能，尽管我完全同意，上帝的全知全能是真理，人的自由也是真理。这个问题，我思索了很长时间，才得到这样一个简单的结论，如果上帝可能创造一个自由的能动者，那么，人就是自由的，尽管我不能明其所以然。①

---

① John Locke, Letter 1592, to William Molyneux, *The Correspondence of John Locke*, Vol. 4, ed. E. S. de Beer, Oxford: Oxford University Press, 1979, pp. 625-626.

参考文献

一、原著

（一）洛克原著

1. 洛克英文原著

1. *Two Treatises of Government*, ed. Peter Laslett, Cambridge: Cambridge University Press 1988.
2. *An Essay Concerning Human Understanding*, ed. Peter H. Nidditch, Oxford: Clarendon Press, 1975.
3. *The Correspondence of John Locke*, 8 vols., ed. E.S. de Beer, Oxford: Clarendon Press, 1976 - 1989.
4. *A Paraphrase and Notes on the Epistles of St Paul*, 2 vols., ed. Arthur W. Wainright, Oxford: Clarendon Press, 1987.
5. *Some Thoughts Concerning Education*, eds. John W. Yolton and Jean S. Yolton, Oxford: Clarendon Press, 1989.
6. *Drafts for the Essay Concerning Human Understanding, and Other Philosophical Writings*, vol. 1, eds. Peter H. Niddtch and G. A. J. Rogers, Oxford: Clarendon Press, 1990.
7. *Locke on Money*, 2 vols., ed. Patrick Hyde Kelly, Oxford: Clarendon Press, 1991.
8. *The Reasonableness of Christianity*, ed. John C. Higgins-Biddle, Oxford: Clarendon Press, 1999.
9. *An Essay Concerning Toleration and Other Writings on Law and Politics*, eds. J.R. Milton and Philip Milton, Oxford: Clarendon Press, 2006.
10. *Vindications of the Reasonableness of Christianity*, ed. Victor Nuovo, Oxford: Clarendon Press, 2012.
11. *Two Tracts on Government*, ed. P. Abrams, Cambridge: Cambridge University Press, 1967.

12. *Essays on the Law of Nature and Associated Writings*, trans. W. Von Leyden, Oxford: Oxford University Press, 2002.
13. *Questions Concerning the Law of Nature*, with an Introduction, Text and Translation by Robert Hoorwitz, Jenny Strauss Clay, and Diskin Clay, Ithaca and London: Cornell University Press, 1990.
14. *Political Essays*, ed. Mark Goldie, Cambridge: Cambridge University Press, 1997.
15. *Literary and Historical Writings*, ed. J. R. Milton, Oxford: Oxford University Press, 2019.

2. 洛克著作中译本

1.《政府论》,叶启芳、瞿菊农译,北京：商务印书馆 2010 年版。
2.《人类理解论》,关文运译,北京：商务印书馆 1983 年版。
3.《基督教的合理性》,王爱菊译,武汉：武汉大学出版社 2006 年版。
4.《论宗教宽容：致友人的一封信》,吴云贵译,北京：商务印书馆 2011 年版。
5.《论降低利息和提高货币价值的结果》,何新译,北京：商务印书馆 2011 年版。
6.《自然法论文集》,刘时工译,上海：上海三联书店 2015 年版。
7.《自然法论文集》,李季璇译,北京：商务印书馆 2014 年版。
8.《论自然法则》,徐健等译,上海：华东师范大学出版社 2015 年版。

(二) 其他原著

1. Samuel Pufendorf, *Two Books of the Elements of Universal Jurisprudence*, trans. William Abbott Oldfather, Indianapolis: Liberty Fund, 2008.
2. Samuel Pufendorf, *The Political Wrtings of Samuel Pufendorf*, ed. Graig L. Carr, trans. Michael J. Seidler, Oxford: Oxford University Press, 1994.
3. Sir Robert Filmer, *Patriarcha and Other Writings*, ed. Johann P. Sommerville, Cambridge: Cambridge University Press, 1991.
4. Hobbes, *On the Citizen*, eds. Richard Tuck and Michael Silverthorne, Cambridge: Cambridge University Press, 1997.
5. Hobbes, *Leviathan*, ed. Noel Malcolm, Oxford: Clarendon Press, 2012.
6. Hobbes, *The Elements of Law Natural and Politic*, ed. J. C. A. Gaskin, Oxford: OxfordUniversity Press, 2008.
7. Hobbes, *Behemoth or the Long Parliament*, ed. Paul Seaward, Oxford: Clarendon Press, 2010.

8. Hobbes, *A Dialogue Between a Philosopher and a Student of the Common Laws of England*, ed. Joseph Cropsey, Chicago: The University of Chicago Press, 2005.
9. Hugo Grotious, *The Rights of War and Peace*, translated by John Morrice, edited and with an Introduction by Richard Tuck, Indianapolis: Liberty Fund, 2008.
10. Hugo Grotious, *Commentary on the Law of Prize and Booty*, ed. and introduction by Martine Julia van Ittersum, trans. Gwladys L. Williams, with appendix and indices of Walter H. Zeydel, Indianapolis: Liberty Fund, 2006.
11. 霍布斯:《利维坦》,黎思复、黎廷弼译,北京:商务印书馆 2011 年版。
12. 霍布斯:《贝希摩斯》,李石译,北京:北京大学出版社 2019 年版。

二、二手文献

1. 专著

1. A. John Simmons, *Boundaries of Authority*, Oxford: Oxford University Press, 2016.
2. A. John Simmons, *Justification and Legitmacy*, Oxford: Oxford University Press, 2001.
3. A. John Simmons, *On the Edge of Anarchy*, Princeton, New Jersey, Princeton University Press, 1993.
4. A. John Simmons, *The Lockean Theory of Rights*, Princeton, New Jersey: Princeton University Press, 1992.
5. Alan Cromatie, *The Constitutionalist Revolution: An Essay on the History of England, 1450–1642*, Cambridge: Cambridge University Press, 2006.
6. Alan Ryan, *Property and Political Theory*, Oxford: Basil Blackwell, 1984.
7. Alessandro Passerin d'Entreves, *The Medieval Contribution to Political Thought: Thomas Aquinas, Marsilius of Padua, Richard Hooker*, New York: Humanities Press, 1953.
8. Alex Tuckness, *Locke and the Legislative View of Point*, Princeton, New Jersey: Princeton University Press, 2002.
9. Annabel Brett, *Changes of State: Nature and the Limits of the City in Early Modern Natural Law*, Princeton, New Jersey: Princeton University Press, 2011.
10. Annabel Brett, *Liberty, Right, and Nature: Individual Rights in Later Scholastic Thought*, Cambridge: Cambridge University Press, 1997.

11. Arthur O. Lovejoy, *The Great Chain of Being: A Study of the History of an Idea*, Cambrdige, Massachusetts: Havard University Press, 1964.
12. Ayers Michael, *Locke*, London: Routlege, 1991.
13. C.B. Macpherson, *The Political Theory of Possessive Individualism*, Oxford: Oxford University Press, 1962.
14. Ceare Cuttica, *Sir Robert Filmer and the Patriotic: Patriaachalism in the Seventeenth-Century Political Thought*, Manchster: Manchester University Press, 2012.
15. Christopher Hill, *God's Englishman: Oliver Cromwell and the English Revolution*, London: Penguin Books, 1972.
16. Christopher Hill, *Intellectual Origins of the English Revolution — Revisited, 1997.*
17. Christopher Hill, *Society and Puritanism in Pre-Revolutionary England*, New York: Schocken Books, 1967.
18. Colin Rhys Lovell, *English Constitutional and Legal History: A Survey*, Oxford: Oxford University Press, 1962.
19. Conrad Russell, *The Causes of the English Civil War*, Oxford: Clarendon Press, 1990.
20. Corinne Comstock Weston, *Subject and Sovereignty: The Grand Controversy over Legal Sovereignty in Stuart England*, Cambridge: Cambridge University Press, 1981.
21. David Armitage, *Foundations of Modern International Thought*, Cambridge: Cambridge University Press, 2013.
22. Elizabeth Wicks, *The Evolution of a Constitution: Eight Moments in British Constitutional History*, Oregon: Hart, 2006.
23. Ellis Sandoz, *A Government of Laws: Political Theory, Religion, and the American Founding*, Baton Rouge: Louisiana State University Press, 1990.
24. Eric Mack, *John Locke*, New York: Continuum, 2009.
25. Eric Nelson, *The Hebrew Republic: Jewish Sources and the Transformation of European Political Thought*, Cambridge, Massachusetts: Harvard University Press, 2011.
26. Eric Nelson, *The Theology of Liberalism: Political Philosophy and the Justice of God*, Cambrdige, Massachusetts: The Belknap Press of Harvard Universoty Press, 2019.
27. Francis Oakley, *Natural Law, Laws of Nature, Natural Rights*, New York: Continuum, 2005.
28. Frederic William Maitland, *Equity: A Course of Lectures*, Cambridge:

Cambridge University Press, 2011.
29. G. E. Aylmer, *The Struggle for the Constitution, 1603 - 1689: England in the Seventeenth Century*, Blandford, 1965.
30. G. R. Elton, *The Tudor Constitution: Documents and Commentary*, Cambridge: Cambridge University Press, 1982.
31. Galen Strawson, *Locke on Personal Indentity: Consciousness and Concernment*, Princeton, New Jersey: Princeton University Press, 2011.
32. Gardiner, Samuel Rawson, *The Constitutional Documents of the Puritan Revolution, 1625 -1660*, Oxford: Clarendon Press, 1906.
33. George Macaulay Trevelyan, *The English Revolution, 1688 - 1689*, Oxford: Oxford University Press, 1965.
34. Gerald J. Postema, *Bentham and the Common Law Tradition*, Oxford: Clarendon Press, 1986.
35. Gideon Yaffe, *Liberty Worth the Name: Locke on Free Agency*, Princeton, New Jersey: Princeton University Press, 2000.
36. Glenn Burgess, *Absolute Monarchy and the Stuart Constitution*, New Haven: Yale University Press, 1996.
37. Glenn Burgess, *The Politics of the Ancient Constitution: An Introduction to English Political Thought*, Pennsylvania: The Pennsylvania State University Press, 1992.
38. Gopal Sreenivasan, *The Limits of Lockean Rights in Property*, Oxford: Oxford University Press, 1994.
39. Gordon Schochet, *Patriachalism in Political Thought*, Oxford: Basil Blackwell, 1975.
40. Greg Foster, *John Locke's Politics of Moral Consensus*, Cambridge: Cambridge University Press, 2005.
41. Henrik Syse, *Natural Law, Religion and Rights: An Exploration of the Relationship between Natural Law and Natural Rights, with Special Emphasis on the Teachings of Thomas Hobbes and John Locke*, South Bend, Indiana: St. Augustine Press, 2007.
42. Hugh Trevor-Roper, *Archbishop Laud*, London: Phoenix Press, 2000.
43. Ian Shapiro, *The Evolution of Rights in Liberal Theory*, Cambridge: Cambridge University Press, 2008.
44. Ian Shapiro, *Politics against Domination*, Cambridge, Massachusetts: The Belknap Press of Harvard University Press, 2016.
45. Ian Harris, *The Mind of John Locke: A Study of Political Theory in Its Intellectual Setting*, Cambridge: Cambridge University

Press, 1994.

46. J. B. Schneewind, *The Invention of Autonomy: A History of Modern Moral Philosophy*, Cambridge: Cambridge University Press, 1998.
47. J. R. Western, *Monarchy and Revolution: The English State in the 1680s*, Burgay, Suffolk: Blandford Process, 1972.
48. J. W. Gough, *John Locke's Political Philosophy: Eight studies*, Oxford: Clarendon Press, 1956.
49. J. G. A. Pocock, *The Machiavellian Moment*, Princeton, New Jersey: Princeton University Press, 1975.
50. J. G. A. Pocock, *The Ancient Constitution and the Feudal Law*, Cambridge: Cambridge University Press, 1987.
51. J. H. Baker, *An Introduction to English Legal History*, London: Butterworths, 2002.
52. J. P. Kenyon, *Stuart Constitution, 1603 - 1688, Documents and Commentary*, Cambridge: Cambridge University Press, 1986.
53. J. S. Morrill, *The Nature of the English Revolution*, London: Longman, 1993.
54. J. W. Daly, *Sir Robert Filmer and English Political Thought*, Toronto: University of Toronto Press, 1979.
55. James Tully, *A Discourse on Property: John Locke and his Adversaries*, Cambridge: Cambridge University Press, 1980.
56. James Tully, *An Approach to Political Philosophy: Locke in Context*, Cambridge: Cambridge University Press, 1993.
57. Jeffrey R. Collins, *In The Shadow of Leviathan*, Cambridge: Cambridge University Press, 2020.
58. Jeremy Waldron, *God, Locke and Equality*, Cambridge: Cambridge University Press, 2002.
59. Jeremy Waldron, *The Right to Private Property*, Oxford: Clarendon Press, 1988.
60. Jeremy Waldron, *Theories of Rights*, Oxford: Oxford University Press, 1984.
61. Jerome Huyler, *Locke in America: The Moral Philosophy of the Founding Era*, Kansas: The University Press of Kansas, 1995.
62. Joanna K. Forstrom, *John Locke and Personal Identity: Immortality and Bodily Resurrection in Seventeenth-Century Philosophy*, New York: Continuum, 2010.
63. John Colman, *John Locke's Moral Philosophy*, Edinburgh: Edinburgh University Press, 1983.
64. John Dunn, *John Locke: A Very Short Introduction*, Oxford: Oxford

University Press, 2003.
65. John Dunn, *Locke*, Oxford: Oxford University Press, 1984.
66. John Dunn, *The Political Thought of John Locke: An Historical account of the Argument of the 'Two Treatises of Government'*, Cambridge: Cambridge University Press, 1969.
67. John M. Wallace, *Destiny His Choice: the Loyalism of Andrew Marvell*, Cambridge: Cambridge University Press, 2010.
68. John Marshall, *John Locke, Toleration and Early Enlightenment Culture: Religious Intolerance and Arguments for Religious Toleration in Early Modern and Early Enlightenment Europe*, Cambridge: Cambridge University Press, 2006.
69. John Marshall, *John Locke: Resistance, Religion, and Responsibility*, Cambridge: Cambridge University Press, 1994.
70. John Neville Figgis, *Churches in the Modern State*, Thoemmes Press, 1997.
71. John Neville Figgis, *Studies of Political Thought from Gerson to Grotius 1414 - 1625*, Cambrige University Press, 1931.
72. John Neville Figgis, *The Divine Right of Kings*, New York: Harper & Row, Publishers, 1965.
73. John Petrov Plamenatz, *Consent, Freedom and Political Obligation*, Oxford: Oxford University Press, 1938.
74. John Petrov Plamenatz, *Man and Society*, London: Longman, 1991.
75. John Yolton, *John Locke and the Way of Ideas*, Oxford: Oxford University Press, 1953.
76. John Yolton, *The Two Intellectual Worlds of John Locke*, Ithaca: Cornell University Press, 2004.
77. Jones, J. R., *The Forest Whigs: the Politics of the Exclusion Crisis, 1678 - 1683*, Oxford: Oxford University Press, 1961.
78. Julian H. Franklin, *John Locke and the Theory of Sovereignty*, Cambridge: Cambridge University Press, 1978.
79. Kenneth Harold, *The First Earl of Shftesbury*, Oxford: Clarendon Press, 1968.
80. Kenneth Pennington, *The Prince and the Law, 1200 - 1600: Sovereignty and Rights in the Western Legal Tradition*, Berkeley: University of California Press, 1993.
81. Kirstie Morna McClure, *Judging Rights: Lockean Politics and the Limits of Consent*, Ithaca: Cornell University Press, 1996.
82. Lawrence Stone, *The Causes of the English Revolution, 1529 - 1642*, London: Routldge, 2017.

83. Leo Strauss, *Natural Right and History*, Chicago: The University of Chicago Press, 1953.
84. Martin Seliger, *The Liberal Politics of John Locke*, London: Allen & Unwin, 1968.
85. Matthew H. Kramer, *John Locke and the Origins of Private Property: Philosophical Explorations of individualism, community and equality*, Cambridge: Cambridge University Press, 1997.
86. Matthew Hale, *The History of Common Law of England*, Chicago: The University of Chicago Press, 1971.
87. Maurice Cranston, *John Locke: A Biography*, Oxford: Oxford University Press, 1957.
88. Michael P. Zuckert, *Launching Liberalism: on Lockean Political Philosophy*, Kansas: University Press of Kansas, 2002.
89. Michael P. Zuckert, *Natural Rights and the New Republicanism*, Princeton, New Jersey: Priceton University Press, 1994.
90. Nathan Tarcov, *Locke's Education for Liberty*, Chicago: The University of Chicago, 1984.
91. Neal Wood, *John Locke and Agrarian Capitalism*, Berkeley: University of California Press, 1984.
92. Neal Wood, *The Politics of Locke's Philosophy: A Social Study of "An Essay Concerning Human Understanding"*, Berkeley: University of California Press, 1983.
93. Otto Friedrich von Gierke, *Natural Law and The Theory of Society, 1500 to 1800*, trans. and with an introduction by Ernest Barker, Boston: Beacon Press, 1957.
94. Otto Friedrich von Gierke, *Political Theories of the Middle Age*, translated by Frederic William Maitland, Cambridge University Press, 1900.
95. Patrick Riley, *Will and Political Legitimacy: A Critical Exposition of Social Contract Theory in Hobbes, Locke, Rousseau, Kant, and Hegel*, Cambridge, Massachusetts: Havard University Press, 1999.
96. Peter Garnsey, *Thinking About Property: From Antiquity to the Age Revolution*, Cambridge: Cambridge University Presss, 2007.
97. Peter A. Schouls, *Reasoned Freedom: John Locke and Enlightenment*, Ithaca: Cornell University Press, 1992.
98. Peter C. Myers, *Our Only Star and Compass: Locke and the Struggle for Political Rationality*, Lanham: Rowman & Littlefield Publishers, 1998.
99. Quentin Skinner, *The Foundations of Modern Political Thought*, Cam-

bridge: Cambridge University Press, 1978.
100. Ramon M. Lemos, *Hobbes and Locke: Power and Consent*, Georgia: The University of Georgia Press, 1978.
101. Richard Ashcraft, *Locke's Two Treatises of Government*, London: Allen & Unwin, 1987.
102. Richard Ashcraft, *Revolutionary Politics & Locke's Two Treatises of Government*, Princeton, New Jersey: Princeton University Press, 1986.
103. Richard Cox, *Locke on War and Peace*, Oxford: Clarendon Press, 1960.
104. Richard Tuck, *Natural Rights Theories: Their Origin and Development*, Cambridge: Cambridge University Press, 1979.
105. Richard Tuck, *Philosophy and Government*, Cambridge University Press, 1993.
106. Richard Tuck, *The Rights of War and Peace: Political Thought and the International Order From Grotius to Kant*, Oxford: Oxford University Press, 1999.
107. Richard Tuck, *The Sleeping Sovereign: The Invention of Modern Democracy*, Cambridge: Cambridge University Press, 2016.
108. Robert Nozick, *State, Anarchy and Utopia*, Cambridge, Massachusetts: Blackwell Press, 1974.
109. Ruth Grant, *John Locke's Liberalism*, Chicago: The University of Chicago Press, 1987.
110. S. Adam Seagrave, *The Foundations of Natural Morality*, Chicago: The University of Chicago Press, 2014.
111. Samuel Rawson Gardiner, *History of England from the accession of James I to the Outbreak of the Civil War, 1603 - 1642*, Cambridge: Cambridge University Press, 2011.
112. Samuel Rawson Gardiner, *History of the Great Civil War, 1642 - 1649*, London: AMS Press, 1965.
113. Sheldon Wolin, *Politics and Vision*, Princeton, New Jersey: Princeton University Press, 2004.
114. Stephen Buckle, *Natural law and the Theory of Property: Grotius to Hume*, Oxford: Clarendon Press, 1991.
115. Sterling Lamprecht, *The Moral and Political Philosophy of John Locke*, New York: Columbia University Press, 1918.
116. Steven C. A. Pincus, *1688: the First Modern Revolution*, New Haven: Yale University Press, 2009.
117. Steven M. Dworetz, *The Unvarnished Doctrine: Locke, Liberalism,*

and the American Revolution, Durham: Duke University Press, 1990. 118. T. R. Harrison, *Hobbes, Locke and Confusion's Masterpiece*, Cambridge: Cambridge University Press, 2003.

119. Theodore F. T. Plucknett, *A Concise History of the Common Law*, Indianapolis: Liberty Fund, 2010.

120. Thomas L. Pangle, *The Spirit of Modern Republicanism: The Moral Vision of the American Founders and the Philosophy of Locke*, Chicago: The University of Chicago Press, 1988.

121. Tierney, Brian, *The Idea of Natural Rights: Studies on Natural Rights, Natural law, and Church Law, 1150 - 1625*, Atlanta, Georgia: Scholars Press, 1997.

122. Tim Harris, *Rebellion: Britain's First Stuart Kings*, Oxford: Oxford University Press, 2014.

123. Tim Harris, *Restoration: Charles II and His Kingdoms*, London: Penguin Books, 2005.

124. Tim Harris, *Revolution: the Great Crisis of the British Monarchy, 1685 - 1720*, London: Penguin Books, 2007.

125. Uday Singh Metha, *The Anxiety of Freedom: Imagination and Individuliality in Locke's Political Thought*, Ithaca: Cornell University Press, 1992.

126. Udo Thiel, *The Early Modern Subject: Self-consciousness and Personal Identity from Descartes to Hume*, Oxford: OxfordUniversity Press, 2011.

127. Victor Nuovo, *John Locke: The Philosopher as Christian Virtuoso*, Oxford: Clarendon Press, 2017.

128. Von. Leyden, *Hobbes and Locke, The Politics of Freedom and Obligation*, London: The Macmillan Press Ltd., 1982.

129. W. H. Greenleaf, *Order, Empiricism, and Politics: Two Traditions of English Political Thought, 1500 - 1700*, Oxford: Oxford University Press, 1964.

130. William Stubbs, *The Constitutional History of England: in Its Origin and Development*, Oxford: Clarendon Press, 1903 - 1906.

131. Willmoore Kendall, *John Locke and the Doctrine of Majority-Rule*, Ilinois: Ilinois University Press, 1965.

132. Yechiel M. Leiter, *John Locke's Political Philosophy and the Hebrew Bible*, Cambridge: Cambridge University Press, 2018.

133. 韩凌:《洛克与中国: 洛克"中国笔记"考辨》,北京: 北京大学出版社 2019 年版。

134. 霍伟岸:《洛克权利理论研究》,北京: 法律出版社 2011 年版。

135. 李季璇:《从权力到权利——洛克自然法思想研究》,南京:江苏人民出版社 2017 年版。
136. 李猛:《自然社会:自然法与道德世界的形成》,北京:生活·读书·新知三联书店 2015 年版。
137. 林国华:《灵知沉沦的编年史》,北京:商务印书馆 2019 年版。
138. 林国基:《神义论语境中的社会契约论传统》,上海:上海三联书店 2005 年版。
139. 王楠:《劳动与财产——洛克思想研究》,上海:上海三联书店 2014 年版。
140. [美]阿什克拉夫特:《革命政治与洛克的〈政府论〉》,孔昊、赵雪纲译,上海:华东师范大学出版社 2021 年版。
141. [英]布雷特:《在自由与自然之间——晚期经院主义思想中的个人权利》,杨天江译,上海:华东师范大学出版社 2020 年版。
142. [加]C·B·麦克弗森:《占有性个人主义的政治理论:从霍布斯到洛克》,张传玺译,杭州:浙江大学出版社 2018 年版。
143. [英]G·M·屈威廉:《英国革命:1688—1689》,守晓东译,北京:商务印书馆 2020 年版。
144. [美]J·B·施尼温德:《自律的发明:近代道德哲学史》,上海:上海三联书店 2012 年版。
145. [法]基佐:《一六四零年英国革命史》,北京:商务印书馆 2001 年版。
146. [美]理查德·塔克:《自然权利诸理论》,杨利敏、朱圣刚译,长春:吉林出版集团有限责任公司。
147. [美]列奥·施特劳斯:《自然权利与历史》,彭刚译,北京:生活·读书·新知三联书店 2006 年版。
148. [英]迈克尔·奥克肖特:《政治思想史》,[英]特里·纳尔丁、[英]卢克·奥沙利文编,秦传安译,上海:上海财经大学出版社 2012 年版。
149. [美]迈克尔·沃尔泽:《清教徒的革命——关于激进政治起源的一项研究》,王东兴、张蓉译,北京:商务印书馆 2016 年版。
150. [美]迈克尔·扎克特:《自然权利与新共和主义》,王东兴译,长春:吉林出版集团有限公司 2008 年版。
151. [美]迈克尔·扎克特:《洛克政治哲学研究》,石碧球等译,北京:人民出版社 2013 年版。
152. [英]彼得·甘西:《反思财产——从古代到革命时代》,陈高华译,北京:北京大学出版社 2011 年版。
153. [英]彼得·拉斯莱特:《洛克〈政府论〉导论》,冯克利译,北京:生活·读书·新知三联书店。
154. [美]彼得·迈尔斯:《洛克与政治理性》,上海:华东师范大学出版社 2020 年版。
155. [美]托马斯·潘戈:《18 世纪北美的共和主义和洛克哲学》,朱颖译,上海：华东师范大学出版社 2020 年版。
156. [美]沃尔德伦：《上帝、洛克与平等》，赵雪纲等译，北京：华夏出版社 2015 年版。
157. [法]亚历山大·科耶夫：《权威的概念》，姜志辉译，南京：译林出版社 2011 年版。
158. [英]詹姆斯·塔利：《论财产权》，王涛译，北京：商务印书馆 2014 年版。
159. [英]詹姆斯·塔利：《语境中的洛克》，梅雪芹等译，上海：华东师范大学出版社 2005 年版。

2. 论文类

a. 论文

1. Charles D. Tarlton, "A Rope of Sand: Interpreting Locke's *First Treatise of Government*," *Historical Journal*, vol. 21, no. 1, 1978, pp. 43 - 73.
2. David Lyons, "The Correlativity of Rights and Duties," *Nous*, Vol. 4, No. 1(Feb., 1970), pp. 45 - 55.
3. David James Foster, "John Locke's Critique of the Bible in the *First Treatise of Government*," The University of Toronto Doctoral Dissertation, 1991.
4. George P. Fletcher, "In God's Image: The Religious Imperative of Equality under Law," *Human Rights Review*, January-March 2002.
5. Grene Marjorie, "Causes," *Philosophy*, 38, pp. 149 - 159.
6. Guy Geltner, Eden Regained, "William of Ockham and the Franciscan Return to Terrestrial Paradise," *Franciscan Studies*, Volume 59, 2001, pp. 63 - 89.
7. J. C. Walmsley and Felix Waldmann, "John Locke and the Toleration of Catholics: A New Manuscript," *The Historical Journal*, 62, 4(2019), pp. 1093 - 1115.
8. J. P. Day, "Locke on Property," *The Philosophical Quarterly*(1950), Vol. 16, No. 64, History of Philosophy Number (Jul., 1966), pp. 207 - 220.
9. James A. Harris, "Treatises of Government and Treatises of Anarchy: Locke versus Filmer Revisited," *Locke Studies*, Vol. 19(2019).
10. Janet Coleman, "Dominium in Thirteenth and Fourteenth Century Political Thought and its Seventeenth-Century Heirs: John of Paris and Locke," *Political Studies* (1985), pp. 73 - 100.
11. Karl Olivecrona, "Appropriation in the State of Nature: Locke on the Origin of Property," *Journal of the History of Ideas*, vol. 35, no. 2,

April-June 1974, pp. 211 - 230.
12. Karl Olivecrona, "Locke's theory of Appropriation," *Philosophical Quarterly*, vol. 24, no. 96, July 1974, pp. 220 - 234.
13. Li Meng, "Power and Goodness: Leibniz, Locke and Modern Philosophy," The University of Chicago Doctoral Dissertation, 2008.
14. Peter Laslett, "The English Revolution and Locke's *Two Treatises of Government*," *Cambridge Historical Journal*, XII(1956), pp. 40 - 55.
15. Peter Laslett, "The Gentry of Kent in 1640," *The Cambridge Historical Journal*, Vol. 9, No. 2(1948), pp. 148 - 164.
16. Peter Laslett, "Sir Robert Filmer: The Man versus the Whig Myth," The William and Mary Quarterly, Third Series, Vol. 5, No. 4 (Oct. 1948), pp. 523 - 546.
17. Richard Ashcraft, "Revolutionary Politics and Locke's *Two Treatises of Government*: Radicalism and Locken Political Theory," *Political Theory*, 8/4(1980), pp. 429 - 486.
18. Richard Tuck, "A New Date for Filmer's *Patriarcha*," *Historical Journal*, 29(1986), pp. 183 - 186.
19. S. B. Drury, "Locke and Nozick on Propery," *Political Studies*, Vol. XXX, No. 1(28 - 41), pp. 28 - 41.
20. Tom Pye, "Property, Space and Sacred History in John Locke's *Two Treatises of Government*," *Modern Intellectual History*, 15, 2(2018), pp. 327 - 352.
21. Wesley Newcomb Hohfeld, "Some Fundamental Legal Conceptions as Applied in Judicial Reasoning," *The Yale Law Journa*l, Vol. 23, No. 1 (Nov. 1913), pp. 16 - 59.
22. 刘海川:《霍布斯论平等》,《云南大学学报(社会科学版)》2014 年第 5 期。
23. 刘海川:《霍布斯哲学中的虚荣之人和适度之人》,《世界哲学》2018 年第 6 期。
24. 刘海川:《霍布斯的道德哲学概念》,《哲学动态》2020 年第 12 期。
25. 吴增定:《可见的与不可见的——从希罗多德与柏拉图笔下的"古格斯"谈起》,《读书》2017 年第 2 期。
26. 徐向东:《洛克论自由与意愿》,《道德与文明》2019 年第 6 期。
27. 朱佳峰:《对同意理论几个批评的回应》,《西南大学学报(社会科学版)》2018 年第 2 期。
28. 朱佳峰:《领土权:当代政治哲学论域中的理论图景》,《学术月刊》2018 年第 2 期。
29. 朱佳峰:《洛克论领土权:纷争、辨析与新解》,《哲学评论》第 21 辑,北京:中国社会科学出版社 2018 年版。

b. 论文集

1. John Dunn and Ian Harris, eds., *Locke*, Cheltenham, UK: An Elgar Reference Collection, 1997.
2. J. W. Yolton, ed., *John Locke: Problems and Perspectives*, Cambridge: Cambridge University Press, 1969.
3. Richard Ashcraft, ed., *John Locke: Critical Assessments*, 4vols., London and New York: Routledge Taylor and Francis Group, 1991.
4. V. Chappell, ed., *The Cambridge Companion to Locke*, Cambridge: Cambridge University Press, 1994.
5. V. Chappell, ed., *The Cambridge Companion to Locke's Essay Concerning Human Understanding*, Cambridge: Cambridge University Press, 2007.
6. J. R. Milton, ed., *Locke's Moral, Political, and Legal Philosophy*, Aldershot: Ashgate, 1999.
7. Peter Anstey, ed., *John Locke: Critical Assessments*, 4vols., London and New York: Routledge Taylor and Francis Group, 2006.
8. Peter Anstey, ed., *Oxford Handbook of British Philosophy in Seventeenth Century*, Oxford: Oxford University Press, 2013.

3. 洛克工具书

1. John Yolton, *A Locke Dictionary*, Cambridge, Massachusetts: Blackewell, 1993.
2. S. J. Savonius-Wroth, Paul Schuurman, and Jonathan Walmsley, eds., *Continuum Companion to Locke*, New York: Continuum, 2010.
3. Matthew Stuart, ed., *A Companion to Locke*, West Sussex: Wiley Blackwell, 2016.

图书在版编目(CIP)数据

洛克 *dominium* 自然权利论的源起与构建/刘敏著. —上海：上海三联书店，2022. 1
ISBN 978-7-5426-7627-6

Ⅰ. ①洛… Ⅱ. ①刘… Ⅲ. ①洛克，J. (1632～1704)—财产权—理论研究 Ⅳ. ①D956. 13

中国版本图书馆 CIP 数据核字(2021)第 242556 号

洛克 *dominium* 自然权利论的源起与构建

著　　者 / 刘　敏

责任编辑 / 徐建新
特约编辑 / 张　亓
装帧设计 / 一本好书
监　　制 / 姚　军
责任校对 / 王凌霄

出版发行 / 上海三联书店
(200030)中国上海市漕溪北路 331 号 A 座 6 楼
邮购电话 / 021-22895540
印　　刷 / 上海惠敦印务科技有限公司

版　　次 / 2022 年 1 月第 1 版
印　　次 / 2022 年 1 月第 1 次印刷
开　　本 / 890mm×1240mm　1/32
字　　数 / 230 千字
印　　张 / 9.625
书　　号 / ISBN 978-7-5426-7627-6/D·518
定　　价 / 58.00 元

敬启读者，如发现本书有印装质量问题，请与印刷厂联系 021-63779028